María-Teresa Ibáñez Ehrlich (ed.)

Ensayos sobre Rafael Chirbes

Ensayos sobre Rafael Chirbes

María-Teresa Ibáñez Ehrlich (ed.)

Contenido

Prefacio 7

PEDRO ALONSO: Contra el ruido y el silencio: los espacios narrativos de la memoria de la posguerra española 11

ENCARNACIÓN GARCÍA DE LEÓN: El miedo, legado generacional en los personajes de Chirbes 31

MARÍA-TERESA IBÁÑEZ EHRLICH: Memoria y revolución: el desengaño de una quimera 61

HANS-JOACHIM LOPE: *Los disparos del cazador* (1994). Memoria colectiva e ilusiones perdidas en un *récit* de Rafael Chirbes 83

AUGUSTA LÓPEZ BERNASOCCHI/JOSÉ MANUEL LÓPEZ DE ABIADA: "Lo que va de ayer a hoy". Hacia una caracterización de los personajes principales de *Los viejos amigos*, de Rafael Chirbes 107

PILAR MONTERO CURIEL: La ambientación lingüística en *Mimoun*, de Rafael Chirbes 137

LUIS MORALES OLIVAS: El elemento lírico en la narrativa de Rafael Chirbes 161

CHRISTIANE MUSKETA: Contra el "miedo a no ser": la determinación y creación de una existencia digna ante la derrota personal y el descontrol político en *La larga marcha* 179

SABINE SCHMITZ: *La caída de Madrid*, una novela histórica de Rafael Chirbes o el arte nuevo de cometer un deicidio real(ista) en el siglo XXI 205

ULRICH WINTER: Adivinación hermeneútica, historia de las mentalidades y autenticidad. Acerca del estilo historiográfico de Rafael Chirbes   239

Bibliografía sobre Rafael Chirbes   253

Prefacio

Es Rafael Chirbes un autor, como es bien sabido, no demasiado conocido en España pero no así en otros países, entre ellos Alemania, en donde es uno de los creadores españoles de narrativa más apreciados y estudiados. Y es que la obra de Chirbes supone una perspectiva muy atractiva desde el punto de vista crítico, no en vano es una mirada rebelde al pasado, a ese largo período de la historia más reciente de España que capta especialmente la atención tanto del historiador como del crítico literario. Es, sobre todo, una narrativa comprometida que busca, desde una posición realista, dar una interpretación de la Historia, sumándose, de esta forma, a la llamada narrativa de la memoria, cuyos autores han creado tantas obras espléndidas, en todos los géneros literarios, en los últimos treinta años en España. Es un hecho destacable de la labor que dichos escritores realizan el hacer revivir el pasado a más de una generación de españoles, y los lectores de Rafael Chirbes se identifican profundamente con la existencia y avatares de sus personajes porque éstos les vuelven a contar su vida, enfrentándoles a su pasado, obligándoles, seguramente, a reflexionar sobre él, confirmando así la teoría de Claudio Guillén cuando dice que el tema no es tan solo la elección del escritor, es también una construcción por parte del lector. Pero dicha labor posee al mismo tiempo otro cometido, el de comunicar al lector más joven, también al extranjero, novatos en el conocimiento del devenir de nuestra historia, el panorama socio-político de un tiempo definitivo para la construcción de la España actual.

Por eso llama especialmente la atención el silencio al que la obra de este autor valenciano ha sido relegada por parte de los críticos. Su nombre apenas aparece en los trabajos que tratan de la novelística de los últimos años. Así, y por poner sólo un ejemplo, en un número de *Ínsula* de abril de 2004, dedicado a la novela actual española, sólo es citado, brevemente, por José Manuel López de Abiada en uno de los artículos que conforman el número. Y aunque Constantino Bértolo, en otro ensayo del mismo volumen, dedicado a la literatura sumergida, expone la existencia de temas y personajes afines a los creados por Rafael Chirbes como reminiscencias de la Transición y ya prácticamente superados, obviamente no debe referirse a las obras de este autor, en cuyas novelas *La larga marcha*, *La caída de Madrid* y *Los viejos amigos* aparecen esos personajes que él cita y que son novelas que por otra parte suceden en un tiempo que abarca desde el final de la Guerra Civil hasta el nuevo siglo. Y esos personajes magníficos que construye Chirbes fluctúan desde la pobreza, sufrimiento y generosidad hasta el odio y la arrogancia, es decir, un recorrido humano paralelo al histórico, político y social.

En todo caso, su obra es tan compleja y significativa que, hoy por hoy, Rafael Chirbes es una de las pocas voces literarias españolas con categoría internacional y, por lo mismo, merecedora de la atención monográfica de unos cuantos hispanistas.

El presente volumen ofrece una perspectiva bastante completa de la obra chirbesiana. Pedro Alonso aborda el valor rememorativo del espacio en *La buena letra* y *La larga marcha*, su semantización como recipiente de la intimidad de los personajes, de la persecución y de la falta de libertad a que son sometidos los perdedores de la guerra y su semiotización cómo testigo de la memoria. Encarnación García de León estudia el miedo como elemento que define a los vencidos de la guerra que pueblan cada una de las novelas de Chirbes, pero también de los vencedores ante la muerte de general Franco o los frustrados personajes de la democracia; todos estos personajes se abren camino a través del terror en un intento de encontrar el sentimiento histórico de sus vidas.

Dos trabajos se ocupan de *Los viejos amigos*, la última de las novelas del autor. En el primero, María-Teresa Ibáñez Ehrlich desentraña los sucesos que, a través de la memoria de un grupo de amigos, confrontan al lector con la historia de olvido y traición que la izquierda española sufrió a lo largo de la Transición, así como a sus consecuencias en los protagonistas de la novela. José Manuel López de Abiada incursiona en la caracterización de los personajes de la novela deteniéndose en la fisura que resulta de la confrontación entre los sueños juveniles de llevar el paraíso a la tierra y la confirmación de su fracaso, un fracaso motivado por las debilidades y actitudes acomodaticias de los hombres.

El artículo de Hans-Joachim Lope sobre *Los disparos del cazador* aborda las estrategias complejas de la autobiografía de un advenedizo en el Madrid de la dictadura donde campea libremente la doble moral, convertida en el paradigma de la experiencia histórica de toda una nación y una época.

La extraordinaria calidad poética de la lengua de Rafael Chirbes es objeto de dos estudios. En el primero, Pilar Montero Curiel se centra en la primera de las novelas del autor, *Mimoun*, en la que analiza el vocabulario y expresiones provenientes de las lenguas francesa y árabe de Marruecos, glosando el léxico necesario para la comprensión correcta de la narración y su contribución a la creación de la ambientación en la novela. Por su parte, Luis Morales analiza el elemento lírico de la lengua en cada una de las novelas del autor, en las que la metáfora y la comparación estructuran la experiencia de los personajes, suavizando y atenuando la crudeza de la realidad desesperanzada y pesimista que el autor crea. *La larga marcha* es el objeto de estudio de Christiane Musketa quien se detiene en el tema de la dignidad como valor primordial del que carecen los personajes que pueblan la novela, marcados por la carencia de valores y la pérdida y búsqueda de unas señas de identidad. Sabine Schmitz analiza en *La caída de Madrid* su condición de novela histórica recurriendo al estudio del carácter ontológico del tiempo como configurador de la novela, así como de su complejidad estructural y de sus múltiples metadiscursos. Ulrich Winter acude a postulados como la adivinación hermenéutica y la historia de las mentalidades para tratar el estilo historiográfico de Chirbes, aplicando dichos postulados especialmente a la función de los narradores, la creación de los personajes y al uso de la descripción en *La larga marcha*.

Para finalizar quiero expresar mi agradecimiento a cada uno de los participantes que tan generosamente aceptaron correr la aventura de esta monografía. Sólo deseo que sirva de ayuda y orientación a todos aquéllos que aman la literatura de Rafael Chirbes.

María-Teresa Ibáñez Ehrlich

PEDRO ALONSO: Contra el ruido y el silencio: los espacios narrativos de la memoria de la posguerra española

> La recuperación de esas imágenes fue, para mí, para muchas personas de mi edad, más que el fruto de una herencia, el resultado de una voluntariosa excavación, porque en las casas de los vencidos el silencio se había apoderado de todo y, en las de los vencedores, el ruido impedía oír casi nada.
>
> (Rafael Chirbes: *El novelista perplejo*)

Los espacios narrativos, como imagen ficcional de espacios físicos, poseen en la obra de Rafael Chirbes una gran fuerza semántica, que apunta no sólo a los personajes o al tiempo del relato, como sucede en cualquier novela, sino a la transmisión, permanencia y construcción de los recuerdos de la memoria colectiva de la posguerra -en el caso de los textos aquí analizados-.[1] En los ensayos de *El novelista perplejo*, donde la reflexión confirma lo que vemos o intuimos al leer sus novelas, el escritor valenciano asegura que aquello que distingue a la novela, que la hace insustituible, es que nos regala un nuevo punto de vista sobre la realidad; otra forma, en definitiva, de mirar y conocer el mundo. El diseño que hace de los espacios narrativos es una excelente muestra de ello. Al hablar de la casa de Ana, narradora y personaje principal de *La buena letra*, el autor nos recordaba algo que no, por evidente, debe olvidarse, y es que "todo lo material tiene un soporte ideológico". ¿Cuál es, entonces, el "soporte ideológico" que se articula a través del espacio literario? Las páginas que siguen pretenden dar respuesta a ésta y otras preguntas.

---

[1] Nos centraremos en *La buena letra*, publicada en 1992 (citamos por la edición de Anagrama: Barcelona, 2002), con incursiones en "El ejército del Ebro", la primera parte de *La larga marcha*, publicada en 1996 (citamos por la edición de Anagrama: Barcelona, 2003).

I. Memoria de la posguerra española: aproximaciones a *La buena letra* y *La larga marcha*

El hecho de que Ana y los suyos pertenezcan al bando de los perdedores de la Guerra Civil, y de que los duros años que siguieron a la contienda se proyecten en y desde la subjetividad de la narradora,[2] permite entroncar *La buena letra* con la llamada literatura de la (recuperación de la) memoria (intra)histórica, que si bien ya era cultivada antes de los años noventa del siglo XX, experimenta un auge en esta década (Luengo 2004: 100-101). Aunque *La buena letra* y *La larga marcha* no sean novelas históricas, y no se centren en la guerra sino en los años posteriores, las siguientes reflexiones resultan igualmente útiles para comprenderlas:

> Al ser objetos semióticos, su calidad como *lieux de mémoire* -a pesar de su naturaleza ficcional- me parece indiscutible. Siguiendo a Jan Assmann, se puede considerar que la memoria comunicativa de la guerra precisamente está llegando a su fin. Por ello, es importante observar cómo cada una de estas novelas coopera en la transmisión de los recuerdos en la esfera de lo público, pues, que se haga de una u otra forma, tiene una influencia determinante en la construcción de la memoria cultural (Luengo 2004: 273).

En entrevistas y en los ensayos recogidos en *El novelista perplejo*, Chirbes ejerce su papel en la construcción de la memoria colectiva[3] deslegitimando a su vez una memoria oficial que ignora, manipula o silencia nuestro pasado histórico. En una ocasión el escritor valenciano afirmó que

> *La buena letra* es un libro que aparece en el año 1992, cuando estaba de moda ser moderno y hacer dinero, teníamos la Expo y las Olimpiadas y la literatura que miraba hacia atrás estaba obsoleta. Ese estado de cosas lo resuelvo con una madre anciana cuyos hijos quieren vender sus terrenos para construir. A partir de ahí surgen las con-

---

[2] Chirbes suscribe la reflexión de Balzac: "La novela es la vida privada de las naciones" (2002: 56). En efecto, la Historia, en las novelas que nos ocupan, se articula desde la subjetividad del personaje, desde sus sentimientos e incluso espacios íntimos.

[3] El primero en usar y desarrollar el concepto de memoria colectiva fue el sociólogo Maurice Halbwachs (1877-1945), autor de *La mémoire collective*. Sobre este concepto, aplicado al estudio de un grupo de "novelas de confrontación histórica" relacionadas con la Guerra Civil española y publicadas también en los años noventa, véase Ana Luengo (2004: 15-103). Entre ese grupo de novelas se analiza *La caída de Madrid* (2000) de Chirbes.

tradicciones porque todo lo material tiene un soporte ideológico: por ejemplo, el marqués de Salamanca construyó un barrio madrileño en función del modelo que él tenía presente de burguesía. Del mismo modo cuando se tira una casa para construir otra se destruye una parte fundamental de la memoria, la de los perdedores de la guerra en el caso de la novela.[4]

¿Cómo se articula esta actitud a nivel diegético? La respuesta a esta pregunta nos la darán Walter Benjamin y el propio Chirbes, en la nota a la edición de 2000 de *La buena letra*.

Las reflexiones de Benjamin sobre el discurso de la Historia nos proporcionan un intertexto crucial para comprender la novela. Aunque no para ponerlas en relación directa con ésta, Chirbes cita y glosa en *El novelista perplejo* las siguientes palabras del pensador alemán: "ese hombre del que tanto aprendo y tanto me gusta nombrar" (108):

> Como bien dice Walter Benjamin en un texto que lleva por título *Tesis de filosofía de la historia*: «Articular históricamente el pasado no significa conocerlo "como verdaderamente ha sido". Significa adueñarse de un recuerdo tal y como relampaguea en un instante de peligro» (159).

El relato de Ana y las razones de la confesión que por escrito le hace a su hijo Manuel son un claro eco de estas reflexiones. Los "instantes de peligro" son la proximidad de la muerte y el que explica ella misma al final de su relato:

> Tu prima trajo un ramo de rosas y me besó, encantadora. Fue la primera en proponerme lo que volvisteis a pedirme ayer: que deje la casa. Vosotros os encargaréis de levantar en su lugar un edificio de viviendas en el que tendré un piso cómodo y moderno, además de unas rentas. "Le quedará un buen pellizco, tía", me dijo tu prima, "y es que es una pena que esté tan desaprovechado ese solar". Me dolió que hablase de mi casa como de un solar (155).

Efectivamente, la casa de Bovra "llena de goteras, con habitaciones que nada más abro para limpiar" (134) es para la anciana protagonista algo más que un solar: es un espacio de la memoria que la identifica, que la mantiene unida a su tierra y a los que con-vivieron con ella entre aquellas paredes, ya en su mayoría fallecidos. Vender la casa supone destruir las señas tangibles de esa memoria, impedir que siga representando a quienes lucharon y resistieron en ella. Además, su hijo parece estar del lado de quienes, por dinero, desvaloran o desprecian el

---

[4] La entrevista, realizada por Santiago Fernández, se halla en la revista literaria electrónica *Babab* (http://www.babab.com), nº 11, enero de 2002.

pasado de sus padres, que es también, aunque no lo quiera ver, el suyo propio. Provocado por el perfume de la madreselva, el recuerdo de su marido Tomás - vencido, en el último tramo de su vida, por el rencor, la tristeza y el alcohol-, y de su trágica muerte, aviva los últimos rescoldos de su orgullo: "Lo pensaba esta mañana, porque he vuelto a notar durante toda la noche ese perfume, como un presagio; como un recuerdo. Y ha sido entonces cuando he pensado que tenía que contarte esta historia, o que tenía que contármela yo a través de ti" (132). Sin embargo, Ana es en parte responsable de la traición de sus hijos y su sobrina, simbolizada en el "beso de Judas" que le da ésta última. Si bien es cierto que gran parte de lo que Ana rememora sucedió antes de que su hijo naciera (por otro lado, el padre de Manuel murió cuando éste era aún niño) también lo es, que ella misma cubrió con un manto de silencio muchas de las injusticias que erosionaron sus ganas de vivir. Ahora, por el contrario, decide hablar y "adueñarse de un recuerdo tal como éste relampaguea en un instante de peligro". Y así mostrar sus cicatrices (la Guerra Civil e Isabel como dos maldiciones destructoras), confesar ciertos secretos (el cuaderno de dibujos de Antonio), y apropiarse de las injusticias del pasado (entre ellas, el desprecio y la ingratitud de Isabel y Antonio, que les ahogaron en tristeza a ella y a su marido). De nuevo, el pensador alemán:

> Walter Benjamin sabía que la legitimidad está en la permanencia del rencor por una injusticia que se cometió en el pasado y que la lucha por la legitimidad es la lucha por apropiarse de la injusticia del pasado. Sólo esa apropiación justifica el restablecimiento de una nueva normalidad (2002: 29).

En la nota a la edición de 2000, Chirbes explica por qué suprime la última secuencia,[5] que enlaza temporalmente con la primera. Ambas, impresas en letra cursiva, se sitúan en el presente narrativo de Ana. Respecto a este presente conviene recordar que es contemporáneo al de la fecha de composición/publicación de *La buena letra*;[6] por otro, lado, Chirbes pertenece a la misma generación que el hijo de Ana en la ficción.[7] Esta disposición temporal es común a otras novelas

---

[5] La primera edición, donde podrá encontrarse este capítulo (137-139) fue publicada en la editorial Debate: Madrid, febrero de 1992.

[6] En la primera secuencia, con Isabel, Ana recuerda las tardes en que su marido y su cuñado iban al fútbol y añade que "después de cincuenta años aún me hacen daño aquellas tardes" (11).

[7] En *La buena letra*, aunque no se nos diga la fecha en la que nace Manuel, por otros datos que se nos ofrecen, habría que situarla en la segunda mitad de la década de los cuarenta (Tomás muere en 1950, en la secuencia 49, y en la secuencia 44 se dice que

con similar fondo histórico, y sirve como imagen del puente que se establece entre ficción, autor real y lectores.[8] Concluye Chirbes la nota mencionada, confesando que "quiero librar al lector de la falacia de esa esperanza y dejarlo compartiendo con la protagonista Ana su propia rebeldía y desesperación, que, al cabo, son también las del autor" (10). En declaraciones del escritor valenciano abunda este tipo de comentarios, en los que se identifica abiertamente con sus personajes. En ocasiones, incluso, establece un pacto que invita a una lectura autobiográfica.[9]

En conclusión, hay dos niveles paralelos que se interpelan constantemente, y que resumimos en el siguiente esquema:

Nivel extraliterario	Nivel ficcional
Chirbes - memoria colectiva - lectores	Ana - memoria personal/familiar - Manuel
La buena letra - lieu de mémoire -ámbito público	La casa - espacio de la memoria -ámbito privado
Año de redacción/publicación de la obra	Presente narrativo de Ana
Generación de Chirbes	Generación de Manuel

Sus recuerdos y confesiones, al ser escritos, se colocan entre el silencio y el ruido, entre la negación y la confrontación; es un espacio, en definitiva, de libertad o de desahogo donde Ana, dueña de una "memoria enferma y sin esperanza"

"durante tres años se volcó en ti"). En cualquier caso, su nacimiento se sitúa en la secuencia 43 cuando el relato ya está muy avanzado y ha quedado atrás la guerra y la inmediata posguerra y cuando Ana confiesa que a ella y a Tomás "ya no nos queda juventud" (123). Por otro lado, Rafael Chirbes nació en 1949.

[8] La forma de reconstrucción de los recuerdos de la memoria colectiva "se da intradiegéticamente en la novela de confrontación histórica, pues ya expliqué que ésta se caracteriza por contar con dos niveles de enunciación: un relato primero situado en la contemporaneidad del autor real y del lector aludido, en el cual se sitúa un narrador que narra una historia de un tiempo anterior" (Luengo 2004: 60).

[9] En la misma entrevista que citamos en la nota 4 afirma, refiriéndose a su novela *La caída de Madrid*: "En realidad en esa novela cada personaje es una parte de mí, hasta el punto de que se podría leer como una autobiografía".

(22), desea darle un último sentido a "tanto esfuerzo que no ha servido para nada" (156). Parece reaccionar como en los versos de Rilke citados por Chirbes (2002: 34): "He hecho algo contra el miedo. He permanecido sentado durante todo la noche, y he escrito". La muerte está próxima para ella, y la casa, el único espacio que conmemora sus vidas, desaparecerá por la inconsciencia de sus hijos y la especulación inmobiliaria.

****

Como ya el título[10] deja entrever, *La larga marcha* está concebida como una sucesión de cincuenta secuencias, cuya referencia histórica abarca desde la posguerra española hasta el umbral de los años setenta. Los títulos de las dos partes en que se divide la novela ("El ejército del Ebro" y "La joven guardia") presentan un equívoco intencionado. Tras "El ejército del Ebro" no nos encontraremos, como pudiera pensarse en un primer momento, ningún relato histórico ambientado en la Guerra Civil. Casi todos los personajes principales, presentados en las siete primeras secuencias, comparten el hecho de haber luchado en Aragón, bien en el bando republicano bien en el nacional. Pero aunque éste y otros espacios referenciales de la contienda sean evocados, el presente narrativo se sitúa en los años cuarenta y cincuenta. Las trincheras de la guerra dieron paso a paredones y celdas y también a otros espacios domésticos, cotidianos o de ocio que sólo en apariencia recobran la normalidad. Tras los muros de la casa -e intramuros del personaje- la guerra persiste; el miedo, la humillación y la indignidad son sentimientos hegemónicos, alienantes y paralizantes.

El relato de la *La larga marcha* presenta un equilibrio entre linealidad (la progresión temporal secuenciada a la que aludíamos), anacronía (siempre filtrada por la memoria herida del personaje) y circularidad. En la primera secuencia, se nos presenta el nacimiento de Carmelo Amado Moure, el segundo hijo de Manuel Amado, en el seno de una familia campesina de Fiz (Galicia). No es ninguna casualidad que, al final de la novela, del grupo de amigos encarcelados por sus actividades de oposición al régimen franquista, el personaje elegido por el narrador sea nuevamente Carmelo. En la mente del lector, la linealidad ha sido

---

[10] Según López Bernasocchi y López de Abiada hay «una explícita alusión a "La larga marcha" de Mao y su gente» ("Para una primera lectura de *La larga marcha*, de Rafael Chirbes": http://www.cx.unibe.ch/rom/Spanisch/Lalargamarcha.pdf, p. 4; citamos por el documento pdf, ya que no conocemos otra fuente escrita del artículo, y sus autores tampoco la señalan).

rota, y en ningún caso puede ser confundida con progreso o conquista. El estudiante universitario, incomunicado en una celda de apenas dos metros, revive para nosotros los fantasmas de cárcel y oprobio de la posguerra.

Esta linealidad temporal fragmentada en numerosas secuencias puede ser contemplada como un macrotexto donde el montaje de secuencias añade, en sí mismo, nuevos significados, más allá de la mera suma de los relatos. El espacio del discurso sugiere o marca el camino al lector para que en su propio espacio de lectura, la asociación/comparación de determinadas secuencias genere riqueza semántica añadida. En "El ejército del Ebro" los personajes principales (Manuel Amado Souto, Raúl Vidal, Pedro del Moral, Vicente Tabarca, Luis Coronado, Gloria Seseña y José Pulido) pertenecen bien al bando de los vencedores bien al de los vencidos de la guerra. Sin embargo, el montaje permite que los desoladores escenarios de la posguerra que se describen difuminen la relevancia del bando en el que se luchó; todos ellos están unidos por la miseria (sólo en parte Gloria Seseña). Si bien es cierto que el haber pertenecido al bando nacional suponía ventajas en la posguerra, también lo es que no era un salvoconducto infalible para asegurar una supervivencia digna. Tan humillante puede ser la situación de Pedro del Moral (ex-combatiente falangista, emigrado del campo a Salamanca y que trabaja como limpiabotas) como la de don Vicente Tabarca, médico de procedencia republicana, que se nos presenta, en la secuencia posterior a la del limpiabotas, entre las paredes de su casa-madriguera, paralizado por el miedo a salir a la calle o a que, en cualquier momento, alguien vuelva a buscarlo para llevarlo de nuevo a la cárcel. Pedro del Moral, un personaje que despierta compasión en el lector, refleja la ausencia de esquemas maniqueístas en Chirbes. También refleja, en nuestra opinión, una superación de la idea de las *dos* Españas, tan arraigada en la memoria colectiva.[11] Aunque se utilice el binomio vencedores/vencidos, y se hable, como es lógico, de la muy diferente suerte que corrieron unos y otros, dichos términos adquieren, en las circunstancias que suceden a la contienda, nuevas connotaciones. A través de la ficción, el espacio oneroso de la posguerra se rige, ante todo, por leyes darwinistas. Según éstas, la lucha por la supervivencia es más fácil para "el

---

[11] Respecto a este punto, Ana Luengo nos recuerda que el hecho de que "el mito de las dos Españas se asentara de forma rotunda se debe a que tras la guerra se utilizó tal descripción del país como forma de legitimación del régimen autoritario y "como mito justificativo retrospectivo de la Guerra Civil" (Reig Tapia 1999: 28). [...] Que se tomaran unas u otras armas fue en muchos casos una cuestión geográfica, en otras una social y religiosa y en otras una ideológica" (73-74)

fuerte", y el fuerte es el que tiene un pasado falangista, el que tiene influencias o contactos, el que sabe leer o tiene formación de algún tipo, el que tiene pocos escrúpulos morales a la hora de hacer negocios, y el que sabe venderse, aún a costa de perder su dignidad. En la base de estas leyes juega un papel fundamental la clase social e, igualmente, la capacidad del ser humano de conservar su integridad moral en circunstancias tan adversas como las de los años cuarenta en España. Prueba de ello es que el burgués Roberto Seseña, hermano de Gloria, consigue librarse de la guerra, y que a la misma Gloria, tras pasar sus penalidades (por culpa, principalmente, del egoísmo y la traición de su hermano), la vida, como ella misma confiesa, le da una segunda oportunidad, de la que no disfrutarán el limpiabotas o don Vicente Tabarca. El personaje de Antonio, hermano de Raúl Vidal consigue prosperar a costa de venderse; después de haber sido socialista y estar en prisión condenado a muerte por haber luchado en el bando republicano, se relaciona con los que le delataron y mantuvieron encerrado, sin importarle lo más mínimo ni la coherencia ni los lazos familiares, que le apoyaron sin reservas durante su estancia en la cárcel. Sobre este personaje, que en tanto aspectos recuerda al Antonio de *La buena letra*, volveremos más adelante.

En conclusión, el mito ideológico y belicista de las dos Españas y los términos vencedores/vencidos se reformulan, en el contexto de la posguerra, de forma bien distinta. Recordemos que Chirbes considera como rasgo distintivo e insustituible de la novela la capacidad que ésta tiene de regalarnos un punto de vista nuevo sobre la realidad: "es un género que trabaja despacio y que mina la realidad -la percepción de la realidad- desde los ángulos y no desde el centro" (2002: 27). Si admitimos la simplificación de dividir en dos bandos, *La larga marcha* establece la separación desde la subjetividad del personaje, y más concretamente, desde los sentimientos y la integridad moral. En la lucha por la supervivencia están, por un lado, los que sufrieron la miseria, el miedo, la humillación y la indignidad -y a los el que el paso del tiempo nunca resarció de su resistencia o de su derrota-, y, por otro, los que lograron prosperar, a costa de privilegios, de falta de escrúpulos, de egoísmo o de vender su coherencia. Chirbes siente predilección por los primeros y los convierte en los personajes principales de "El ejército del Ebro". Provengan de un bando o de otro: son todos perdedores, incluso, al principio, Gloria Seseña.

II. Espacios narrativos

Quizás no esté de más recordar que los espacios narrativos, sean referenciales o no, en el momento en que han cruzado ya el umbral de la narración, son espacios ficcionales. Sin embargo, el lector puede apreciar como un valor añadido el parecido o el alejamiento que la descripción del espacio narrativo mantiene con otros modelos de representación de la realidad, como el historiográfico, el (auto)biográfico o el que haya experimentado el propio lector. A la hora de analizar el signo espacial, se deberá poner especial atención a otras instancias inseparables de aquel, como son el tiempo narrativo y la perspectiva desde la que se caracteriza ese espacio. Narrador y personajes se reparten esta última tarea. No olvidemos que en *La buena letra* el narrador y el personaje principal coinciden y por tanto la focalización parte de la subjetividad de Ana, la cual nos ofrecerá siempre una visión del espacio teñida de sus sentimientos. En el caso de *La larga marcha* la voz narrativa no participa en la acción pero, gracias a un uso magistral del estilo indirecto libre, conoceremos la interioridad de los personajes y su manera de experimentar el espacio que les rodea. Por último, distinguiremos tres niveles: el del autor real y sus lectores (del que ya nos hemos ocupado en las páginas precedentes), el del narrador y el narratario (en *La buena letra*, Ana y su hijo respectivamente), y el de los personajes. Queda por decir que no llevaremos a cabo una exposición exhaustiva de los espacios. Nos centraremos en aquellos que destacan por su recurrencia o por la riqueza semántica que ofrecen.

Para facilitar la exposición, conviene hacer previamente algunos apuntes sobre el *récit*. El relato de Ana abarca recuerdos desde su infancia hasta el presente narrativo de la primera secuencia. Aunque la tendencia general sea la linealidad temporal, ésta no es absoluta. Las escasas analepsis (dentro ya de la linealidad de la rememoración) vuelven sobre lo ya narrado y realizan pequeños balances vitales en los que el lector percibe los momentos o personas cruciales sobre los que giran sus recuerdos y que despiertan los sentimientos más intensos, sean éstos negativos o positivos. Que las analepsis sean escasas se explica porque no se trata de un monólogo interior (por definición, más improvisado y caótico) sino de una transmisión escrita de la memoria. Podemos dividir su rememoración en cuatro segmentos temporales. En primer lugar, (I) el tiempo anterior a la Guerra Civil en el que recuerda su infancia, la familia como espacio humano protector, el día en que fue a Misent para conocer a la familia de Tomás y el día de la boda con éste. En segundo lugar (II) "aquellos años de frío y oscuridad" (47), miedo y miseria de la guerra y la inmediata posguerra. Después (III) una mejoría paulatina principalmente en el aspecto material, y por último, (IV) el que se inaugura con la entrada en escena de Isabel, en la secuencia treinta y dos. Es, por cierto, en esta secuencia en la que por primera vez se pronuncia su nombre; hasta entonces Ana se ha referido a ella con los pronombres "ella" o "ésta", que, si bien expresan una distancia afectiva, se justifican por la presencia del narratario, su hijo Manuel, que sabe a quién se está refiriendo. Metafóricamente ese "ella" alude además a *la* guerra, a *la* cárcel, a *la* muerte, a *la* casa: fantasmas que desembocan en una misma herida. El relato se acelera a partir de la muerte de Tomás en 1950, y por tanto, se concentra más en los años anteriores. Este hecho se explica igualmente por el narratario. Cuando su padre muere, Manuel es aún un niño muy pequeño; por tanto, no vivió los hechos que su madre le relata.

En *La buena letra*, como en otras novelas de Chirbes, el cronotopo por excelencia de la rememoración del pasado es la casa. Importa no sólo qué estancias y objetos de la misma se destacan, sino también sus valores semánticos. Respecto a éstos, diferenciamos cuatro niveles: (1) la casa como espacio animista, (2) la casa como espacio de intimidad, (3) la casa como cárcel o ausencia de libertad, y (4) la casa como espacio de la memoria de los perdedores de la guerra.

1. Ejemplos del primer nivel los encontramos en el segmento temporal I de *La buena letra* y en la casa de Manuel Amado Souto, presentada en la primera secuencia de *La larga marcha*. Suele estar asociada al espacio rural, a los estrechos vínculos familiares, y al tiempo más arcaico y lejano del relato, antes de que Bovra se urbanice con los años, en el primer caso, o cuando Carmelo nace en Fiz, en el segundo. Es corriente la visita de los muertos en los sueños, o que su recuerdo siga muy presente a través de los relatos, de los objetos que les pertenecieron, de las fotos o de las cartas que enviaban en vida. En *La buena letra*, se diferencian dos estancias: el desván en la parte superior de la casa, y el comedor, en el piso de abajo. La semiotización de los espacios según la oposición alto/bajo (Bal 1985: 52; Álvarez Méndez 2002: 85-109) es, como es sabido, muy frecuente en la literatura. En este caso, la altura se relaciona con la oscuridad, el miedo o el más allá (igual que los sótanos subterráneos en otras novelas), y lo bajo con el espacio terrestre y seguro. Del desván baja el muerto en el cuento del que el abuelo Juan asusta juguetonamente a la Ana niña. Por eso, la mención del desván que se hace en la segmento II posee valores simbólicos, además de descriptivos. Allí el desván se llenará de ratas durante la guerra y al finalizar ésta servirá de refugio a Tomás y Paco. Quizás sobra concluir que el espacio les iguala a animales famélicos y aterrorizados o a muertos que vuelven a la vida. La referencia a animales (principalmente a perros) sea a nivel verbal (comparaciones con sus personajes) o espacial es un

recurso estilístico muy frecuente en las novelas de Chirbes. *Mimoun*, su primera novela publicada en 1988, es probablemente el mejor ejemplo al respecto. Como se ha señalado (López Bernasocchi y López de Abiada: 4) la última secuencia de "El ejército del Ebro", protagonizada por un perro, es "una espléndida metáfora de la condición humana":

> La mayoría de los personajes de la novela [...] tienen no pocos puntos en común con ese perro acosado, hambriento y sin rumbo fijo, que deja sus huellas ensangrentadas en la carretera: son figuras a la deriva y humilladas que lamen sus heridas. Ése es el significado último de la novela.

Cuando Carmelo Amado Moure nace, nos informa el narrador que "ni siquiera los animales sin dueño debían de recorrer esa noche las calles batidas por el viento de invierno" (11). Así pues, la ausencia de perros en el espacio que rodea la casa, expresa vida, seguridad y arraigo. Su presencia, por el contrario, indica muerte o desgracia; por eso, "los gruñidos de los perros que se disputaban detrás del ventanuco enrejado los desperdicios" (391) interrumpen, en la cárcel, su aliviador recuerdo de la casa familiar de Fiz. Como ya se ha dicho, esta casa es descrita, en la primera secuencia, como un espacio animista. Su hermano Carmelo Amado Souto, muerto en combate en Tafersit, se le aparece en sueños a su hermano con la boca llena de arena. La voz narrativa añade que Manuel piensa "que los objetos guardan misteriosamente la presencia de quienes los han utilizado - ropas, habitaciones, lugares-, y que, por eso, aquel sueño volvía recurrente a apoderarse de cuanto el difunto había frecuentado" (14). Dicho sea de paso, la relación entre los dos hermanos es una variante, de aires psicoanalíticos, del mito de Caín y Abel, que anuncia otros conflictos entre hermanos que surgirán a lo largo de la novela (Raúl y Antonio Vidal, Roberto y Gloria Seseña, etc.) y que apuntan, con nuevas connotaciones, al conflicto cainita de la Guerra Civil.

2. Cuando hablamos de la casa como espacio de intimidad es inevitable referirse al clásico estudio de Gaston Bachelard *La poétique de l'espace*, publicado en 1957. El filósofo francés nos reveló la poeticidad y humanidad de sus rincones, objetos y muebles. Si como afirma "todo espacio realmente habitado lleva como esencia la noción de casa" (2000: 35) habremos de concluir que el ser humano, como en las pinturas dalinianas, también posee cajones secretos, que el deseo o las palabras descubren. En el cajón del aparador, Ana guarda sus fotos, y allí, limpiando un día, a los pocos días de morir Tomás, encontró la única foto de su boda; una foto fallida y estremecedora porque todas las personas que sobre el viejo cartón parecen "espíritus escapados de la tumba" (20) ya han muerto, menos ella, claro está, y el que la hizo: Antonio. Ni siquiera se atreve a romperla; la

entrega "a algo puro y misterioso como el fuego" (20). Ana guarda y cuida los objetos para perpetuarlos, para legarlos a la siguiente generación. Esta actitud la diferencia radicalmente de sus hijos. Es por eso que Ana llora cuando sabe que la esposa de Manuel ha dejado que se le cubran de moho las sábanas de su boda, que le regaló, o que guarde desde antes de la guerra la colcha que la abuela María le dio el día que fue a Misent a conocer a la familia de su futuro marido.

El objeto de más hondo calado en el relato es, sin duda alguna, el cuaderno de dibujos que Antonio esconde en el doble fondo del baúl. Ya Bachelard afirmaba (2000: 111) que

> El armario y sus estantes, el escritorio y sus cajones, el cofre y su doble fondo, son verdaderos órganos de la vida psicológica secreta. Sin esos "objetos", y algunos otros así valuados, nuestra vida íntima no tendría modelo de intimidad. Son objetos mixtos, objetos-sujetos. Tienen como nosotros, por nosotros, para nosotros, una intimidad.

En el cuaderno hay numerosos retratos de Ana. La atracción que se intuía alcanza aquí una revelación que se sitúa entre el silencio y el ruido, como lo será años más tarde el relato que le entregue Ana a su hijo. La narradora reacciona: "teníamos que evitarnos" (85), poner distancias sobre el deseo mutuo. "Creo que los dos supimos que ya no podríamos quedarnos a solas en casa" (85), y es así, porque una vez abierto el fondo del baúl, la casa, como espacio, ya ha perdido toda su intimidad (que ya de por sí era bastante escasa), y debe entonces sustituirse por otra intimidad falsa, dañina: la del silencio y la distancia. En ese momento, el lector ya puede imaginarse, desde la interioridad del espacio, las visitas de Ana a la cárcel, los comprensibles lazos de atracción y amor que se establecieron entre un hombre al que roban su libertad, su dignidad, y una mujer inmensamente generosa, que viaja regularmente de Bovra a la prisión de Mantell en tren, sufriendo "el traqueteo interminable de aquellos vagones de madera repletos de mujeres enlutadas y silenciosas" (48), y que le lleva la comida a la que ella y su marido renuncian. Se entiende también que a pesar de tantas penurias y sacrificios, Ana afirme, y no sólo por Antonio, que "por un momento fue como si la guerra nos hubiese enseñado a soportarnos, a querernos" (68). El hecho de que el doble fondo del baúl haya sido descubierto y de que tiempo después se case con Isabel y empiecen ambos a distanciarse de Tomás y Ana, hace pensar al lector que el silencio logró su cometido. Sin embargo, cuando Antonio cae enfermo, Ana va a visitarlo y aquel le entrega una llavecita y le pide que abra "el cajón de una rinconera de caoba que había en la habitación" (149). No sólo su intimidad sino las señas de su memoria (sus señas de identidad) permanecen allí escondidas. El presentimiento de la muerte hará que, como Ana, rompa de nuevo su silencio, y se reconcilie con un pasado que al lado de Isabel pretendió ignorar y despreciar:

> Guardaba en el cajón las cartas que le enviamos a la cárcel, el papel en el que se le comunicaba la sentencia de muerte, la orden de libertad provisional, fotografías de sus amigos de Misent y de la familia. Se incorporó en la cama y vació el cajón, volcándolo sobre la mesilla. La parte inferior había sido forrada con una hoja de papel que el tiempo había vuelto amarillenta. La separó de la madera, ayudándose con las yemas de los dedos, y le dio la vuelta para mostrarme que, del lado que había permanecido durante años oculta, estaba dibujado mi retrato (149).

Nótese, en este párrafo esencial de la obra, el léxico ("el cajón de una rinconera") y la sintaxis (en las tres últimas oraciones de la cita) con la que se intensifica esa intimidad secreta. Los cajones del espacio reproducen los cajones interiores. El contenido de los segundos necesita el contenido de los primeros porque es material, tangible y se puede legar como parte de una memoria.

3. En el segmento temporal II de *La buena letra* y en el personaje de don Vicente Tabarca de *La larga marcha* encontramos dos espléndidos ejemplos de lo que antes denominamos la casa como cárcel o espacio opresivo. Puesto que el caso del médico republicano ha sido ya comentado, nos centraremos en el primero de los ejemplos. Recordemos que la punición institucional y social de los presos continuaba fuera de la cárcel. La guerra, por tanto, no había cesado; 1939 era solamente el año de su fin en las trincheras y en el discurso oficial del franquismo. Como la propia protagonista nos recuerda, "la mayoría de quienes podían ofrecer trabajo eran de derechas y los pocos patronos que habían tenido ideas republicanas preferían no levantar sospechas contratando a rojos" (43). Los excarcelados seguían fichados y, entre otras limitaciones, se les negaba el pasaporte para salir del país (44). Así pues, la ausencia de libertad y las humillaciones provocan que los personajes, como animales asustados, se muevan en un espacio reducido. El segmento II se centra en la casa y la cárcel, espacios entre los que se establece una ósmosis semántica. Los espacios que mejor encarnan la idea de libertad y sociabilidad: la plaza, la calle y el mercado, se desvirtúan drásticamente. Tomás acude a la plaza por la noche para ver si alguien le contrata como peón. Cuando consigue algún trabajillo, se le paga menos que a los demás; cuando no lo logra, "se pasaba el día dando vueltas por casa" (43). En las calles; "podías sufrir las impertinencias de ellos y era mejor pasar desapercibidos. Yo me levantaba muy temprano para ir al mercado. En la media luz del amanecer tenía la sensación de que era invisible, de que nadie iba

a hacerme daño" (44).[12] En el segmento III, se nombran por vez primera el muelle de carga de la estación (donde Tomás encuentra un empleo estable), el bar (en el camino del trabajo al hogar) y el campo de fútbol. A medida que la mejoría aumenta aparece otro espacio: el taller de carpintería, con lo que la casa deja de convertirse en lugar de trabajo -obsérvese que el local del taller había sido antes una cuadra, lo que constituye otro ejemplo de la metáfora animal a la que antes aludíamos-. Se puede hablar, por tanto, de semiotización del número de espacios, relacionada con una modesta recuperación de la libertad y el bienestar. Ana, al citarlos (muchas veces sin describirlos) comunica al lector la conciencia progresiva de una realidad menos asfixiante, como si el hecho de nombrarlos hiciera que para ella o para los suyos empezaran a existir. Es preciso que esa relativa mejoría y distanciamiento de las penurias de la guerra se destaque para así remarcar la nueva caída en la tristeza, la humillación y la injusticia que traerá Isabel. Refiriéndose a ella, Ana afirma que "era la sospecha de algo evitable que iba a hacernos tanto daño como nos habían hecho la miseria, la guerra y la muerte" (13). Cuando Isabel y Antonio hacen amistad con Raimundo Mullor (el adinerado falangista que había golpeado a Tomás en tiempos de guerra) comienzan a prosperar social y económicamente. Se distancian de Ana y Tomás menos cuando pueden sacar de ellos un beneficio, por mínimo que sea. El personaje del oportunista, del que se arrima al poderoso para prosperar (más que para sobrevivir), aún a costa de vender su coherencia o de despreciar a los suyos, es uno de los más característicos de la novelística de Chirbes. Ya lo hemos explicado en la primera parte de este estudio, cuando comentamos el montaje de secuencias de *La larga marcha*. El eje sobre el que gira el mundo ficcional del escritor valenciano es la lucha por la supervivencia. En el mundo de la posguerra se destacan estos arribistas, que proceden de los dos bandos, pero que en el caso del de los perdedores resultan más llamativos, ya que olvidan no sólo por lo que lucharon sino el apoyo sacrificado que sus familiares les prestaron cuando estuvieron en la cárcel. Estos personajes, con su actitud, establecen puentes de reflexión con la realidad extraliteraria. Por ejemplo, con la reconocida amnesia que impuso la Transición. En efecto, la fe en el futuro o el ansia de prosperar que exige el olvido del pasado puede ser el disfraz de la injusticia. Volviendo al tema central, el giro ideológico y socio-económico (por lo menos, en las apariencias) de Isabel y Antonio se materializa en los espa-

---

[12] La muerte ocupa el resto de espacios nombrados; incluso los asociados a la armonía y al bienestar (huerto de naranjos, manantial, playa) aparecen cubiertos de cadáveres, víctimas de los fusilamientos.

cios. El casino, la iglesia, la tienda de ropa, su elegante casa en la misma plaza, la empresa, etc. contrastan con el mundo apenas modificado (y por ello mismo, más coherente) de Ana. Las distancias se dejan observar hasta en otros espacios como el campo de fútbol y el cine. Éstos, como anunciábamos, merecen mención aparte por su fuerza de arraigo en la memoria colectiva. Además, junto con la casa, son los espacios que se destacan ya en la primera secuencia, lo cual es ya un índice de su importancia.

El fútbol es en Bovra, y en general, en toda la España del franquismo, el entretenimiento de masas más popular. Aparece asociado en el relato a los hombres (Tomás, Antonio y Paco), igual que el cine, del que nos ocuparemos después, se asocia a las mujeres (Ana y su hija). Es sin duda alguna un gran acierto de Chirbes haber aprovechado, con fino olfato psicológico, la capacidad de este espacio de mostrar las desigualdades y las nuevas heridas que trae la posguerra. Cuando Antonio e Isabel empiezan a moverse en otros círculos y se distancian de Tomás y Ana, la camaradería que se daba en el segmento III se rompe en el IV. Tomás seguirá viendo el partido en las gradas pero Antonio ya no se sentará con él sino "al otro lado del terreno, en la tribuna, vestido de traje y chaleco y ofreciéndole un puro a Mullor" (125) Después de todo lo dicho, no es necesario explicar lo que revelan los marcadores "al otro lado" y "en la tribuna". Pero sí añadir, que las esperadas tardes del domingo se teñirán de una nueva tristeza para Tomás que, en palabras de su mujer, "enfermará de recuerdos" (125). El bar será poco a poco el espacio que sustituya a todos los demás (es éste, por cierto, un recurso recurrente en las novelas de Chirbes para subrayar la caída de un personaje en su propio infierno de frustración o tristeza). El espacio del campo de fútbol se repetirá, con igual caracterización, en la segunda secuencia de *La larga marcha*. En realidad, el parecido de los personajes (Raúl Vidal, Adela y Antonio) y de algunos motivos con los de *La buena letra* es evidentísimo. Con razón afirmaba Muñoz Molina que *La larga marcha* es "ese libro en el que se resumen y estallan en plenitud todos los libros anteriores, todas las historias y los personajes que uno ha ido inventando a lo largo de su vida" (1996: 38).

El cine es un espacio que aparece en todos los segmentos. Es el único espacio de evasión, ensoñación y desahogo para Ana, que compensa los cerrados límites y tristezas de los espacios cotidianos: "A tu hermana y a mí nos salvaba el cine de los domingos" (92) y añade: "durante toda la semana, nos acordábamos de las películas del domingo". Así pues, lo que se subraya no es el espacio físico sino el inmaterial de las imágenes y de los sueños que inspiran. Sin embargo, el hecho de que al final de las películas suene el "Cara al Sol" y los asistentes deban ponerse en pie con el brazo en alto, supone, principalmente en el segmento II, una violentísima y humillante situación para los perdedores de la guerra. Precisamente éste será el duro trago que Antonio, el hermano de Raúl Vidal, se atreverá a pasar, mostrando en público por primera vez su disposición a cambiar de bando, y a colocarse al lado de los que le permitirán prosperar.

4. La casa, como ámbito familiar e íntimo, es el único espacio en el que la memoria de los perdedores de la guerra pudo ser transmitida. Por eso, su permanencia posibilita esa transmisión; por el contrario, sin ella, la memoria corre el peligro de ser destruida. En el caso de la narradora de *La buena letra* no es sólo la casa la que está en peligro sino también la pequeña ciudad de Bovra.[13] Los nuevos bloques de viviendas han arrasado con casi todas las viejas construcciones. La ciudad que crece, devorando las huellas del pasado, no es la suya, en la que ella creció y vivió, con la que se identifica.[14] Sabe que el destino de su hogar correrá igual suerte; por eso mismo, su pérdida es más trágica, porque sabe que no es un caso aislado; es toda una generación la que crece silenciando a las anteriores.

Sobre la transmisión de la memoria de los vencidos a sus descendientes, merece la pena reproducir las reflexiones de Ana Luengo (2004: 84-86) aunque la cita sea un poco extensa:

> [...] Uno de los campos más comunes del intercambio de recuerdos contrarios a la propaganda oficial es la familia y los grupos reducidos e íntimos, pues no presentan tanto peligro de traición al existir mayor confianza.
>
> [...] En realidad, hasta la transmisión oral de los recuerdos de la guerra durante la dictadura, dejó de darse en gran parte de la sociedad, puesto que los vencidos tenían miedo a la represión franquista y querían proteger a sus descendientes de la marginación político-social [...].
>
> [...] Pero no sólo a partir del diálogo se transmitieron los recuerdos de la guerra, sino también a partir de imágenes de humillación, silencios, anécdotas, igual que de algunos signos de tendencia a la paranoia y al terror (signos implícitos). También se transmitieron de otra forma, mediante los objetos conmemorativos de cada familia o grupo

---

[13] Por los datos que se nos ofrecen, habría que situar esta pequeña ciudad, de topónimo ficticio, en la provincia de Valencia.

[14] "Persigo los nombres de quienes vivieron en ellas y me esfuerzo por saber si alguna vez pisé su interior, y cómo eran los muebles, los patios, las escaleras y paredes y suelos. De mi esfuerzo sólo saco sombras en una fotografía quemada" (23).

reducido (signos explícitos): una fotografía, una carta, una revista escondida, una gorra militar, una bandera o libros entre otros". Los objetos dan verosimilitud a las historias de los antecesores, y ayudan a recrear la escena de esos recuerdos legados".

En efecto, parece que Ana optó en el pasado por el silencio; el mismo silencio al que Chirbes se refiere en estas palabras cruciales:

> Ahí creció nuestra independencia frente al silencio de los vencidos que nos impedían hablar porque habían decidido hacernos herederos de su derrota. Su herencia era el silencio, y no se la aceptamos, sino que decidimos empezar a hablar (2002: 107).

Y así harán los personajes de "La joven guardia". Y también, aunque ya muy tarde, la propia Ana, que ante un "instante de peligro" (la muerte, la venta de la casa, y su hijo del lado de los que quieren enterrar el pasado por dinero) decide escribir una rápida historia (relampagueante, que diría Benjamin) que les explique.

Volveremos a encontrar este espacio de la memoria en "El ejército del Ebro", y en concreto, en las secuencias de la casa familiar de Manuel Amado. El hecho de que Manuel luchara (nos imaginamos que no por razones ideológicas) en el bando nacional no anula lo dicho; al contrario, ejemplifica a la perfección la lectura del binomio vencedores/vencidos que realiza Chirbes, y que ya hemos comentado. También Manuel es un perdedor. Él y su familia debieron abandonar el hogar por la construcción de un pantano. No sólo la casa: toda la aldea quedó sepultada bajo las aguas. La familia emigra a Madrid, donde el negocio de una pensión no devolverá a Manuel ni la sensación de familia ni de comunión con la tierra, los animales y la Naturaleza. ¿En qué se convierten las personas cuando se les quita su casa (su pasado)? "Una triste sombra de sí mismo" (169), se nos dirá de Manuel. Don Vicente Tabarca, en otras circunstancias, será más explícito: "mutilado de su pasado, un hombre no era nada: una miserable bestia" (95). De hecho, en la proximidad de la muerte, se siente el espacio de la casa como un tronco al que agarrarse, como algo que nos reconcilia con lo que somos. Ana nos cuenta que, a la muerte de Tomás y Gloria, Antonio volvió a frecuentar su casa y a quedarse "en un rincón, sin hablar" (146). Igualmente, Carmelo, en la cárcel, rememora la casa de Fiz. El personaje -parece querer decirnos el narrador- ha sido doblemente condenado porque, aparte de su libertad, se le han sustraído los vínculos más profundos con los suyos, con su tierra y con su lengua.

En la misma medida en que transcurre el tiempo del relato, crece el abandono y el deterioro de la casa como espacio físico; sin embargo, al rememorar, se construye asimismo una *casa de la memoria* hecha de palabras. En nuestra opinión, es así como debe interpretarse el relato de Ana. La casa, con su presencia física, es un espacio que necesita las palabras para ser comprendido, y las palabras necesitan que un lugar las conmemore y las reviva.

Bibliografía

Álvarez Méndez, Natalia (2002): *Espacios narrativos*. León: Universidad de León.

Bachelard, Gaston (2000): *La poética del espacio*. México D.F.: Fondo de Cultura Económica.

Bajtin, Mijail (1989): *Teoría y estética de la novela*. Madrid: Taurus.

Bal, Mieke (1985): *Teoría de la narrativa*. Madrid: Cátedra.

Chirbes, Rafael (2002): *El novelista perplejo*. Barcelona: Anagrama.

Chirbes, Rafael (2002): *La buena letra*. Reedición. Barcelona: Anagrama.

Chirbes, Rafael (2003): *La larga marcha*. Reedición. Barcelona: Anagrama.

García Montero, Luis (2000): "La verdad de las sombras". En: Rico, Francisco/Gracia, Jordi (eds.): *Historia y crítica de la literatura española*, vol. 9/1, pp. 412-414. Barcelona: Crítica.

Izquierdo, José María (2000/2001): "Memoria y literatura en la narrativa contemporánea. Unos ejemplos". En: *Anales "Historia y Memoria"*, (Instituto Iberoamericano/Universidad de Goteborg), n° 3-4.

López Bernasocchi, Augusta (2001): "Un apunte sobre la recepción de *La larga marcha*, de Rafael Chirbes, en el ámbito lingüístico alemán". En: López de Abiada, José Manuel / Neuschäfer, Hans-Jörg / López Bernasocchi, Augusta (eds.): *Entre el ocio y el negocio: Industria editorial y literatura en la España de los 90*. Madrid: Verbum.

López Bernasocchi, Augusta /López de Abiada, José Manuel (2002): "Para una lectura de *La larga marcha*, de Rafael Chirbes". En: http://www.cx.unibe.ch/rom/Spanisch/Lalargamarcha.pdf.

Luengo, Ana (2004): *La encrucijada de la memoria. La memoria colectiva de la Guerra Civil Española en la novela contemporánea*. Berlín: Tranvía/ Walter Frey.

Muñoz Molina, Antonio (2000): "En folio y medio". En: Rico, Francisco/Gracia, Jordi: *Historia y crítica de la literatura española*, vol. 9/1, pp. 414-415. Barcelona: Crítica.

Navajas, Gonzalo (1996): *Más alla de la posmodernidad. Estética de la nueva novela y cine españoles*. Barcelona: EUB.

Ricoeur, Paul (1999): *La lectura del tiempo pasado: memoria y olvido*. Madrid: Arrecife.

ENCARNACIÓN GARCÍA DE LEÓN: El miedo, legado generacional en los personajes de Chirbes

Una de las emociones que más abruma al ser humano, tanto física como psicológicamente, es la experimentación del miedo. El sentido de "perturbación angustiosa del ánimo por un riesgo o daño real o imaginario" que le confiere el *Diccionario* de la Real Academia de la Lengua, se manifiesta sustancialmente en alguna de sus consecuencias más negativas: modifica nuestro comportamiento, acarrea traumas de los que no nos libramos en toda la vida, nos paraliza, aniquila las facultades del ser humano e incluso cierra un ciclo cuando lo transmitimos a todos los que nos rodean, generando de forma continua el mismo miedo del que formamos parte.

Hay otra interpretación del miedo, positiva en este caso, como un sistema de alarma, una estrategia de supervivencia que alerta al individuo de posibles peligros, y produce en su conducta una reacción defensiva que conlleva implícitamente su protección. Éste es el matiz de la sabiduría contenida en cuentos infantiles como *Juan sin Miedo* de los hermanos Grimm, en el que se oponen dos hermanos, uno listo y prudente, otro, el que da nombre al cuento, descrito como un personaje tonto, incapaz de entender ni de aprender nada, ni siquiera el miedo. De cualquier forma, ningún ser humano se acostumbra al miedo. Se pueden minimizar sus efectos o anticiparse a ellos, pero si se traspasa el umbral del temor, el miedo es incontrolable.

El miedo y sus miserias impregnan, e incluso determinan, la vida de cada personaje de Chirbes, reunidos en tres generaciones desde la Guerra Civil española, con miedos semejantes, idénticos temores, en los que el novelista se demora focalizándolos en el tiempo de la historia desde una perspectiva realista, porque, "si lo de dentro de los libros no tuviera que ver con lo de fuera, la literatura me parecería un soberbio aburrimiento" (Chirbes, *El novelista perplejo*: 83). Lo que el lector encuentra, opina Muñoz Molina a propósito de una de las novelas de Chirbes es "el arte para contar las vidas y los sentimientos de los trabajadores, la proyección de los destinos de los personajes en el tiempo de la historia contemporánea de España" (Rico 2000: 414).

1. El miedo en *Mimoun*[1]

Desde su primera novela el miedo muestra sus múltiples caras. *Mimoun* es el nombre del barrio francés, importante centro comercial en Marruecos antes de la independencia, ahora decrépito y casi abandonado. Los personajes buscan fuerzas para sobrevivir en un espacio novelesco hostil, porque el miedo planea en el ambiente y lo condiciona: miedo a la supervivencia, al calor aplastante, al aire irrespirable, a la muerte, a las insinuaciones de amores ambiguos, a las solapadas acusaciones policiales, etc. Manuel, profesor de español, en cuanto llega a Marruecos siente el desencanto interior que lleva consigo e inmediatamente percibe la hostilidad del entorno, lo que de modo imperceptible contribuye a su progresiva degradación física y sicológica, y a esa sensación de animal acorralado entre Fez y Mimoun.

Uno de los primeros miedos con referente objetivo que experimenta Manuel es el "miedo a los perros". Los estudios sobre la sicología del miedo (Agras, 1989) apuntan la tesis de que el miedo a los animales es una reminiscencia del temor evolutivo a los depredadores. Es un miedo visceral que corrobora experiencias anteriores, "siempre me han dado pánico los perros" (*Mimoun*, 33), y que se potencia ante la habitual presencia de unos perros, a veces amenazadores otras huidizos, en el camino a su casa. Siente miedo ante su presencia real, pero sobre todo siente el pánico que le produce la historia que de ellos se cuenta: son aquellos mismos perros que merodeaban en torno a la casa que antes habitaba Charpent, misionero enloquecido y cuyos aullidos tal vez atrajeron a estos perros, que en un momento determinado, ante el silencio y el hedor que sale de la casa, rompen los vidrios, saltan por las ventanas y devoran el cuerpo de Charpent que pendía de una cuerda en el centro del salón y del cual la policía sólo encuentra la cabeza allí colgada. Este miedo se clava en el subconsciente de Manuel que incluso sueña con perros que le persiguen, uno de ellos grande y sucio salta sobre él, despierta con "la respiración agitada por el miedo" y se descubre a sí mismo gruñendo como un perro y rascando la esterilla en la que duerme.

Manuel convive y malvive con sus fantasmas, los miedos. Su cotidianeidad es una curiosa paradoja: el atardecer, las sombras, los ruidos, le intimidan, poco a poco le invade una sensación de pérdida desesperanzada de tiempo que le atemoriza, y siente la urgente necesidad de salir de su casa, esa casa de la Creuse que comparte con Francisco y que antes había sido del cura Charpent. El *miedo a la*

---

[1] Citaré por *Mimoun* (1988). Barcelona: Anagrama.

soledad, que anega todos los instantes de su vida, le impulsa a salir y beber, pero el ambiente de estos locales repletos de gente ambigua le produce inseguridad, casi miedo, y bebe hasta emborracharse y perder la noción del espacio y del tiempo, acabando por pasar la noche con cualquiera en una pobre pensión; "La casa empezó a darme miedo. Es un lugar misterioso. No creo que volviera a acostumbrarme a vivir solo otra vez" (*Mimoun*, 60). El mismo Francisco siente también esa soledad y ese peculiar temor a la casa de la Creuse y en varias ocasiones explícitamente le pide al narrador que no le deje solo:

> No te vayas, Manuel. Me da miedo quedarme solo aquí. No podría soportar ni un día más el gemido de las ramas de los árboles, todas esas maderas que crujen, este maldito viento de Mimoun que te vuelve loco [...] Tengo miedo. Te pido por favor que no te vayas (*Mimoun*, 66).

Cada día se hace el firme propósito de no volver a salir para no caer en este círculo vicioso, sin embargo, la soledad de su casa le induce a desoír este propósito y siempre vuelve a las andadas como un condenado Sísifo.[2] Mimoun acaba siendo una ratonera para los dos españoles, que manifiestan su miedo de diferente modo. Así el propio Manuel no acaba de comprender la manera que tiene Francisco de convivir con el miedo, "como si estuviera pidiendo un rápido castigo, se arriesgaba más que nunca, frecuentaba los lugares más ambiguos y la peor gente" (*Mimoun*, 125), sobre todo por las noches que habitualmente pasaba entre estos ambientes y su propia casa de la Creuse a la que, para evitar el miedo de dormir solo, subía acompañado de cualquiera amantes ladrones, confidentes y chantajistas. Por la mañana sentía miedo de lo acontecido durante la noche, y las amenazas lo conducían a refugiarse en casa de Manuel. El miedo en este caso, era para él una torturante forma de violencia, una prolongada agonía de sufrimiento a la que sólo podía dar fin la muerte.

El narrador siente el miedo como algo amenazante que flota en el ambiente y que percibe como un "decorado irreal de pesadilla". Es un "miedo existencial" que procede del clima de sospecha que lo envuelve, una angustia que se concreta en sus continuas pesadillas, primero en su casa de la Creuse, después en la que comparte con el escurridizo y embustero Hassan y la extraña Rachida que poco a poco le va robando sus escasas pertenencias, pesadillas que le siguen impresio-

---

2   Sísifo es el nombre del personaje mitológico condenado por los dioses a subir cargado con una enorme y pesada piedra a la cima de una montaña; al llegar arriba, la deja caer, baja a buscarla, la carga sobre su espalda, y de nuevo vuelve a subir con ella. Es el mito del eterno retorno.

nando y causando temor.

[...] mi viaje a través de aquella extraña geografía sin sol era un viaje que se producía después de mi propia muerte. Aquel paisaje, la luz opaca y sin origen definido, y el silencio eran -precisamente- la muerte (...) Yo estaba muerto y corría sin ningún destino (*Mimoun*, 85).

La certeza de nuestro destino inexorable es el fundamento del *miedo a la muerte*, de manera que cuanto más se teme la propia muerte más crece el miedo que nace de esta amenaza. Realmente el miedo a la muerte es el miedo a la nada; no es la muerte en sí misma lo que lo origina, sino el hecho de que estar muerto significa estar privado de sensaciones, es el no-ser, es el temor a lo que hay más allá del límite de lo conocido y de lo seguro que, por desconocido, se percibe como inseguro y por tanto amenazante.[3] Es pues, una fuente de miedo que Manuel combate con litros de alcohol y prostitutas de cualquier lugar, contribuyendo con ello a su progresivo deterioro sicológico y moral: "Dentro de mí fue rompiéndose todo en pedazos" (*Mimoun*, 87).

Menos existencial y por el contrario asociado a un referente real, es el *miedo a la policía*, extendido entre españoles y marroquíes indistintamente. Sienten el peso del miedo en la constante vigilancia de sus pasos, en las insistentes preguntas capciosas sobre los inexplicables motivos de su estancia en este desolado lugar, sus direcciones, sus amigos, todos bajo sospecha, por lo que enseguida aprenden a desconfiar de las sonrisas y de las invitaciones en la barra de los bares, repletos de confidentes de la policía que los acosan intentando obtener una respuesta coherente. Manuel percibe esta invisible red que lo enreda entre palmadas, sonrisas y cervezas. Él siente miedo, "estaba muerto de miedo", al igual que la familia de su amigo Hassan, cuando la policía acude a su casa a buscarlo, en actitud amenazante ante su hospitalidad.

En las demás novelas la trama se desarrolla en el ámbito de la sociedad española desde la Guerra Civil en adelante, protagonizadas por tres generaciones, la de los que vivieron la contienda en carne propia, adultos en ella, la de sus hijos que tienen en las novelas en torno a 48 años y la de los hijos de estos, jóvenes estudiantes universitarios.

---

[3] El emperador romano Adriano, cuando empieza a apreciar la llegada de la muerte, hace la siguiente reflexión: "aún no estoy tan débil como para ceder a las imaginaciones del miedo, casi tan absurdas como las de la esperanza y sin duda mucho más penosas" (Yourcenar: *Memorias de Adriano*, p. 10)

2. Miedo en la primera generación de la guerra

La primera, la generación de la guerra, vive en una sociedad condicionada por los resultados de la Guerra Civil. Son personajes que tienen en las novelas, en torno a 58 años; adultos en la guerra e inmediata posguerra, han vivido los acontecimientos y sus consecuencias, en carne propia.[4] Conviven los que pertenecen al bando de los vencedores y los que forman parte del grupo de los derrotados, peyorativamente denominados "rojos"; la separación entre ambos implica represión, marginación y rechazo social, de manera que los personajes que pertenecen al bando oprimido, al de los vencidos, sufren directa e indirectamente el *miedo al poder y a la represión franquista*. Así se narra en *La buena letra* cómo la gente, recién acabada la guerra, abarrota los trenes para visitar a sus familiares repartidos en cárceles de la geografía española, y cómo tienen que pasar constantemente por el miedo al control de la policía que recorre los vagones exigiendo la documentación.

Dos rasgos son consustanciales a esta generación: el primero es la pobreza, generada por el aumento de las diferencias económicas y las desigualdades que separan los distintos sectores sociales (los ricos son más ricos y los pobres, más pobres). El segundo rasgo es la violencia, originada en la guerra y perpetuada en su consecuencia más directa: el miedo, que como componente de la conducta social incide sobre el desarrollo de los acontecimientos, y como componente de la trama define las vidas de los oprimidos y reprimidos por el franquismo, en una sociedad determinada por el sentimiento de temor que los personajes de media España sienten hacia los de la otra media. El miedo es la primera reacción ante un efecto previo de violencia y prolonga el sufrimiento en el individuo, produciendo una tortura más fuerte que la de la propia muerte. En este sentido, el miedo implica además ansiedad porque conlleva "un estado de agitación, inquietud o zozobra del ánimo" (*Diccionario* RAE). Aunque ambos conceptos se entrecruzan frecuentemente, podríamos matizar que el miedo se siente ante estímulos de carácter tangible, y la ansiedad se relaciona con sentimientos de

---

[4] En el *Diccionario Oxford de la mente*, se argumenta que las causas principales del miedo serían la exposición a una estimulación traumática, la exposición repetida a una exposición subtraumática (sensibilización), la observación directa o indirecta de personas que muestran miedo y la recepción de información que lo provoca. Hay cuatro componentes básicos de los que consta el miedo: la experiencia subjetiva de temor, los cambios fisiológicos, las expresiones directamente observables de miedo y los intentos de evitar ciertas situaciones o escapar de ellas.

temor de difícil vinculación con aspectos específicos del mundo exterior.

Ana, en *La buena letra*[5], cuenta a su hijo fragmentos de las miserias de su vida marcada por la desesperanza, el sufrimiento y el *miedo al abandono y a la soledad*. Es el arquetipo de las mujeres que lucharon por sobrevivir, mientras sus maridos estaban en el frente, y pasó miedo, un miedo sucio porque "ni la muerte ni el miedo son limpios" (*La buena letra*, 24). Tenía la sensación de estar abandonada con su hija pequeña, sensación que se multiplicaba con el aspecto fantasmal y nocturno de la ciudad y las miradas derrotadas de los demás, que parecían transmitir la única idea que a ella le martilleaba: "él ya no iba a volver y [...] no valía la pena resistir por más tiempo" (*La buena letra*, 24). Vivía atemorizada por todo, incluso por el miedo a que las ratas, dueñas del desván, bajasen y mordiesen a la niña. A este miedo añade Ana un efecto inmediato, el sentimiento de vergüenza por no poder controlar sola sus miedos. El temor aumentaba en cada bombardeo y potenciaba el *miedo a la supervivencia*. Esta mujer se enfrenta al hambre y a la miseria, y como las demás mujeres, enciende las bombillas lo menos posible por *miedo a gastar*, aunque el miedo al frío, a la oscuridad y al hambre las desborde. Chirbes nos convence, afirma Luis García Montoro con motivo de *La buena letra* "porque rescata la memoria de una época de España y porque nos afecta como drama humano, como actualidad de la conciencia" (Rico 2000: 413).

En la primera parte de *La larga marcha*[6], "El ejército del Ebro", se desgranan las vidas de unos cuantos personajes de esta generación, que intentan sobreponerse al hambre, a la miseria, y ocultan el miedo y la desesperación que les domina. La guerra se ha comido su juventud y ha roto sus existencias; todos intentan, por diversos medios que sus vidas sean el peldaño para que sus hijos puedan ascender y tener mejor vida.

El primero es el gallego Manuel Amado (50 años, con 38 años fue soldado nacional en el frente de Aragón). Sus recuerdos desvelan un paradójico sentimiento de dolor y alivio por la muerte de su hermano primogénito en Marruecos, lo que suponía liberarse de su destino de segundón, de indiano que regresa de lejanas tierras, observado por los niños con envidia y *miedo a lo desconocido*; se liberaba del miedo a formar parte de aquellos emigrantes que llenaban las bodegas de aquellos enormes barcos, con la esperanza de aliviar su miseria en

---

[5] Citaré por: *La buena letra* (1992). Barcelona: Anagrama.

[6] Citaré por: *La larga marcha* (1996). Barcelona: Anagrama.

América, y del miedo a buscar un refugio entre las sombras del muelle para pasar la noche anterior al embarque. Chirbes describe también el *miedo a la pérdida del hijo* que siente el padre de Manuel, cuando la mili de éste le trae el recuerdo del fallecimiento en África de su primogénito. La muerte de un hijo es fuente indiscutible de miedo, sobre todo para quienes piensan que ése es su mejor tesoro;[7] es en este sentido en el que los hijos son para ellos el mayor miedo. Manuel, recluta, sabe que está obligado a regresar.

El segundo personaje, Raúl Vidal, obrero ferroviario valenciano, sufre desesperanzado cuando ve cómo en la inmediata posguerra ascienden rápidamente los recomendados por su conducta patriótica en el bando nacional, mientras que él debe conformarse como peón de Vías y Obras, primero porque su zona había caído en el lado republicano, segundo porque cometió el delito de ayudar a su hermano, militante de las Juventudes Socialistas, preso condenado a muerte. Pasó hambre para poder llevar comida al hermano, pero controla sus sentimientos ya que "el miedo o el rencor y la venganza nunca deben traspasar ciertos límites, porque, si los traspasan, degradan al hombre y lo convierten en un pelele" (*La larga marcha*, 28).

El tercero es Pedro del Moral, limpiabotas salmantino convencido de que desaparecería su pobreza al volver como "vencedor", en una posguerra pintada atractivamente para los que "habían servido a la bandera española contra las hordas de la república" (*La larga marcha*, 34). Enseguida se da cuenta de que ante los despachos hay interminables colas de hombres que visten camisa azul falangista y medallas como él, y el miedo le invade cuando, muerta su mujer en el parto, debe sacar adelante a un niño cuya mejilla podía cubrirse con la sombra del pulgar del padre y le desborda un gran *miedo ante la fragilidad* de esa criatura.

Otro personaje es don Vicente Tabarca, médico valenciano represaliado y fichado, a cuya consulta no acude casi nadie, por su fama de "desafecto" e incluso "enemigo" del régimen". Recuerda y siente *miedo por la memoria del pasado*, porque en el ser humano, la memoria actúa como un amplificador del temor, de

---

[7] Cuenta Cicerón en el Libro II de *De natura deorum*, que la religión romana tenía un estricto calendario, fijado anualmente por el Pontífice Máximo, y mediante el cual cada día se dedicaba a solicitar algo distinto. Aquellos que se pasaban todos los días pidiendo a los dioses reiteradamente que sus hijos les sobrevivieran, es decir les fueran "superstites", fueron denominados supersticiosos, en virtud de esta etimología popular. De este modo, "supersticioso" en su origen designa un miedo muy concreto, el miedo a vivir uno y ver la muerte de los hijos.

manera que los recuerdos intensifican los miedos aprendidos. Condenado a muerte después de la guerra, aún conserva unos trescientos libros de su opulenta biblioteca, que se salvaron no sólo de los bombardeos de la guerra sino de ser quemados como muchos otros por su mujer, asustada por la victoria de los nacionales. Los conserva semiescondidos, temeroso por la consciencia de que sigue contagiado "por una forma de pensar que los vencedores calificaron de epidemia" (*La larga marcha*, 46) y que extirparon en celdas y paredones. Siente miedo de que descubran que de nada le sirvió la cárcel ni los trabajos forzados, porque los libros que conserva demuestran que su pensamiento no ha cambiado en nada, que sigue cometiendo el mismo delito. "El miedo encubre los síntomas del mal, mientras que los libros delatan su permanencia" (*La larga marcha*, 47). Y se irrita por no tener una habitación interior donde, sin delatarse, pueda leer a la luz de una bombilla, porque esos libros hablan en los mismos términos en los que él piensa. Había salido de la cárcel en régimen de libertad vigilada, después de cumplir cinco años de los treinta de prisión por los que le habían conmutado la pena de muerte, y todavía siente *miedo al recuerdo* y le tiemblan las piernas si de noche oye el frenazo de un coche ante su puerta. El miedo le quita el sueño y pasa las noches en vela, a oscuras junto a la ventana, reviviendo recuerdos, temeroso por el presente y con ansiedad anticipatoria al pensar en situaciones amenazantes para el futuro.

Se estremece de miedo cuando nace su segunda hija y la imagina del brazo de pistoleros y estraperlistas de la alta sociedad madrileña, "otra mujer, para que la disfruten esos brutos" (*La larga marcha*, 50). Combate su miedo con pequeñas rebeldías como elegir el nombre por su sentido, Helena (Alicia había puesto a la primera porque la traía al "país de las maravillas"), con H para expresar su fuerza trágica como Helena de Troya, y con la débil esperanza de que haya de servir para la venganza. Don Vicente siente que ha canjeado su supervivencia conmutando su pena de muerte rápida por una pena de muerte lenta e indigna, convirtiendo así su vida en una mera apariencia. No puede asumir esta idea de indignidad en su existencia porque considera que es la degradación de todo lo que había querido ser, de lo que había proyectado y no había llevado a efecto, es el *miedo a no ser, a perder la conciencia de sí mismo*. "Vivir para dejar de ser uno mismo" es el machacante pensamiento que le desasosiega.

Otro personaje, Luis Coronado, recibe en la guerra una única lección: un hombre se diferencia de otro por su aspecto. Por eso pone especial cuidado en el aspecto de su uniforme, en su apariencia para ejercer su oficio de vendedor de tabaco en la vía pública, porque a veces lo confunden con un policía y eso infunde miedo y a él le da seguridad. Sin embargo, su miseria se desprende de sus bocamangas relucientes por el tiempo y la grasa, de sus zapatos desgastados y sucios, y, como destaca cuando sube en el imponente coche de algún cliente, siente inseguridad y miedo incluso de sentarse en tan elegantes y mullidos asientos, por lo que le invade un miedo irracional incontrolable, que es *miedo al lujo y a la riqueza*, miedo a un mundo ajeno a él, que nunca le pertenecerá, ni en el que será capaz de moverse con espontaneidad.

> Cuando pensó en esa expresión "miedo a la riqueza", notó que la pena que sentía hacia sí mismo crecía en su pecho hasta casi hacérselo estallar, porque esa expresión era como una moneda -la moneda con la que iba a pagar su vida-, y tenía dos caras, y si en una cara decía eso, miedo a la riqueza, en la otra por fuerza tenía que decir querencia a la miseria […] (*La larga marcha*, 122).

Gloria es la siguiente. Madrileña burguesa, vive la guerra sola, desvalida porque sus padres han muerto, y ridícula porque su hermano, un joven pusilánime, ha huido a Burdeos. Le desborda el *miedo al odio* y a la destrucción que imponen los grupos de "energúmenos" que han entrado varias veces en su casa buscando armas, documentos comprometedores, joyas o dinero. Sobrevive al frío y al miedo, durante los dos largos inviernos de la guerra, alimentando el fuego con los libros de la biblioteca y la madera de muebles que han sido auténticas piezas de arte.

José Pulido, último personaje, representa la lucha por la supervivencia. Vive en la miseria, acorralado por el miedo cuando intenta canjear los sacos de bellotas que roba, por comida para su mujer y sus cinco hijos. Se come su rabia porque no puede salir de la miseria y se aprovechan de él y le engañan, y detesta esa guerra que ha despertado la picardía de gente que saquea ingeniosamente a sus vecinos. En esta lucha, José siente *miedo a la autoridad* de los guardias civiles que vigilan la dehesa de noche mientras él cosecha furtivamente bellotas.

En la sociedad de posguerra la mujer ocupa un papel secundario, subordinada al hombre (padre, marido o hermano). Por eso es frecuente compartir el cuidado de la familia con el trabajo clandestino en la propia casa, generalmente subcontrataciones de los talleres de costura. Lolita (Dolores Coronado de *La larga marcha*) lucha por la supervivencia con este sistema. Otra mujer perteneciente a una clase social más favorecida, la burguesa Gloria Seseña, también sufre la dependencia absoluta del hombre; ha de casarse para que él se ocupe de la hipoteca de su casa familiar y, desde lo más profundo de su ser, envidia a la mujer de su extravagante hermano que, alejada de la escena española, se abre camino como pintora en Roma,

[...] por no tener que soportar el pesado ambiente de control que hacía tan asfixiante y mustia la vida de las mujeres de la buena sociedad en Madrid, siempre condenadas a mantenerse alejadas de cualquier lugar en que floreciera la inteligencia (*La larga marcha*, 130).

Gloria se resigna cuando, primero por el embarazo y después por la crianza, ha de quedarse en casa y soporta el *miedo a la sospecha* que le asalta cuando, cada vez con mayor frecuencia, las cenas de negocios de su marido se alargan.

La dependencia del hombre, es la que aumenta la frustración en la narradora de *La buena letra* por el *el miedo a la traición y deslealtad* de los suyos. Ana se entregaba pensando que la felicidad era lo que tenía, incluidos los sueños que el cine le alentaba; por eso no entendía a su casi-cuñada Isabel cuando le decía "Pero, Ana, ¿no se da usted cuenta de que nos están condenando a fregar cazuelas el resto de nuestra vida?". A sus cuarenta años ella sufre la traición de su cuñado, entierra al padre, a la madre, y asiste primero a la indiferencia de su marido (que la ignora) y después a su desaparición (muerto en la sierra). Su propio hijo, al que sus esfuerzos le han posibilitado la ascensión social y económica, le falla cuando, marcado por la avaricia, propone a su madre anciana dejar libre la casa en la que ha vivido toda su vida, para levantar un bloque de pisos. Estas mezquindades le hacen envidiar a los que "se fueron" primero porque se ahorraron sufrimientos y dolor, "porque yo he resistido, me he cansado en la lucha, y he llegado a saber que tanto esfuerzo no ha servido para nada" (*La buena letra*, 156). Es la idea del sufrimiento inútil la que embarga su ánimo y a su memoria viene una anécdota que su marido en cierta ocasión le contó: los marineros no aprenden a nadar para no prolongar su sufrimiento en caso de naufragio.

La "buena letra" de su cuñada, el personaje opuesto, sirve para contar mentiras. La narración de fragmentos de una vida llena de miserias y este final sin esperanza resumen el legado de esta primera generación, sobre el cual ha de crecer la siguiente. El esfuerzo desaforado de estos padres, desesperanzados y heridos por la deslealtad y la traición es el punto de partida para la voracidad de la segunda generación, a quien se ha allanado el camino y desbrozado de dificultades. Las distintas generaciones imponen una visión del pasado según su capacidad de memoria histórica. Según este discurso colectivo, cada uno es lo que cree haber sido y lo que han dicho que fue, aunque con frecuencia los recuerdos de un individuo no coinciden con los de otro e incluso se contradicen. Toda memoria histórica tiene pues, un punto de invención, no tolerado por la Historia, pero que la literatura alienta mediante la creación de personajes que actúan como seres humanos, con esas contradicciones que los legitiman como representantes de los colectivos anónimos que viven en los entresijos de la intrahistoria. La memoria histórica tiende a identificarse con la memoria oficial de los libros de historia y de la comunicación mediática (prensa, NODO, discursos oficiales, monumentos conmemorativos), pero la memoria de las clases populares sigue siendo una incógnita, responde a lo que algunas voces críticas de la historia de España denominan "silencio impuesto" y "amnesia inducida" (Navarro 2000). En las novelas de Chirbes, la memoria está presente en el punto de vista de los personajes que representan los dos bandos que conviven juntos.

Entre la gente de baja extracción social, las cosas no son fáciles. En *La buena letra* la protagonista vive angustiada su presente, primero durante la guerra, sintiendo el *miedo a lo que pueda llegar*, esperando de un momento a otro, una de esas cartas oficiales que anuncian la muerte de los soldados en el frente. Después, cuando su marido vuelve a casa, conoce el *miedo a las denuncias* incluso por parte de sus propios familiares, y cuando entran los falangistas en el pueblo y su marido, como otros, se entregan, comienza para ella el *miedo a la incertidumbre* y a que los rumores que corren sean ciertos: que los presos gritan de dolor por las palizas que reciben, que son fusilados en la tapia del cementerio, que aparecen cadáveres en la playa, en los arrozales, en la balsa del huerto... Junto al miedo comienza el periplo de estas mujeres de posguerra, solas, recorriendo los lugares donde aparecen los fusilados, en busca de los suyos. Algunas perdieron la vida en estos viajes sin fin, otras volvían tranquilas porque la certeza de la muerte las curaba al fin del miedo, el resto seguían inmersas en esa incertidumbre, pero todas "aprendimos la suciedad del miedo" (*La buena letra*, 30).

El miedo, por suave que sea, siempre es resorte del dolor. En muchos casos, el *miedo al dolor*, la aceptación de que el dolor impide vivir el presente, fructifica en un juego de silencios que no hace fácil la comprensión de los avatares que han provocado reacciones y han conducido a situaciones concretas. Es necesario que en la transmisión de generaciones se respete el derecho básico a saber, para garantizar la esencia del sujeto. El discurso de la protagonista de *La buena letra* refleja la intención de la madre de no ahorrar el dolor al hijo hurtándole información y con ello borrando el recuerdo del pasado, por lo que le relata escenas de la guerra y la posguerra civil española. La propia lejanía en que está el recuerdo de su marido muerto le duele, y piensa que si las sombras borran el recuerdo, el sufrimiento habrá sido inútil. Es pues, el *miedo al olvido* lo que le lleva a este ejercicio de memoria personal e histórica en el que la evocación y la repetición de estas historias recordadas, le permiten reconstruir su pasado traumático y respetar el derecho de su hijo a saber. Es una forma de "reestructuración vital". Los miembros de cada generación son depositarios de la memoria histórica que han de transmitir a la siguiente generación, pudiendo adoptar la postura de callar o la de gritar sus miedos y sus fantasmas; cada individuo es, pues, portador de los mitos y silencios familiares. El miedo interviene en esta elección, de manera que ante una situación de peligro o de temor puede haber dos respuestas; en primer lugar una reacción de sobrecogimiento que es la respuesta más elemental y que implica inmovilidad y paralización, y en segundo lugar una reacción de alarma activa que conlleva una alteración del estado de conciencia e implica el recuerdo selectivo de sólo fragmentos de lo acontecido, que es el legado que cada generación aporta a la siguiente.

Los recuerdos más lejanos y anteriores al conflicto bélico que esta generación vivió en su edad adulta, son los recuerdos de la infancia, igualmente encadenados por los miedos. La narradora de *La buena letra* recuerda el *miedo infaltil a las sombras* que la llama del quinqué proyectaba y movía sobre la pared en casa de su abuelo cuando aún no tenían luz eléctrica. La tensión aumentaba con el *miedo a los ruidos* cuando el quinqué se apagaba. Recuerda además, de modo especialmente intenso, el *miedo infaltil a lo desconocido* que sentía cuando su abuelo, intencionadamente, jugaba como adulto poderoso a intimidarla y asustarla para, a renglón seguido, mostrarse como su protector, "pero si el abuelo está aquí, ¿qué te va a pasar, tontita?" (*La buena letra*, 15). Pasaba las tardes escuchando el mismo relato de miedo, el del marido descuartizado por su mujer quien lo escondía en un baúl, en el desván, y que bajaba poco a poco a recuperar su hígado, y lo escuchaba como si fuera la primera vez. El miedo que producía la lentitud en la narración,[8] se desvanecía, una vez más, con la protección del abuelo quien lo había alentado antes, "me colgaba de su cuello, que estaba tibio, y entonces dejaba de tener miedo" (*La buena letra*, 16).

Esta afectuosa relación con su abuelo explica la ocultación de la familia que siente el *miedo a la burla*, temor vergonzante de que alguien se burle de aquel hombre que, a fuerza de años y de sufrimientos, regresa a la infancia y se instala en ella: articula con dificultad creciente las palabras, se disputa los juguetes de la niña de quien además tiene celos, no sabe comer solo, llora desconsolado si le quitan el sonajero, el chupete o el biberón de la niña, y hace pensar a todos lo

---

[8] Relato de tradición oral del que se conservan diversas variantes, pero en todas, el susto se provoca puntualmente con el manotazo que el relator da al oyente en el mismo instante que, se supone, llegaba el muerto a su destino.

triste que es la vejez.

2.1 La primera generación de la guerra, a partir de los años 60

En los años sesenta la sociedad española ha mejorado su calidad de vida, lo que favorece una modificación en los comportamientos y relaciones sociales. El aumento de ingresos y el consiguiente incremento del consumo, deja atrás la lucha por la supervivencia de décadas anteriores. Las novelas de Chirbes recogen la evolución de la sociedad y parejamente la de algunos personajes. *La caída de Madrid*[9] se enmarca en la cuenta atrás de dos historias, las horas previas a la muerte del dictador Franco y las que faltan para que el empresario don José Ricart celebre sus 75 años; entre ambas se entrelaza un episodio policial que narra la neutralización y eliminación de militantes de una célula revolucionaria. Simultáneamente a la agonía de Franco, se describe el *miedo a la incertidumbre del futuro*, al que se enfrentan algunos personajes, cada uno según la implicación de su pasado. Entre ellos está don José Ricart, poderoso empresario que nunca, ni siquiera al acabar la Guerra Civil, sintió miedo por el futuro sino todo lo contrario. Del lado de los vencedores le había ido bien, su vida

> [...] era un buque que navegaba sobre el mar de afuera. Y en el barco había cómodos camarotes bien amueblados y climatizados, y el buque era un espacio estanco desde el que poco interés tenía averiguar la fauna que poblaba las aguas de ese mar (*La caída de Madrid*, 18).

Instalado en el poder, teme con incertidumbre qué puede depararle el futuro tras la muerte de Franco, y siente que una "brecha de agua que se ensanchaba" amenaza su seguridad. Piensa en los últimos años de bonanza económica a pesar, paradójicamente, de la inseguridad de la huelga que sufrió en el sesenta y siete, de los caprichos de su nuera Olga, de la desidia de su hijo que administra la empresa sin proyectos, y concluye que nada es duradero, que el hombre es "un juguete en manos de fuerzas desmesuradas" (*La caída de Madrid*, 17). La imagen de perdurabilidad eterna del régimen, transmitida y alimentada por los medios de comunicación, iba indiscutiblemente unida a la aparición de los miedos a la muerte del dictador.

Otro personaje que siente miedo ante el inminente cambio es el comisario Arroyo, uno de los más siniestros de la novela,[10] un torturador asustado por los cam-

---

[9] Citaré por: *La caída de Madrid* (2000). Barcelona: Anagrama, 2ª edición.

[10] R. Chirbes en el artículo "La resurrección de la carne" (en *El novelista perplejo*, 45-63) hace una reflexión sobre un retrato de Francis Bacon, cuya técnica, ajena a la reproducción del espejo, constituye una declaración de principios sobre el retrato

bios que se avecinan en su vida, y que comenta sus miedos con su amigo José Ricart, "Tú, al fin y al cabo eres empresario. Podrás adaptarte, pero yo soy policía de Franco" (50). Y teme el futuro que se cierne sobre la brigada político-social, que supone semejante a las imágenes que ha visto de los "pides" portugueses perseguidos y agredidos por la multitud: "José, se muere la España de la que formamos parte. Después, nada va a ser igual" (50). Tiene *miedo a no sobrevivir*, y por su cabeza pasa la idea de marcharse a algún país de América, donde tiene buenos amigos, y despierta su *miedo a la soledad* porque en su equipaje con mujer y perrito no cabe Lina, su amante, por la que siente un amor enfermizo y posesivo que, por otra parte, despierta en ella *miedo por su violencia*. Max siempre la asusta argumentando que mataría por ella e incluso a ella. Es un amor celoso que da miedo, y exige admiración, y la intimida con su pistola y con su actitud, "me muerde como si quisiera comerme de verdad" (*La caída de Madrid*, 180), y ella siente miedo incluso de lo que podría hacerle al padre de su hijo cuando lo mira agarrándole la barbilla como si quisiera retener todos sus rasgos y con ellos grabar la cara del padre. El poder inspira miedo, del mismo modo que la pobreza produce asco.

Estos personajes, ahora asustados, han sido instrumentos activos de represión en el gobierno de Franco. En *La caída de Madrid*, se detecta el *miedo al poder y represión franquista* en la muerte de un viejo, de casi sesenta años, activista de Vanguardia Revolucionaria, de un tiro detrás de la oreja por obra de la policía franquista; su familia, una vieja mujer ignorante y asustada, y un muchacho, derrumbados por la pena y paralizados por el miedo, obedecen a todo lo que dos policías nacionales y dos agentes de la político-social de modo conminatorio le dicen. Bajo la amenaza de ser implicados en una asociación subversiva y la promesa de una indemnización del Estado, aceptan el cadáver sin autopsia, con el orificio de entrada de la bala maquillado, y asumen el pacto de silencio.[11]

Junto a la política represiva camina siempre el *miedo a la clandestinidad* que

---

como forma de conocimiento en el que se radiografía lo de dentro y lo de fuera. Chirbes intenta esta misma representación de la realidad con la descripción de este personaje torturador que identifica los cuerpos de los cerdos degollados con los de los cadáveres de la morgue, los apareamientos de los campesinos con los de los perros, y que en un momento concreto siente miedo. Pretende con ello "seguir representando la totalidad del mundo, el peso del cuerpo del hombre y no sólo la ligereza de sus ideas". Es su concepto del realismo literario.

[11] El miedo específico a la llegada inevitable de algún acontecimiento nefasto se denomina terror y es una respuesta instintiva a la violencia.

sienten revolucionarios como Lucio, quien intenta sin embargo, calmar los miedos de su novia Lurditas (criada de doña Amelia Ricart) porque los libros que él lee, hablan de revolución, comunismo, fascismo, proletariado y lucha de clases, y en ellos hay reproducciones de puños cerrados que a ella le parecían amenazadores: "Ese puño no te amenaza a ti, ese puño les amenaza a ellos, es la fuerza obrera, compañera" (88).

La relación que se establece entre represor y reprimido está magníficamente tratada en *La caída de Madrid* (264), mediante una metáfora. El recuerdo de un detenido viene a la memoria de un policía social, al observar cómo juega un gato con algo, que enseguida reconoce como la cabeza, las puntas de las alas y algunas plumas de un gorrión del que no queda nada más. Del joven detenido les había dicho el comisario Arroyo a los dos policías, "El preso no existe […] no consta" (271), y tardaron en entender el exacto sentido de la frase porque ambos ignoraban el verdadero alcance de su oficio, un inconsciente servicio de la violencia representando la represión policial. El comisario les atemoriza con el visionado de imágenes sombrías de la revolución de Portugal en las que hombres siniestros persiguen y apalean a otros, aterrorizados, que curiosamente son los policías de la "pide" (policía político-social). A continuación, el comisario provocaba la inevitable asociación de conflictos, pasándoles imágenes de estudiantes en Madrid lanzando piedras a la policía y grupos de obreros persiguiendo a los guardias, y con ello les conducía a una obvia conclusión: la aceptación de la represión policial como una autodefensa. E intentaba justificar las muertes injustificadas que pesaban sobre sus espaldas, mediante un curioso argumento: les decía que del mismo modo que Cristo tuvo miedo de irse solo y murió acompañado por dos ladrones, así Franco debía ir acompañado también de dos ladrones, uno el del tiro en la oreja, y el otro, el detenido cuya muerte y desaparición ya estaba organizada. La escena de la cabeza del pájaro entre las patas del gato le hace sentir *miedo al cambio*, miedo de que cualquier día cambien los protagonistas de la escena y sea él a quien puedan dejar tumbado entre las basuras.

Personajes como estos, que prosperaron al lado de los vencedores, y padecieron la incertidumbre durante la agonía de Franco, sufrieron como los del bando de los vencidos, los *miedos propios de la infancia*. Amelia, la mujer de don José Ricart, desde su senilidad recuerda el miedo al agua fría, el dolor por la aspereza del estropajo que su madre utilizaba para lavarla, el miedo a mojar la cama, el miedo a que su madre lo descubriera y le hiciese lavar las sábanas con agua fría. Los recuerdos de don José vienen a su memoria relacionados con el suceso que le está tocando vivir; la agonía de Franco le hace revivir los usos y costumbres de Valencia, su tierra natal, que de niño le impresionaban: evitaban los ruidos en torno al agonizante envolviendo en un trapo el aldabón del llamador de la puerta de casa, extendiendo una alfombra de paja y hierba fresca delante del portal para amortiguar el ruido de los carros, etc.

El protagonista de *Los disparos del cazador*[12] es consciente del paso del tiempo y del deterioro físico e intelectual al que ha llegado, y ante la desesperación de lo irremediable, sufre el *miedo a la memoria, al paso del tiempo, a la vejez*, enemigo al que nunca se derrota, y obsesionado porque "uno se pasa la primera mitad de la vida vistiéndose, y la segunda desnudándose" (93), considera que esos pedazos de vida recordada son retazos de la memoria que se nos enredan entre las piernas y nos impiden caminar con libertad, originando crisis de frustración. Por ello Chirbes aboga por despojarnos de esas ropas para conseguir la desnudez que considera "deseable", el olvido que califica de "sugestivo". Para Carlos, en este viaje a través de la memoria, dominan los recuerdos que le conducen a esa inexorable degradación de la vejez.

> [...] la imagen de mi cuerpo reflejada en el espejo me devuelve la sospecha de la fluidez de mis sentimientos y la certeza de la degradación de la carne (23).

Los valores morales descritos por Chirbes denuncian el valor de las apariencias en esta primera generación que asciende social y económicamente en la inmediata posguerra, y que trasluce comportamientos culpables sobre los que se fundamenta el progresismo de la siguiente generación. Las desigualdades de los sectores sociales van asociadas igualmente con las desigualdades de los valores morales de los personajes que se enfrentan entre sí, de manera más profunda que la diversidad de ideología política.

3. Miedo en la segunda generación de posguerra

Hijos de los anteriores, aparecen en las novelas con edades diferentes, pero el nacimiento de todos está en torno a 1945-48. Son protagonistas de "La joven guardia", segunda parte de *La larga marcha*, en la que se muestra cómo sus padres duplican esfuerzos para que ellos asciendan socialmente. Los envían a Madrid a estudiar, allí coincidirán en los internados primero y luego en la universidad y, lejos del afecto familiar y bajo la autoridad de personajes intolerantes,

---

[12] Citaré por: *Los disparos del cazador* (1994). Barcelona: Anagrama.

empiezan a sentir miedo como lo habían sentido antes sus padres aunque por diferente causa.

José Luis del Moral, hijo de limpiabotas, siente en el internado el *miedo a la privación* por el castigo a la transgresión de las normas de una cotidianeidad excesivamente reglamentada. Podía ser sancionado por deslizarse por la barandilla, o por apoyar simplemente las manos en ella, por fumar o beber, por mirar en dirección a la ventana mientras un profesor escribía en la pizarra, por mirar hacia atrás mientras se rezaba el rosario, por llevar sucio el calzado, por no hacer bien la cama, por llegar tarde a la fila, por dejar mal cerrado el cajón de la mesilla, por bisbisear o reírse fuerte en la proyección de una película, por saltar las tapias o acercarse al río, por partir el bollo de pan con los dientes, por coger las patatas fritas con las manos, por mojarse el dedo con saliva para pasar las hojas de los libros. El miedo presidía su vida cotidiana, consciente de que el orden meticulosamente perfecto se quebraba con excesiva facilidad y los correctivos eran desproporcionados y frecuentemente arbitrarios e injustos. De José Luis, que no forma parte de ese mundo, se apodera el *miedo a no ser*, el miedo a perder la conciencia de sí mismo.

Interna está también Gloria Giner, de padres burgueses, con otras adolescentes cuyos miedos se centran en la figura paterna, en el *miedo al padre*, del que temen la intolerancia e intransigencia. Así lo describe Gloria:

> [...] impone respeto tan grueso, descamisado, o solemne, con el traje oscuro y el puro que lo impregna de ese olor que parece que quiere decir fuerza, autoridad (*La larga marcha*, 192).

Manuel Amado no responde exactamente a ese modelo de padre. Es él quien acompaña a su hijo Carmelo al colegio, avergonzándolo por ello entre sus compañeros, no por la desconfianza de que se pierda, sino por la aprensión a dejarlo solo en medio de tanta gente, acostumbrados a la tranquilidad de su pueblo (Fiz), y por contraste percibiendo el *miedo a la masa de desconocidos*.

No todos los jóvenes de esta generación corren la misma suerte. Algunos, como Gregorio el Panaderito pronto empieza a trabajar de peón e inmediatamente aprende a sentir *miedo del control del amo*, doña Sole, cuya actitud intolerante y sus obsesivas advertencias agobian a los trabajadores por quienes además siente una especie de asco y *miedo a su aspecto pobre*, denunciando con ello el valor de las apariencias en este personaje de la primera generación de posguerra. Gregorio aprende en la taberna a beber, a fumar y a jugar existencialmente con un espejo en el que observa alejarse su cara y con ella su sufrimiento, en cuanto entra en "la niebla del tabaco y del anís". La falta de afecto en su vida, su infancia pobre, y el recuerdo de unos padres reventados por el miedo y el trabajo, produce un efecto paradójico en sus sentimientos cuando oye por primera vez palabras llenas de afecto; el temor a "quemarse al calor de esas palabras", despierta el *miedo al afecto*:

> [...] ¿por qué te enfadas conmigo?, ¿es que no te das cuenta de que si te digo eso es porque soy tu amigo y te quiero? (*La larga marcha*, 204).

Todos estos jóvenes entrelazan sus vidas en tertulias y charlas en las que coinciden, y surge en ellos el deseo y el compromiso de agruparse, por amistad y por ideología, lo que va a ser el detonante que dará paso de nuevo al *miedo de los padres a que se repita el pasado* porque en ellos existe la memoria histórica. Luis Coronado y Carmelo Amado ingresan en la Facultad de Filosofía y Letras, cuyo ambiente les engancha: reuniones clandestinas, asambleas, huelgas intermitentes, etc. Enseguida se relacionan con Gloria Giner y Helena Tabarca. Para todos ellos, José Luis del Moral, Raúl Vidal, etc., comienza una nueva vida, lo mismo que para Gregorio, único trabajador (albañil) del grupo que llega a Madrid y se politiza sin entender muy bien los panfletos que reparte. Los universitarios participan activamente en todo tipo de actividades clandestinas: reparten panfletos, improvisan cortes de circulación, arrojan cócteles molotov, cuelgan por sorpresa una pancarta entre dos farolas, pegan carteles, asisten a actos de solidaridad y se manifiestan. La reacción policial es siempre desaforada: disuelven las manifestaciones con caballos y mangueras de agua a presión y ejercen la brutalidad y el poder en detenciones y traslados a los sótanos de la DGS (Dirección General de Seguridad), donde se les aplica las normas del estado de excepción,[13] y donde se suceden los interrogatorios y los golpes hasta la inconsciencia. De estos enfrentamientos nace el *miedo a la represión policial* de toda una generación de jóvenes, para quienes el mero hecho de pegar un cartel produce temblor de manos, "se le agitaba la respiración y hasta le caían gotas de sudor por la frente" (*La larga marcha*, 344) y en muchos casos incluso sienten pánico:

> Otra vez, antes de una tirada de panfletos en una parada de autobús, cuando Carmelo le preguntó si no tenía miedo, José Luis le respondió: "Miedo no, pánico, pero los médicos, a pesar del miedo al contagio de la epidemia, seguimos operando" (*La larga*

---

[13] La primera norma contemplaba el derecho a retener a los detenidos todo el tiempo que consideraran necesario antes de ponerlos a disposición del juez; de este modo podían tenerlos incomunicados durante casi un mes y someterlos a interrogatorios, golpes, etc.

marcha, 344).

Todos coinciden en el convencimiento de que tienen que vencer al miedo, cualquiera que fuera su grado de intensidad, enfrentándolo para evitar su inmediato efecto-aspiradora que absorbe al ser humano, lo paraliza y le impide progresar, y que en la solidaridad del grupo radica la eficacia. El destino no es demasiado generoso con los jóvenes de esta segunda generación, denunciados por sus propios mayores que se asustan por la clandestinidad de las actividades subversivas del grupo. Sobre un sueño de libertad e ilusiones ingenuas se impone la realidad violenta de finales de los sesenta.

Entre ellos (en *Los viejos amigos*[14]), las actividades subversivas desencadenan reacciones contrapuestas. Así cuando Narciso lanza su primer cóctel molotov contra un escaparate, sufre porque "el acto mancha", la violencia le ha ensuciado, su discurso ya no es puro, y es entonces cuando aparece un sentimiento "que hasta entonces sólo había experimentado de refilón y que ahora se convierte en poderoso" (*Los viejos amigos*, 64-66), el *miedo a la culpabilidad* y le agobia la hipótesis de que una cámara oculta haya filmado su acción, o un paseante se haya fijado en sus rasgos, o tal vez alguien le delate, etc.; con tales pensamientos el miedo se convierte en pánico, asociado a la oscuridad de la noche, de manera que sólo cuando va amaneciendo el miedo se empieza a alejar de él, y Narciso reconoce en este miedo su angustia vital.

4. Relación y convivencia entre las primera y la segunda generación

Con frecuencia marcada por la memoria histórica. Doña Gloria Seseña de Giner (en *La larga marcha*) descubre que su hija ha recibido en casa "elementos subversivos" y en ella crecen sus miedos. Identifica esa ideología, metafórica y despectivamente, con un animal del que reconoce "los ojos" y "quería conocer lo demás, componer la figura completa, las patas, la cola, la boca, sí, sobre todo la amenazadora boca llena de dientes" (*La larga marcha*, 384). Y registra los cajones y descubre "sus huellas" (en forma de libros comunistas, instrucciones para preparar cócteles molotov, y todo tipo de panfletos) y enseguida supo que allí estaba su madriguera, en su propia casa. La memoria del *miedo del pasado*, la atenaza y revive escenas de la guerra mientras observa en el estudio de su casa a

---

[14] Citaré por: *Los viejos amigos* (2003). Barcelona: Anagrama.

pistoleros arrasando lo que encontraban:

> [...] lloró [...] sobre todo de miedo. Tenía delante la boca del animal que había
>
> querido ver de cerca y ahora sabía que el aliento que salía de esas fauces la abrasaba (*La larga marcha*, 385).

Otro personaje, don Vicente, de ideología de distinto signo, se siente orgulloso de su hija Helena porque "le parecía descubrir en ella restos de la ambición y la rebeldía que él tuvo en la juventud" (*La larga marcha*, 274), pero desde su experiencia de condenado a muerte en posguerra tiene *miedo de que la libertad de pensamiento* la condene a un destino doloroso, porque él mismo desconfía del ejercicio de la libertad que arriesga la seguridad familiar. Por eso le preocupa ver a su hija con libros de Baroja y oír palabras como "revolución", "comunismo", "lucha de clases", en sus reuniones de amigos. Don Vicente, republicano, siente miedo a la reacción de los franquistas y para protegerla, quema panfletos, libros, y todo lo que invade la habitación de Helena, sintiéndose al mismo tiempo indigno por atreverse a violar la intimidad de su cuarto, pero "de nuevo le tocaba elegir la supervivencia a costa de la indignidad" (*La larga marcha*, 280). El miedo anticipador de consecuencias negativas, ejerce una función protectora frente a la amenaza de nuestra sobrevivencia.

Chirbes concluye cada una de las dos partes que forman *La larga marcha* dedicadas a las dos generaciones de posguerra, con sendas metáforas. Termina la primera, la de la generación de la guerra, con una significativa secuencia en la que el protagonista, un perro acuciado por el hambre, escarba inútilmente entre los restos de los vertederos donde se entretiene con restos de aves, plumas y huesos, sin saciar su hambre, y asalta un gallinero defendido por un mastín que le clava "una dentellada en su grupa" y le hace huir. El miedo hace que el perro hambriento trote jadeante durante varias horas, corra sin parar toda la noche y toda la mañana siguiente, se detenga al atardecer a tomar aliento, pero siga huyendo otra noche más, y ya en la madrugada, continúe caminando como un autómata sin detenerse:

> Estaba asustado y trotaba a pesar del agotamiento, con la lengua fuera y las heridas ardiéndole. Huía de los colmillos cuya visión lo había cegado durante un instante, de un peligro indefinido, del hambre que lo atenazaba, o del dolor de su grupa que lo seguía a todas partes [...] Caminaba con la lengua hinchada, el cuerpo cubierto de barro y sangre, sediento a pesar del hielo que le quemaba la lengua [...] Tenía tanto miedo y dolor y hambre, que ya ni siquiera pensaba en comer (*La larga marcha*,

175).

La segunda parte, "La joven guardia", concluye con otra metáfora animal: Carmelo, retenido, interrogado y torturado en los sótanos de la Dirección General de Seguridad, oye las voces de la calle, risas y conversaciones que le hacen recordar la normalidad y ansiar que las agujas del reloj puedan dar marcha atrás para recuperar sensaciones pasadas (el rumor del torrente cercano a su casa natal, las flores del jardín de la mansión del indiano, las películas que proyectaban en el viejo almacén), pero ese instante de normalidad se desvanece.

> Vino a distraerlo de aquellos pensamientos el ruido que hizo la tapa de un cubo de la basura que rodó sobre la acera y los gruñidos de los perros que se disputaban detrás del ventanuco enrejado los desperdicios (*La larga marcha*, 391).

Como puntualmente señala Mª José Navarro, el perro que recibe la dentellada de un mastín prepotente se interpreta como una metáfora de "la dignidad humillada que no se desploma" (Navarro 1997) a pesar de la adversidad, en los de la primera generación. Contrasta fuertemente con la imagen final de otros perros (tal vez en ellos estén representados sus hijos), retozando entre las basuras. La unidad de ambas se percibe a través del joven retenido y torturado, símbolo de la solidaridad y compromiso esperanzado de los no poderosos. Son dos generaciones, la de la posguerra española y la de la resistencia antifranquista de los años 60, la primera formada por quienes aprenden la dura tarea de sobrevivir, la segunda, juventud universitaria que toma conciencia en clave marxista e intenta construirse su futuro.

5. Los jóvenes de la segunda generación, cumplen años

Aquellos jóvenes universitarios cumplen 48 años. En *La caída de Madrid*, está Olga, la nuera de don José Ricart, de "buena familia" del régimen, con inquietudes y formación, que enseguida advierte que matrimonio y maternidad han tejido sobre ella una red, "una especie de tobogán por el que se había deslizado imperceptiblemente [...], -hacia abajo- y no admitía marcha atrás" (251). Siente una fuerte crisis, a la que su siquiatra denominó etapa fóbica[15] matrimonial. Su pesadilla la componían un marido que no sabía vestirse ni secarse si ella no le decía sistemáticamente dónde guardaba la ropa, un suegro que siempre decidía dónde

---

[15] El miedo, que hace referencia a una situación específica, pero de una manera desproporcionada, es una fobia.

tenían que estar, una suegra que cuchicheaba repetidamente el precio que había pagado Olga por sus vestidos o por los cuadros, y dos hijos que parecían caníbales lloriqueando encima de ella. Se rebela ante su heredada condición de mujer aunque su madre procura tranquilizar los miedos de su hija:

> Te lo digo yo, que lo he padecido. Es muy difícil no reventar cuando ves que tú estás solo para hacerles más fácil a los demás que lleguen a donde quieren llegar. Al final, todos saben lo que tú ignoras. La familia es muy hermosa, pero si consigues que no te anule, si, como los demás, sabes buscarte un objetivo tú también (*La caída de Madrid*, 254).

En la lucha final[16], en el Madrid contemporáneo, aquellos universitarios son ahora miembros de una nueva clase social, se empujan unos a otros por el poder y recuerdan con nostalgia los días en que amaban la literatura, creían en la justicia y soñaban con ser protagonistas de la "lucha final", la que invitaba a agruparse al ritmo del himno de la Internacional Obrera. Los miedos, por distinta causa, siguen acompañándoles, y los evidencian en sus conversaciones, sobre todo coinciden en el *miedo a estar solos*: "Carlos era el que tenía más miedo. Estaba solo" (*En la lucha final*, 34), y parecía con su enfermiza actividad querer callar "las voces que llevaba dentro" (78). Pedro siente que ese miedo se instala en su alma mientras su todavía-amante coquetea con otro. El miedo ha crecido con la vida de casi todos los personajes de Chirbes, malheridos en algún momento y cuyos sentimientos les hacen estar a merced de cualquiera, haciendo de ellos "una especie de territorios deshabitados, cambiantes, ocupados por vencedores provisionales" (74). Amelia comprende el miedo de José porque ella lo siente de forma parecida y así sabe "recorrer aquellos pasillos tenebrosos y abrir y cerrar las ventanas a su gusto, y asomarse al dormitorio del miedo y descubrir, bajo las sábanas, su cara amarilla" (*En la lucha final*, 73). José (el marido de Silvia, muerto) corre para nadie en un estadio vacío, dando vueltas a la pista sin atreverse a volver la cabeza, tal vez porque tenía "miedo a descubrir que no le perseguía nadie" (*En la lucha final*, 75). Sienten además *miedo al recuerdo*, a lo que la memoria trae al presente de manera incontrolada, dolorosa, y a lo que desencadenan fortuitos encuentros con antiguas amantes, con abandonados amigos, porque "el pasado no podía hacernos más que daño" (*En la lucha final*, 86).

También el *miedo por la muerte de otro* es objeto de morosa reflexión en *La lucha final*. A Ricardo, quien acompaña a Manuel Weizer en su agonía en una habitación en Manila, no es exactamente miedo a la muerte lo que le invade, sino

---

[16] Citaré por: *En la lucha final* (1991). Barcelona: Anagrama.

un sentimiento que le impide ser cómplice impasible que no puede evitar la muerte de un amigo. La influencia de Manuel era benéfica en Ricardo, tanto que sus miedos se desvanecían "como se levanta la niebla del suelo a medida que la calienta el sol" (*En la lucha final*, 114). Ricardo vuelve a España, después de su exilio de 15 años, comenzando un breve diario en el que detalla su *miedo a no ser*, al ser consciente de que su identidad estaba a la sombra de Manuel, incluso firmaba sus escritos, y una vez roto el equilibrio por su muerte, supone un reto recuperar la conciencia de sí mismo:

> [...] Madrid 22 de diciembre de 1984. Esta mañana me he cortado el pelo y me he afeitado la barba. Me cuesta reconocerme en el espejo. Soy otro distinto del que he sido durante los últimos meses. Este cuaderno será el único rastro. La baba del caracol. Siento una extraña necesidad de escribirlo. Como si quisiera dejarme huellas a mí mismo para encontrarme el día en que me pierda (*En la lucha final*, 119).

Tras la publicación de una novela a nombre de Beltrán, una novela que escribía Ricardo (¿de Weizer?), de la que había leído a sus amigos múltiples fragmentos, el miedo le asalta desde el primer párrafo, que evidentemente sabe de memoria, y sufre la extraña sensación de *no ser*: "Me había acostumbrado a vivir con esas palabras como si fueran mías y ahora eran de otro" (*En la lucha final*, 157). Quema todos los manuscritos de Manuel, "Ahora ya no puedes ser más que tú", piensa.

En *Los viejos amigos*, los personajes de esta segunda generación se acercan ya a los 60 años. Estos viejos camaradas, jóvenes de izquierda en los años setenta, se reúnen en una cena de aniversario, en la que van rememorando sus actividades como grupo o individualmente, entrecruzando mediante monólogos, sus respectivas voces personales, y una vez más surgen enseguida los recuerdos de la infancia, los *miedos infantiles*:

> [...] el miedo a los tuberculosos, al sacamantecas. Hombres cargados con un saco que cruzaban el pueblo, no sabíamos de dónde venían ni adónde iban (*Los viejos amigos*, 9).

Acuden también recuerdos juveniles de su asociación en la célula revolucionaria, disuelta porque "buscamos culpables de lo que seguramente no era más que nuestro propio miedo y desconcierto" (*Los viejos amigos*, 17). En su madurez los miedos dan un giro, así en un matrimonio como el de Carlos y Rita, él tiene *miedo a la vejez*, le asusta "lo mal que huele la vejez" (*Los viejos amigos*, 54); en cambio ella siente *miedo por el destino de sus hijos*, le asustan la droga y la imagen de pobres empujando carritos de supermercado con todas sus pertenencias a bordo y durmiendo bajo cartones y periódicos; el olor de la vejez le importa menos, porque, según dice:

> [...] estaré con algún viejo, y, entre ellos, entre viejos, no se distinguen el olor, que es verdad que lo tienen, como a piel macerada y a orín y a caca mal lavada, sí que lo tienen ese olor, mezclado con la colonia, pero lo tienen [...] (*Los viejos amigos*, 57).

En la relación entre estos adultos surge también el *miedo al deseo*: el roce de los pies entre Amalia y Narciso viene seguido de un movimiento reflejo de apartarlos, de una fuga precipitada que, al denunciar el deseo, delata el miedo que les produce, "es la puerta por la que se entra en esa suspensión del tiempo, porque eso quiere decir que saltan chispas, que hay electricidad" (*Los viejos amigos*, 89). Los ausentes, se hacen presentes junto a sus miedos en esa reunión. Cerca de la muerte, el *miedo a sufrir* impulsa a Mauricio a pedir ayuda para una muerte digna, "No pido más que un poco de música y unos calmantes" (118), pero su médico, teóricamente partidario de la eutanasia, siente *miedo a la ilegalidad* y le niega la ayuda. Mauricio insiste:

> Dime cómo puedo hacerlo sin que me duela. Dame una receta y dime cómo puedo usarla, ¿no ves que tengo miedo a hacerlo mal, a sufrir más de la cuenta? (*Los viejos amigos*, 118).

A veces unos hablan de los miedos de otros. "A ti *te da miedo que el amor te haga daño*. Le tienes miedo a Narciso" (el subrayado es nuestro, *Los viejos amigos*, 122) le decía Magda a su amiga Amalia. Carlos opinaba algo parecido de Narciso. El mismo miedo a sufrir por amor lleva a Lola, enamorada de Magda y separada de ella, a responder con risas y ordinariamente así a la pregunta, "¿estás enamorada?", ella contesta, "Tiene buenas tetas", respuesta utilitaria y propia de un depredador que aprende a tener aquello que le excita y no le hace daño:

> Una buena gimnasia, levantarte de puntillas para coger la fruta madura que alcanzas con la mano, sin demasiado esfuerzo (*Los viejos amigos*, 124).

Una vez más, surge también en este grupo de viejos amigos el *miedo a la soledad* y a qué extremos puede llegar el ser humano para evitarla. José Manuel explica cómo después de separarse volvió a casarse con una mujer a la que quiere pero de la que no está enamorado, cómo espera que ella duerma cuando él regresa borracho y retóricamente reflexiona, "No sé qué clase de empresa es el matrimonio cuando se ha renunciado a vivir de verdad, ¿una empresa de servicios?" (*Los viejos amigos*, 174). Frente a él, Amalia esgrime el concepto de sinceridad, y consecuentemente ella vive sola, opción que no atrae por igual a todos, y José Manuel se sincera:

> [...] soy cobarde y tengo miedo de la noche, de las luces apagadas de la habitación

cuando nadie respira a mi lado en la cama. No, no soy solidario. Tengo muy claro que seguramente lo que quiero no es compartir. Que lo que quiero es que me acompañen y lo de acompañar es sólo un peaje que tengo que pagar (*Los viejos amigos*, 174).

6. Miedo en la tercera generación

Esta generación tiene menor presencia que las otras dos. Son los hijos de los de la segunda, retratados en dos etapas de su vida: niños y jóvenes. De niños tienen la fortuna de no estar marcados por los miedos, y sus padres, convencidos de que tienen al alcance de la mano sin valorarlo, lo que a ellos les costó tanto esfuerzo conseguir, los consideran "cachorros herederos genéticos de una generación famélica" que "practican la depredación, el neocanibalismo":

> [...] los niños de ahora son clientes [...] quieren marcas: hasta la comida basura la quieren de marca. Es como si vivieran en un supermercado. No quieren ir de excursión, quieren ir de tiendas. Los llevan a ver una ciudad, un museo, y se escapan y se meten en la primera galería comercial que encuentran. Eso es lo que es para ellos el mundo, un supermercado gigante: las calles son estantes en los que se exponen productos. Eligen el deporte que les gusta por la ropa que tienen que comprarse [...] (*Los viejos amigos*, 51).

Ya jóvenes también padecen sus propios miedos. En *La caída de Madrid*, tienen 22 años estos nietos de la generación de la guerra, estudiantes universitarios en el 75. Quini Ricart está a caballo entre su clase social, la de los vencedores de la guerra, y su implicación en movimientos políticos universitarios. Como los demás, al enterarse de la muerte de Franco, siente *miedo de los rumores* que corren entre los estudiantes de izquierdas, de que la Complutense está tomada por falangistas y guerrilleros de Cristo Rey que, armados con bates, cadenas e incluso pistolas, detienen y golpean a los estudiantes que consideran subversivos, ante la presencia y pasividad de la policía. Siente *miedo a ser descubierto* porque lleva en la cartera panfletos, cuando los estudiantes que vuelven a Madrid en su autobús, al pasar por delante del hospital de La Paz, cantan el "Adiós con el corazón que con el alma no puedo", delante de tres o cuatro hombres mayores, tal vez profesores o policía social, cuya presencia le intimida.

El *miedo a la represión policial* está también en el ambiente de la celebración de un maratón literario en el paraninfo de la universidad, que acaba con la entrada de los grises con botes de humo. Lucas, Marga y Quini han de luchar contra el miedo a superar las dos barreras que les separan de la libertad: la primera la de los grises, guardias uniformados que golpean indiscriminadamente; la segunda, la de los policías de la social, que detienen a algunos estudiantes, por instinto o por las indicaciones de guerrilleros de Cristo Rey y confidentes que se han colado en el acto.

Representante por último, de esta generación, en *Los viejos amigos* con aproximadamente 25 años es Lalo Guzmán a quien se describe con imagen de joven contestatario de los sesenta (aunque no conoció el 68), que conecta con las canciones e imita la imagen de Dylan y de Lennon.

7. Conclusión

Los personajes de las novelas de Chirbes caminan junto a sus temores, sus miedos y sus vergüenzas, sobrellevando este enorme peso para encontrar el sentido histórico en sus vidas. El experimentar miedo puede tener un sin fin de matices, y se expresa además en diferentes grados e intensidades que van desde una leve sensación ansiosa hasta un pánico paralizador que impide cualquier cambio de conducta, pero en general todas las variantes acompañan los cambios que experimenta el ser humano, sin poder controlar sus efectos y consecuencias.

Estos personajes que desfilan en las novelas representan las tres generaciones desde la posguerra, hecho que ayuda al lector en muchos casos, a comprender la postura de los mayores en cada generación, porque conoce y entiende el origen de sus reacciones y de sus comportamientos.

En suma, son novelas que testimonian para reescribir el pasado. El propio Chirbes se reclama realista al declarar su intención de "contar lo que ocurre a mi alrededor, los dominios del mal, las diferencias entre clases, las ideologías, saber qué es lo que fascina a la humanidad, cuál es el brillo detrás del que corremos todos" (Arce 2000: 2). Como Juan Marsé, Vázquez Montalbán o Eduardo Mendoza, Chirbes recupera la memoria de las generaciones de posguerra desde una perspectiva no-objetivista, con una intención literaria ajena al interés histórico colectivo y cercana a la delimitación existencial, individual y subjetiva de los personajes, que viven una España bifurcada entre la derrota y la esperanza; es la perduración del franquismo y la posguerra como "ámbito moral" (Mainer 2000: 96).

Ciertamente la visión del fin de la Transición política es complaciente en general, desde el punto de vista de los historiadores, sin embargo, por su parte, los autores de ficción han dado una visión muy crítica de este periodo, como hemos visto en las novelas de Chirbes o en otras[17] que también lo abordan. La presentación polifónica (sobre todo en *Los viejos amigos*) del tema de la

---

[17] Por ejemplo, *Visión del ahogado* (J. J. Alonso Millás, 1977), o *El centro del aire* (Merino, 1991), *La conquista del aire* (Belén Gopegui, 1998), etc.

memoria, supone la materialización de lo que Gadamer denomina "Principio de productividad histórica", en el sentido en que comprender la Historia, y con ella la memoria y la literatura, supone "desarrollar en sí misma toda una serie continua de perspectivas por las cuales el pasado se presenta y se dirige a nosotros" (Gadamer 1993: 115-116). Para que no se esfume el pasado se escriben novelas como las de Chirbes, novelas que recorren el devenir personal de unos seres humanos en el entorno histórico que les tocó vivir. "La escritura novelesca vendría a ser un modo de exploración de la vida." (Mainer 2000: 58). A Chirbes le queda lo venidero para seguir contando.

Bibliografía

Agras, S. (1989): *Pánico. Cómo superar los miedos, las fobias y la ansiedad*. Barcelona: Labor.

Arce, Patricia (2000): "Entrevista a Rafael Chirbes". En: *Etcéter@*, nº 387. 29 junio 2000.

Chirbes, Rafael (1988): *Mimoun*. Barcelona: Anagrama, 2ª ed.

Chirbes, Rafael (1991): *En la lucha final*. Barcelona: Anagrama.

Chirbes, Rafael (1992): *La buena letra*. Barcelona: Anagrama. reed. de 2002.

Chirbes, Rafael (1994): *Los disparos del cazador*. Barcelona: Anagrama.

Chirbes, Rafael (1996): *La larga marcha*. Barcelona: Anagrama.

Chirbes, Rafael (2000): *La caída de Madrid*. Barcelona: Anagrama, 2ª ed.

Chirbes, Rafael (2002): *El novelista perplejo*. Barcelona: Anagrama.

Chirbes, Rafael (2003): *Los viejos amigos*. Barcelona: Anagrama.

Gadamer, Hans-Georg (1993): *El problema de la conciencia histórica*. Barcelona: Tecnos.

Gregory, Richard L. (ed.) (1995): *Diccionario Oxford de la mente*. Madrid: Alianza.

Mainer, José-Carlos (2000): *La escritura desatada. El mundo de las novelas*. Madrid: Ediciones Temas de Hoy.

Navarro, Mª José (1997): "Reseña de *La larga marcha*". En: Revista digital *"El Crítico"*, nº 2, diciembre/enero.

Navarro, M. (2002): *Bienestar insuficiente, democracia incompleta*. Barcelona,: Anagrama.

Rico, Francisco/ Gracia, Jordi (2000): *Historia y crítica de la literatura española*. Barcelona: Crítica. Tomo 9/1.

Yourcenar, Marguerite (1982): *Memorias de Adriano*. Barcelona: Edhasa.

MARÍA-TERESA IBÁÑEZ EHRLICH: Memoria y revolución: el desengaño de una quimera

> Tras el vivir y el soñar,
> está lo que más importa:
> despertar
>
> (Antonio Machado)

> [...] una obra no es más que una batalla contra las convenciones.
>
> (Zola, *El naturalismo en el teatro*)

Introducción

Lo primero que llama la atención de *Los viejos amigos* (Rafael Chirbes 2003) es el título. El lector comienza la andadura de la novela con la suposición de un re-encuentro entre "amigos", es decir, entre personas unidas por lazos de afecto, aparte de recuerdos y experiencias comunes que hacen más fuertes los vínculos. Pero pronto advierte que el título está cargado de una semántica negativa. En primer lugar por el adjetivo *viejo*, indudablemente polisémico, que se puede aplicar a la cantidad de tiempo que hace que se conocen los personajes, pero también como antónimo de joven. No obstante, se pueden asignar otras dos posibles acepciones muy significativas: "hombre cansado", y "hombre derrotado", ambas singularizadoras de los personajes chirbesianos de *Los viejos amigos*, cansados de una vida que no les satisface y derrotados a todos los niveles de la existencia: en lo humano y en lo político. En cuanto al sustantivo "amigo", es evidente su carácter irónico cuando lo referimos a los lazos amargos, de odio y desamor distintivos de sus relaciones.

Por otra parte la novela, realista como es habitual en Chirbes, posee una estructura fragmentada en catorce monólogos interiores directos más un, llamémosle, capítulo narrado por un omnisciente[1] y separado tipográficamente

---

[1] Carlos, el personaje que soñó con ser un buen escritor, es el autor de esta narración sobre Elisa, la amiga muerta en la juventud (*Los viejos amigos*, 101-112).

de los flujos verbales ya que está en cursiva. Los monólogos son impresiones prelingüísticas (Anderson Imbert 1992: 223) donde el autor nos enfrenta a esas regiones escondidas de los personajes, a la intimidad de su vida nerviosa. Pero en esa yuxtaposición de diversos "yo" se esconde igualmente el propio autor;[2] se diría que Rafael Chirbes, autor implícito, fracciona su alma y sentimientos en un perspectivismo que tiende a objetivar lo expuesto por los personajes, a dar carácter de verdad a su versión de la Historia. Los monólogos son asimismo una larga y profunda retrospección en los recuerdos de los viejos amigos. Ya desde la segunda página Carlos, el primero de los antiguos camaradas que deja fluir sus pensamientos, apela a la actividad de recordar " [...] esta cena inyecta artificialmente en mi memoria [...] " (8), y aunque "La memoria es una pura trampa: corrige, sutilmente acomoda el pasado en función del presente" (Vargas Llosa 1987: 93), se utiliza precisamente para vincular temporalmente el pasado al presente, pero también para trascender la realidad falsa de los recuerdos de los otros, porque la novela es la rememoración personal, subjetiva, de un largo y fracasado período de la vida de un puñado de personajes que vivieron su juventud en los últimos años del franquismo. Como rememoración autobiográfica *Los viejos amigos* ofrece a través de la memoria la historia de España de los últimos treinta años que cuestiona y ataca la versión oficial de una Transición y una época democrática ejemplares, en donde, sin embargo, se hundieron las esperanzas concebidas por los grupos de oposición a la dictadura.

Los viejos amigos es la última parte de una trilogía compuesta por *La larga marcha* y *La caída de Madrid*. Con ella el autor muestra cruda e irónicamente el desarrollo de la sociedad española, circunscribiéndose en este caso al proceso que arranca con la Transición hasta el comienzo del siglo XXI. Trata de antiguos camaradas de una célula de oposición al franquismo que se reúnen a cenar en Madrid para evocar viejos tiempos y mientras van viviendo el acontecer, dejan fluir sus pensamientos cargados de las impresiones que los gestos y palabras de sus compañeros les producen. Se asiste a un recorrido generacional que cuestiona la vida, la amistad, el amor, los ideales y la política, en un ambiente interior dominado por el desengaño, el pesimismo, la nostalgia y el fracaso. Viven, además en una época que ya no es la suya, en la que se sienten extraños, marginados, desligados. Cuando a Chirbes le pregunta Javier Rodríguez Marcos por qué utiliza los

---

[2] Chirbes repite en más de una ocasión la íntima relación que sus personajes tienen con él mismo: "[...] todos mis personajes son yo [...] egoístas odiosos, bondadosos [...]" (Rodríguez Marcos 2003); "En realidad en esa novela [*La caída de Madrid*] cada personaje es una parte de mí" (Revista electrónica *Babab* 2002).

monólogos en la novela, él responde: "Porque es una época de dispersión: esa gente vive sola y va a morir sola. No hay un superyó moral que organice todo eso. Ni siquiera me valían los diálogos, porque no hay un proyecto común" (Rodríguez Marcos 2003: 1). Sin embargo, no es una visión únicamente ficcional y estética la que se desarrolla en la novela, es también una postura personal, como ya apuntábamos más arriba, el compromiso del propio autor que pregunta a su generación qué hizo con los ideales humanos, sociales y políticos que impregnaron la existencia de tantos españoles antes de la muerte del general Franco. Chirbes dice, hablando de *La larga marcha*, en una entrevista concedida a Helmut C. Jacobs (1999: 182-187), que esperaba que el narrador de la novela "pidiera responsabilidades [...] a los de mi propia generación, a los que han tenido entre sus manos el poder para nada que no haya sido crear desilusión y amargura".

A continuación se intentará vislumbrar el profundo mensaje que en los ámbitos histórico y humano desarrolla el autor en su novela.

1. De la revolución y su recuerdo

Mientras duró el régimen franquista, una parte de la sociedad española se enfrentó a él en la clandestinidad. El compromiso marxista unía a grupos sociológicos dispares, comprometidos con la esperanza de ver caer la dictadura en el país. Como la prohibición de asociación impedía las reuniones, no había otra posibilidad que las células clandestinas para poder cambiar informaciones e impresiones, para programar actos subversivos. Aquel ambiente estaba empapado de la ingenuidad[3] que contagiaba el deseo, la esperanza de recibir ayuda no se sabía de dónde y la decisión de hacer caer a Franco y todo lo que su presencia significaba. Se soñaba con la revolución, con un milagro que cambiara todo y se emprendían acciones, a veces absurdas, con la intención de que el régimen se tambaleara, de demostrar que existía una oposición activa y viva en la sociedad. Aquellos gestos "heroicos" poco podían contra el poder organizado de una dictadura, pero los opositores eran perseguidos, torturados y encarcelados si caían en manos de los "famosos" grises. Chirbes, que estuvo en la cárcel[4] en aquellos años del

---

[3] Cuenta Antonio Muñoz Molina (1989), autor de la memoria al igual que Chirbes, que "En una larguísima asamblea de facultad, en la que se discutía si íbamos a derribar sólo el fascismo o si, ya puestos, derribábamos también el capitalismo -luego fue el capitalismo el que nos derribó uno por uno a nosotros- [...]".

[4] Lo cuenta así en la entrevista concedida a Javier Rodríquez Marcos para *El País*

último franquismo, tematiza en cada novela de su trilogía la célula clandestina y los procesos de detención y tortura que personajes de diversas clases sociales tuvieron que padecer.

Esto era así en términos generales, pero lo cierto es que la sociedad española empezó a cambiar drásticamente desde los años finales de la década de los sesenta. Un hecho singular acaecido por entonces es la influencia de la contracultura, llegada trasnochadamente a España en los primeros años setenta y asentada especialmente en las principales ciudades. Como apuntan José Luis Velázquez y Javier Memba, se difundió su ideario que, aunque de tendencia contestataria, defendía un concepto negativo del mundo y rechazaba tanto los regímenes capitalistas como los socialistas; su ascendiente entre la juventud española fue grande, más si se tiene en cuenta que ésta "empezaba a cansarse de la dedicación exclusiva a la causa antifranquista" (Velázquez/Memba 1995: 100). Así pues, nuevos aires cruzan el país y otras realidades se van haciendo presentes de tal modo que, aparte del enganche oposicionista que supuso el famoso proceso de Burgos y las expectativas generadas por la muerte de Carrero Blanco, la intelectualidad mira hacia otras direcciones.[5] David Herzberger cuenta, refiriéndose concretamente a narradores españoles, pero cuyas palabras se pueden extender a otros ámbitos del país, que:

> [...] a partir de 1968 se produce la desbandada de toda una generación de escritores unidos, hasta aquel momento, por su compromiso con el marxismo. Lo que se desintegraba, para aquellos escritores, no sólo era una determinada ideología, sino el concepto mismo de la Historia. *A partir de aquel momento, aquellos escritores se refugiarían en su propia historia (con minúscula), es decir, en su propia memoria.*[6]

Cambiaba el concepto mismo de la Historia y la avalancha que dicho cambio desencadenó se llevará consigo la vida y circunstancias de los viejos amigos. Quizá por eso los recuerdos que guardan de sus ansias de revolución son tan insignificantes, tan olvidados. Chirbes mismo la denomina "fantasma idealizado y absurdo" (Rodríguez Marcos 2003: 1), es decir, que fue sólo un concepto, un sueño desaparecido en el mismo momento de la muerte del dictador, "Fuimos así, porque los tiempos eran así [...] nosotros, con el franquismo de por medio,

---

(2003: 3): "Con el señor Fraga, que fue ministro del Interior mientras yo estaba preso en Carabanchel, no tengo ninguna discusión ideológica que hacer [...]".

[5] Diferente es el futuro que se presenta a los obreros. Sobre ello Chirbes se ha expresado con claridad en su novela *La caída de Madrid* (2000).

[6] Cita tomada de Joan Ramon Resina (1997: 57). La cursiva es mía.

fuimos clientes naturales de la revolución" (59), se dice a sí misma Rita, ex mujer de Carlos. No obstante, la revolución es recordada a lo largo de la cena desde diversos ángulos. La fecha de partida es el comienzo de los setenta, Carlos así se lo pregunta: "¿Qué año fue aquel?, ¿el setenta y uno?, ¿el setenta y dos?" (18) y cada uno de los comensales dirige la vista en algún momento a la "célula de Unidad de Comunistas", a lo que significó, y significa en el presente de la narración, aquella experiencia. Pero antes de formar parte de la célula, los compañeros valencianos, liderados por Pedrito[7] ya deseaban en Denia tomar parte de la revolución que percibían como: "[...] un acto de amor: cómo volar un cuartel, la estatua de Franco en la Plaza del Caudillo de Valencia, la Cruz de los Caídos en la Puerta del Mar, el monumento a Calvo Sotelo, protomártir de la cruzada de liberación. Cómo volarlo todo" (11). Ya desde el principio, la revolución es un hecho clandestino, nocturno: "sentíamos que el día apagaba la revolución" (11-12), pero también irreal, producto de la ingestión de alcohol y drogas: "Aquellas noches nos bebíamos todo lo que conseguíamos: ginebra, coñac, ponche, whisky, anís, [...]; fumábamos tabaco, maría, hachís, hierbas aromáticas [...]" (12). La noche es su escenario y las imágenes son alucinaciones vinculadas a los cuadros del Bosco que forman parte de un conjunto en el que se mezclan representaciones religiosas, cinematográficas, literarias y reales, que hablan de confusionismo ideológico. Pertenecen a Carlos, el novelista fracasado del grupo, al que dice Pedrito, el ideólogo: "no, Carlos, no se puede confiar en ti. Venderías a Lenin por una buena novela" (11). Carlos recuerda aquellas noches de orgía revolucionaria, su relación con el amigo de la infancia, el que le seduce leyendo a Baudelaire. Así las rememora:

> La revolución, un excitante, supremo alucinógeno; y también uno de esos cuadros que representan el fin del mundo, el juicio final, el instante en que la llegada de la justicia lo pone todo patas arriba: se abren las tumbas, la lápida tirada a un lado, y empiezan a salir esqueletos, esqueletos repentinamente en movimiento, o sentados, con las piernas metidas en el hueco rectangular de la sepultura, como si estuvieran al borde de una piscina, tomando el sol [...] pero también cuerpos a medio pudrir, con las carnes agusanadas [...] La revolución: otros parámetros estéticos, enamorarse de otra forma de belleza, cambiar de canon. Dos esqueletos que se besan, mandíbula descarnada contra mandíbula descarnada [...] (12-13).

Revolución y arte. En *La caída de Madrid* existe una de las células revoluciona-

---

[7] Pedrito, en el presente narrativo es un hombre de cincuenta y nueve años y se dedica a la construcción de viviendas.

rias de las novelas de Chirbes, antecesora de la "Celula de Unidad de Comunistas" de *Los viejos amigos* que comparte con ésta el concepto[8] de la revolución como deseo de verdad y justicia, pero también de pura estética porque la revolución es belleza y arte y los viejos amigos sienten que esa parcela de armonía tan largamente acariciada tampoco les ha sido reservada. Así lo piensa Carlos: "Han pasado los buenos tiempos. Los tiempos en los que parecía que íbamos a vivir rodeados de arte, en vez de dinero" (179).

Sin embargo, aunque la revolución es un tema que recorre la novela y al que se alude regularmente, siempre motivado por la nostalgia o el rencor, el aspecto ideológico de los amigos permanece en penumbra si se exceptúa a Pedrito. Piensan en las reuniones interminables por la noche, el reparto de octavillas, el trabajo de impresión de propaganda, la vida compartida en pisos miserables y alejados, la detención y consiguiente tortura, pero no aman su recuerdo. Evocan los amigos, no obstante, un par de acciones represivas en las cuales miembros de la célula son detenidos y encarcelados. Indudablemente son hechos muy significativos por lo que comunican de una política represora, que se defiende violentamente de unos jóvenes que se mueven con temor y no poseen una infraestructura que haga peligrar el régimen. Una de las más significativas la evoca Amalia como sucedida en un tiempo hermoso de entrega voluntaria y desprendida, tan diferente y extraño al presente, tan nostálgico, tan lejano. Se refiere a Magda la amiga gallega propietaria de Violette, un bar de homosexuales y lesbianas, punto de encuentro diario de los compañeros. Así la recuerda:

> Años antes, la habían detenido (a Magda) con nosotros. Cantó la Internacional en los pasillos de los sótanos de la DGS y algunas voces procedentes de las celdas la acompañaron en ese canto; voces que no eran sólo las nuestras, voces de viejos obreros encarcelados. Yo también canté y lloré en aquel sótano oscuro y apestoso. Fue uno de los momentos en que la vida parece que cobra todo su sentido, se vuelve completa, uno de esos momentos en los que puedes morirte y ya está, lo has hecho todo. Lo más importante no es durar, eso lo sabíamos entonces, y ahora -justo cuando estamos condenados a no durar- parece que se nos ha olvidado (125).

El final de la célula será el resultado de una delación y una última detención. El tema del traidor a la célula ocupa el polo opuesto a la agresión idealizada del encarcelamiento. Narciso, el entonces marido de Amalia, contestatario de clase

---

[8] Este concepto de la revolución formaba parte de la demagogia de la Internacional Situacionista y fue formulado por Debord, según expresa el narrador de *La caída de Madrid* (p. 92).

alta, es un personaje fino, teórico, bohemio, intelectual, incapaz de llevar a cabo los planes del grupo clandestino. Participa con Pedrito en el lanzamiento de un cóctel molotov, y él mismo evoca la experiencia en la única ocasión que el autor le permite aparecer en la novela. No participa en la cena, y en el presente narrativo es el único personaje que se dedica a la política en el PSOE. Indudablemente, ésta es la razón por la cual el autor le permite participar, para que íntimamente fluyan los sentimientos de asco y suciedad que el lanzamiento del cóctel, la práctica de la subversión le provoca. Percibe que la inmundicia que impregna su alma es el resultado de la explosión, pero es también el sentido clasista que se manifiesta ante la agresión física a los grandes almacenes de uno de su clase; sin ser consciente de ello advierte que se ha atacado a sí mismo.[9] Aparece ya el miedo a ser detenido como anticipación del cobarde que será más tarde y también los síntomas psicológicos que le llevarán a traicionar a la célula, a sus amigos y a su mujer. Pedrito le define como depresivo-intelectual (69). Lo que se evidencia es su capacidad pragmática para realizar actos políticos, para no decir a sus compañeros la verdad, excepto a Pedrito, de lo que verdaderamente él es, esconderles lo que siente y llama el "sacrificio verdadero de la revolución", es decir, la inmolación del yo, de la propia personalidad, la conversión del hombre en máquina Así lo recuerda:

> La violencia me ha ensuciado, la grasa chorreante de la gasolina en contacto con los productos químicos es ahora parte de mí. Pero luego, esa misma tarde, cuando me pide [Pedrito] que acuda a la reunión de la célula para valorar la acción, yo me muestro seguro, expresivo, como si me hubiera emborrachado antes de empezar a hablar (64-65).

Se anticipa así el futuro político de Narciso y también la condición ambivalente e hipócrita de muchos políticos de la Transición y de la democracia.[10] Las palabras con las que engatusa a sus compañeros esa tarde son:

> Estas acciones de castigo le duelen al régimen como verdaderas heridas, porque tocan la economía de sus amigos [...] crean inquietud entre la población y, además, no sólo

---

[9] Véase en *La caída de Madrid* (capítulo 18, 276-291) una situación análoga vivida por Quini, miembro de la aristocracia franquista y activista en una célula universitaria de oposición al régimen.

[10] Chirbes se ha referido también a los sentimientos que los políticos y sus palabras le producen: "Cuando veo la televisión, escucho la radio, leo los periódicos [...] llegan [...] las *palabras cínicas de los políticos* [...] *mintiendo*" (Subrayado mío. Wichmann 2001: 2).

demuestran que hay una oposición activa, sino que también enseñan al pueblo el camino: que no todo está perdido, que se puede actuar. Por eso *estoy convencido de que la violencia públicamente expresada es el acto de subversión más efectivo* en el momento actual (65. El subrayado es mío).

Narciso disfrutará de privilegios y oportunidades que no tendrán otros miembros de la célula. Cuando el grupo es detenido será puesto en libertad rápidamente, después de haber contado a la policía todo lo relativo al grupo, "de pe a pa" (167). Con él libera a Ana cuya familia era igualmente rica, pero el resto de los compañeros permanecerán detenidos, entre ellos Amalia, su mujer que estaba embarazada. No recuerda Amalia solamente sus días en la cárcel sino que repasa con amargura todo el desengaño provocado por el conocimiento de la deslealtad de su marido quien, una vez libre, se emparejará con la jovencísima Ana. Chirbes pincela así al futuro político, traidor a la causa social, a las pautas del socialismo, desleal si es preciso para sus planes. También expresa una realidad, una fisura en la España franquista: el poder del dinero por encima de ideologías, pero así mismo la convicción de clase, de que la pertenencia a un alto estrato social confiere a las acciones de sus miembros un toque de inocencia, de inocuidad, al tiempo que postula el natural y evidente retorno al origen, a la casta, como también sucede en *La caída de Madrid*[11]. Santiago Carrillo hablando con Victoria Prego y refiriéndose a algún que otro militante del partido comunista, especialmente a partir de los años sesenta, cuenta, en una cita ya tópica, que:

> [...] hoy hay un tipo de militante que si le detienen, el papá puede llamar a la comisaría y el detenido puede salir en libertad [...] Es que han entrado en el partido muchos jóvenes de las clases medias y altas y ésos tienen ya un trato distinto. A esos ya no se les fusila, se les detiene, pero en general no se les tortura bárbaramente. Se sigue torturando a los hombres que tienen una tradición mayor [...].[12]

La revolución y la célula comunista, en el presente de los amigos, es una memoria molesta. Los camaradas desearían borrar aquella época de su vida, la consideran falsa, un vano pasatiempo. En el fluir de su conciencia aparece como una mancha que desearían eliminar. En alguno de ellos se presenta envuelta en un halo nostálgico, relacionado más con la añoranza de la juventud que con la propia revolución (Pedrito), como un hecho susceptible de servir sólo a la clase

---

[11] Taboada, compañero de celda del obrero Lucio, una vez fuera de la cárcel regresa con los suyos, ejerciendo de abogado en un despacho de lujo en la colonia del Viso, en Madrid. *La caída de Madrid*, capítulo 20, 303-318.

[12] Cita tomada de Juliá, Santos/Pradera, Javier (eds.) (1996: 52).

política (Rita), la actividad de unos niños pijos (Rita), algo que persigue a las masas para apoderarse de ellas y así ganar fuerza (Pedrito), producto de la locura y la confusión (Guzmán), el resultado del concepto cristiano de sacrificio (Pedrito), etc. En todo caso un concepto anodino, inservible e impensable en la sociedad de fin de siglo. Por eso Demetrio, el compañero infectado de sida, le dice a Pedrito: " No sé, Pedrito [...] ¿qué quieres que te diga? Cambiar los chalets por cuarteles, el colchón de muelles por una colchoneta en una litera; la revolución ahora, a estas alturas, no, la verdad es que no lo creo. Si es a eso a lo que te refieres, no lo creo" (33). Aquel ideario que les tomó tanto tiempo, tantas palabras convertidas en aire, "todo aquello era nada más que aire" (59), tanto entusiasmo, pertenece al pasado, en él sustentan el principio de su fracaso tanto personal como profesional. Se dan cuenta de que sólo fueron un pequeño grupo clandestino y, precisamente por eso, desconocido e inservible para la sociedad. Rita lo recuerda de la siguiente manera:

> [...] un insignificante e inocuo tumor sebáceo que le salió al país en una esquina del cuerpo y del que no llegó a enterarse casi nadie. Sólo ese pequeño grupo y los brutales médicos que se encargaban de estudiarlo, perseguirlo, extirparlo; revolucionarios y policías unidos secretamente por un código común que el resto de la sociedad no hablaba ni entendía ni compartía de ninguna de las maneras [...] Pensábamos que aquella experiencia iba a unirnos, y no, cuando despertamos del sueño nos dimos cuenta de que era al revés, que, en la vigilia, cualquier lazo creado en ese espacio hipnótico no sólo era inútil, sino contraproducente como una paranoia. Tanto esfuerzo para nada. En realidad quienes estaban creando recuerdos comunes, experiencias que iban a perdurar con el tiempo, eran quienes se disciplinaban para adaptarse al ritmo que el conjunto de la sociedad marcaba (149).

El mundo ha cambiado y, según sus pensamientos, los amigos no supieron ver, percibir el futuro; los de su clase estaban abocados a extinguirse mucho antes de la llegada de la democracia. El desengaño y la madurez se han instalado en sus vidas, no así la serenidad. Viven en crisis y dicho estado se percibe como metáfora de la que vive la izquierda en el país; son caminos paralelos, marcados por el pesimismo. Desde el presente narrativo, Pedrito, solo en la fría noche madrileña, vincula el pasado al presente de la siguiente manera:

> Eso fuimos, Personajes anónimos de las contemporáneas guerras de religión: discutían los bandos acerca de si el paraíso debía llegar después de la muerte o se tenía que instaurar en la tierra. Eso dirán de nosotros. Quisieron aquellos últimos herejes el paraíso en la tierra, aparecerá así, un par de páginas en las historias universales dentro de trescientos años, saldremos en los libros junto a los husitas, a los valdenses, a los

partidarios del remoto emperador Mot-Su, que vivió en China hace algunos milenios. Toda esa sangre derramada, todas esas lágrimas y esas canciones, un párrafo en un libro. Esta etapa ha concluido. Fin del capítulo sobre la edad contemporánea en los libros de historia. Cayó el muro de Berlín y la guerra ha terminado, ya sabemos, una vez más (como lo han sabido después del aplastamiento de cada herejía igualitaria), que, en la tierra, no se instalará el paraíso. Abajo parias de la tierra; de bruces, famélica legión [...] Nosotros no tenemos la culpa de que no llegara la revolución, Amalia; de que la justicia se haya tomado un descanso y haya decidido no pasarse todavía por la tierra [...] No conseguimos lo que queríamos, pues vale, disfrutemos de lo que hay y no quisimos. Disfrutemos de aquello contra lo que luchamos y nos venció. Al final, resulta que estábamos más capacitados para poseer que muchos de los que defendían su miserable propiedad con uñas y dientes (212-213).

El disfrute de la opulencia que aportó la democracia al país es un tema crítico en la novela y, exceptuando a Carlos, los viejos amigos viven incorporados plenamente a la sociedad que surgió después de la muerte del dictador.

2. La realidad engendra desengaño

2.1. Sociedad y política

Cuando en 1975 muere el dictador, dice Manuel Vázquez Montalbán que en las universidades "ya no se cantaba Gaudeamus Igitur" (1985: 27) sino la Internacional para expresar el ambiente masivo que en ciertos ámbitos poseían las tendencias marxistas, pero la lentitud e ineficacia que caracterizaron al gobierno del presidente Arias crisparon los nervios de la izquierda española de tal forma que ya un año después, y aunque ésta tenía mucho poder de convocatoria, se percibe con claridad el desencanto que va a pervivir entre aquellos supervivientes marxistas hasta la actualidad. Se vivía la Transición, ese período intermedio en el que se crearon las leyes y estrategias de convivencia de los españoles. En este lapso del que una gran parte de los españoles está orgullosa, alabado interna y externamente como éxito indiscutible, se fueron dejando por el camino el ideario de la izquierda y las grandes esperanzas de sus seguidores de que el país, por fin, volviera a ser progresista; sentían una vez más el hundimiento de la perpetuamente añeja ilusión de un país de "*libertad y esperanza*" (Bernecker/Brinkmann 2004: 85-102). Las concesiones de la izquierda se precipitaron una detrás de la otra. Después del júbilo que supuso la llegada de Santiago Carrillo a España y la legalización del Partido Comunista Español que tantas expectativas despertaron entre sus partidarios, éstos tuvieron que asimilar el orden que se iba estableciendo progresivamente en el país. En 1977 el PC constituyó el pacto con la monarquía y, como dice Vázquez Montalbán (1985: 134) con sarcasmo y dolor, habría reforma en lugar de ruptura:

> Y a continuación Santiago Carrillo se sacaría en Madrid la bandera española y la aceptación de la monarquía del sombrero de copa de su tenaz entrepierna. No está en cuestión la bandera tricolor o bicolor, la monarquía o la república, sino la democracia, y para conquistar las libertades, instrumentos en sí mismos y por sí mismos, del cambio histórico, había que sacrificar viejas fidelidades sentimentales. Pragmáticamente los unos y dolorosamente los que habían pasado años y años de cárcel envueltos en una invisible bandera tricolor, se asumía el sentido profundo de los versos de Miguel Hernández: Para la libertad [...].

Libertad. Esta es la gran palabra que recorrió insistentemente todos los ámbitos de la sociedad española durante los años que duró la Transición. Después de todo, la finalidad de cada uno de los esfuerzos realizados por la oposición al franquismo era conseguir ese preciado valor del que carecían.

En 1978 nace el eurocomunismo como un socialismo en libertad, una mirada nueva, teórica, que no era compartida por las bases de PC, sumido pronto en una crisis desoladora por el progresivo alejamiento de Moscú. Y, de la misma forma, en 1979, el PSOE se convierte en socialdemócrata, abjurando igualmente de su base marxista; maniobra sentida por muchos socialistas como un giro del partido a la derecha. Teresa M. Vilarós comenta al respecto que "En un proceso político que anticipa en más de una década las posteriores renuncias marxistas de la izquierda europea y la debacle ideológica de la Unión Soviética, la izquierda española abandona sus señas de identidad y con ellas su pasado" (1998: 10). Si el fracaso del golpe de Estado de febrero de 1981 aseguró el Estado democrático, abrió también las puertas a un país socialista y a la integración en la comunidad europea en 1986. Con este paso, trascendental para España, se cierran siglos de aislamiento y comienza una integración cultural rápida, una adaptación a los modelos de sociedad, particularmente económicos, que definen al entonces llamado Mercado Común y aparecen nuevos valores de entender la existencia que barren los habidos hasta poco tiempo antes. En este contexto surge la famosa movida madrileña, que arrastra en la juventud cualquier vestigio de interés político, o como dice Teresa M.Vilarós, "los españoles de la movida cambiaron sin miedo el pensar por el peinar, el libro por el comic, la poesía por la canción, el cine por la televisión, la política por la droga" (1998: 38). La sociedad cambia, se uniforma al compás de un consumismo generalizado que se instala en todos los niveles: cultural, económico, político. Se vive un nuevo paradigma, el de la posmodernidad. España y los españoles ya no son los mismos, sus valores e intereses tampoco. Paradójicamente la adhesión a una Europa decantada, con la excepción de Alemania, hacia tendencias relativistas y ahistoricistas, implica también el alejamiento de las expectativas de ruptura, de las promesas tanto tiempo acariciadas.

Así estaban las cosas para los seguidores de la izquierda en el país, por un lado la desnudez de ideología, por otro una perspectiva vacía de futuro. No es de extrañar que pronto aparecieran signos de desencanto entre sus filas. Según Vázquez Montalbán (1985: 199) se perciben ya en la primavera de 1978 y se basan fundamentalmente en una falta de confianza en las directrices económicas. No obstante, con la integración en la Comunidad Europea la sociedad española se inserta en otro orden económico que permite a la clase media e intelectual[13] el acceso a realidades antes imposibles que le aportan otros valores que no son precisamente los políticos. Vázquez Montalbán lo cuenta con mucha ironía:

> [...] la crisis del desencanto español procedía de que la ascesis mística al Todo se había interrumpido como un orgasmo insuficiente y en las manos quedaba lo poco o la nada. Los rebrotes de fundamentalismo hacia el Todo renovado no eran otra cosa que una transitoria histeria generalizada ante la evidencia de que se consumaba la pregunta de Hölderlin: "Los dioses se han marchado, nos queda el pan y el vino". En un extremo quedaban los que recuperaban viejas imágenes sagradas para llenar el vacío de los dioses huidos y en otro los que se quedaban con la segunda parte de la premonición de Hölderlin. Inevitablemente la pregunta de por qué en la España de la Transición florecieron las bodegas y las cazuelas y la madura progresía sustituyó en ocasiones el mandil de impresores clandestinos por el delantal sutil, leve parapeto ante las leves grasas de la *nouvelle cuisine* o las muchas pomadas de la cocina de la abuela (1985: 209).

En *Los viejos amigos* Chirbes biseca la sociedad española después de la llegada de la democracia en el gran cambio sufrido por el país y sobre todo por aquellos que habían soñado con la revolución. Pasa factura a la clase política socialista y se detiene en las ruinas del comunismo. El penúltimo monólogo, de Carlos, es un magnífico ejemplo de aquellos años de cambio, oportunistas y tránsfugas. Carlos, con mucho dolor, deja correr sus pensamientos amargos, su desencanto personal en un país nada atractivo vendido al capitalismo, con unos valores circunscritos a los placeres, sin ideología que dé sentido a la vida, sin palabras, como él

---

[13] Chirbes dice a propósito que: "El dinero perdió su aura diabólica y su compañía dejó de molestar a intelectuales y artistas [...]" (*El novelista perplejo*, 22).

piensa, "con las que masajear el alma" (176). El pesimismo que vierte Carlos sobre su propia conciencia es casi destructivo porque siente que forma parte del mal, que es incapaz de alcanzar la dignidad en la vida. El novelista fracasado[14] expresa con sarcasmo y humor el cambio social a través del consumo de la elite socialista:

> Y llegaron estos listos (Narciso, sus amigos, la propia Amalia, aunque ahora ya no lo quiera reconocer) y empezaron con sus hotelitos con encanto, y que si el otoño en Venecia y el Martini en el Harry´s bar y un Vega Sicilia y un Pesquera y Glenmorangie y Glenfidish y Gengilish y, entonces, los otros dijeron, si eso es lo que hay que hacer, si ahí es donde hay que estar, si eso es lo que hay que beber y comer, nosotros estamos, comeremos, beberemos y haremos todo lo que hay que hacer los primeros [...] (180-181).

Chirbes rasca la herida de la traición ideológica del PSOE cuyos dirigentes crearon progresivamente una sociedad sumida en el capitalismo[15] más descarado. No sólo habían ido dejando atrás las ideologías, ahora se habían vendido al enemigo. Del ideal de una España de base social, aquellos jóvenes políticos, hijos de republicanos perdedores de una Guerra Civil, muchos de los cuales habían vivido en la clandestinidad durante la dictadura, desarrollaban sin pausa un país que fue convirtiéndose poco a poco en una nación moderna en la que la clase obrera[16] siguió siendo la perdedora, abocada al paro, castrada nuevamente su esperanza. Aquellos jóvenes de izquierda pasaron a formar parte, de igual modo, de una elite económica[17] en la que se integraron como si hubieran siempre

---

[14] Chirbes trata también el tema del novelista fracasado en *En la lucha final*, novela que está íntimamente relacionada con *Los viejos amigos*, porque versa sobre las relaciones difíciles y desleales de unos amigos de juventud, pero también sobre "la clase social que acababa de llegar a los aledaños del poder" (Jacobs 1999: 186).

[15] Vázquez Montalbán dice que ya en 1980 "[...] se detecta una agresividad de consumismo, homologable con la de cualquier sociedad de capitalismo avanzado, esa agresividad social de consumo que hará verosímil, más que en cualquier otro tiempo pasado, el discurso narrativo de la llamada novela negra" (1985: 234).

[16] F. García de Cortázar y J. M. González Vesga (1993: 636), hablando de la política económica de los primeros años de gobierno socialista, opinan que: " Esta labor de cirugía, llamada eufemísticamente `reconversión´, exigió el cierre de numerosas empresas, sobre todo en el ámbito de la siderurgia, la construcción naval y los Elec.trodomésticos, aparte de reducciones drásticas de plantillas. Aplazada por los gobiernos anteriores, la reconversión fue, pues, violenta y socialmente muy lesiva para los socialistas, convertidos ahora en verdugos de sus clientelas obreras".

[17] F. García de Cortázar y J. M. González Vesga (1993: 639) dicen al respecto que "Ba-

pertenecido a ella, sin dar opción a un retroceso, a un volver a las raíces; se sumaron sin problema a la clase política, participando alegremente en el ámbito de la denominada "gente guapa", tomando posesión de unos puestos de trabajo, a los que habían accedido por voluntad popular, como si fuesen sus propiedades. Y, excepto Guzmán y Taboada, el abogado, que según le cuenta Amalia a Pedrito se acerca sutilmente al PP (88), el resto de los amigos son amargos al recordar los años vividos bajo el socialismo. Curiosamente es Carlos, en el ya mencionado penúltimo monólogo, el que evoca y cuestiona la era felipista: "Durante la comida yo le había dicho que la socialdemocracia era la derecha cursi e hipócrita. Los insoportables nuevos ricos que defienden sus privilegios de clase con el furor del converso" (203), recuerda que le dijo a Amalia durante un encuentro en Bruselas. Y digo curiosamente porque este personaje, trasunto a veces del propio Chirbes, según los recuerdos de los otros es el más anodino de todos, sin carácter, huidizo, incapaz de tomar decisiones y hacer cara a sus responsabilidades, pero es el más agrio de ellos al reflexionar sobre el pasado y el presente, el más crítico quizá porque es el más perdido, el gran fracasado. Sobre el consumismo y cambio de mentalidad de los años socialistas piensa que:

> Claro que, para entonces, ya era tarde, unos se habían colocado en los recovecos de la política y hablaban a todas horas de Europa, de competitividad etc, etc... o, cabeza de ratón, se han quedado en sus autonomías del sur, haciendo rayas sobre el mapa, diciendo aquí un polígono, aquí una repoblación, han convertido en su coto privado el terreno público, el terreno privado ya era y seguirá siendo de los que tienen cotos privados: esos dos grupos han seguido manteniendo una ficción promiscua; otros habían colocado sus cuadros, sus proyectos, sus cosas, y se relacionaban con todos esos ricos, o con los ayuntamientos y autonomías y lo demás, pero ya con una relación como (y guardando las distancias) de Miguel Ángel con los Médicis, y con Julio II, no por la calidad de sus trabajos, de su obra, sino por el carácter de la relación: de empleado a amo; hubo otros, más torpes, o menos duros, que se quedaron en el camino, porque para eso, sí, para eso hizo falta tener mucho fuste: flexibilidad de cintura para agacharse ante el poderoso y para rampar con las uñas fuera contra el de la misma clase o contra el que está abajo, [...] (181-182).

El PSOE y su política habían ido probando la no-existencia de la revolución, pe-

---

jo la égida socialista, la cultura especulativa y financiera se ha impuesto a la empresarial, haciendo nacer una generación de hombres de negocios vinculada a operaciones mercantiles rápidas en las que se consiguen plusvalías impresionantes. Sacados a hombros en los ruedos de la prensa, los especuladores y logreros son los nuevos ricos de la sociedad española del fin de siglo [...] .

ro el PC durante 20 años había ido destruyéndose debido a continuas escisiones y a una incapacidad meridiana para retomar la orientación de la ideología, de tal ma que, cuando en la novela los viejos amigos comentan la doctrina en la que creyeron y por la que se dejaron torturar, todos están de acuerdo en que es una ideología muerta. Por eso reniegan de sus postulados y se percibe desprecio en sus apreciaciones. Para este grupo de antiguos marxistas, ese comunismo que tuvo que esconder a sus héroes en el proceso a la democracia, como dice Vázquez Montalbán (1985: 155) fue sólo un error, una falacia peligrosa. Cuando Demetrio, el homosexual enfermo de sida, opina que es una herejía y los que la siguen unos visionarios, Guzmán, casado con Ana la galerista más importante de la España democrática, personaje pudiente, le apostilla que "el comunismo [es] la última gran deriva del cristianismo. Justicia, igualdad, piedad, todo eso. Los futuros libros de historia hablarán de esa desviación, le dedicarán algunos párrafos. Una herejía que afectó a dos mil millones de personas. La mitad de la humanidad contaminada por los falsos profetas. Y que media decena de años ha bastado para borrar de la memoria de la humanidad" (112). Con dichas palabras Guzmán cava la tumba retrospectiva de la célula comunista a la que todos pertenecieron, e implanta el presente político como tema de discusión, es decir, una España regida por el partido conservador, al que aluden en alguna ocasión y siempre para oponerlo al PSOE. Pero no todos los amigos están de acuerdo en que la llegada del PP al poder haya supuesto una falta de libertad y pérdida de valores para la sociedad diferentes a los ya conseguidos en la legislatura anterior. Si exceptuamos a Guzmán que hace responsables a sus amigos comunistas y sus críticas del fracaso electoral del PSOE y a Amalia, el resto critica en sus pensamientos la política socialista y lo que se dejaron por medio, y en todo caso, el PP no ha hecho otra cosa que regar las plantas que sembraron los socialistas. Así lo creen Walther L. Bernecker y Sören Brinkmann cuando dicen que:

> Indicaremos sólo de paso el hecho de que, al fin y al cabo, lo que se presentó en principio como el final de una era (la del gobierno de Felipe González) apenas tuvo efectos profundos en muchos campos de la política. En numerosos aspectos, el nuevo gobierno siguió el programa de sus predecesores en los temas centrales de la vida social y económica. A ello contribuyó el hecho de que el gobierno tomó posesión en un momento en el que la economía española comenzaba, tras una larga crisis, un período de auge. Este despegue económico, una atmósfera de optimismo y la explícita pretensión de renovación política tras años de escándalos y *affaires* políticos constituyeron el telón de fondo del conocido "¡España va bien!" (2004: 91).

El PP gobierna el país y el descontento personal de los viejos amigos, traicionados y traidores por igual, no es mayor que el que vivieron en los años anteriores. Carlos, que desarrolla una extensa crítica humana en el fluir de su conciencia, enfrenta el ascenso inmisericorde en la sociedad con la pérdida progresiva de valores, insistiendo en la prescripción de la dignidad[18] personal, de la honestidad de cada uno de ellos y de sus actos a lo largo de esos 30 años de libertad en España. Chirbes, quien sostiene con decisión su rango de autor realista, sabe muy bien que la realidad en la literatura no es "algo ontológicamente sólido y unívoco" (Villanueva 1992: 52), sino que se organiza doblemente a través de las conciencias individual y colectiva; por eso plasma con precisión uno de los males que destruyeron el socialismo de los 90, la corrupción,[19] focalizándola en Pedrito,[20] comunista, alma ideológica y convocadora en la otrora activa célula, capaz de banalizar cualquier tema o situación, ávido de sexo como válvula de escape a su insatisfecha existencia. Este personaje se enorgullece, en su ciega competencia dialéctica con Guzmán, del poder de su dinero y las "buenas" amistades con el "jefazo" (96) de un partido[21], capaz de influir en el alcalde de un pueblo valenciano para que derogue la orden de paro de una construcción de Pedrito[22]. Las palabras de este personaje son contundentes y remiten a la

---

[18] La dignidad es un valor recurrente en la novelística de Rafael Chirbes. Muchos de sus personajes son seres ambivalentes que buscan su ser digno en una tierra que poco tiene que ver con la de promisión (Véase, por ejemplo, *La larga marcha*) o mucho con la utopía del paraíso (*Los viejos amigos*), pero también con el derecho del ser humano a ser él mismo con todos sus recuerdos (*La buena letra*).

[19] Fernando García de Cortázar y José Manuel González Vesga (1993: 639) dicen sobre la corrupción: "Este olor a podrido y a dinero sucio amenaza gravemente la imagen de los políticos profesionales y fundamenta la percepción negativa que la inmensa mayoría de los españoles de los años noventa tiene de la función política. Pero, sobre todo, tizna al Partido Socialista, que denunciado por corrupción toca fondo en su desprestigio electoral cuando en la primavera de 1993 decide adelantar los comicios".

[20] Pedrito lo cuenta de la siguiente manera: "A mí ha llegado un concejal y me ha parado la obra y me ha tocado los huevos; así que me he presentado en casa del alcalde a las siete de la mañana con uno de la diputación, de su partido. Nos hemos presentado un jefazo de su partido y yo a despertar al alcalde del pueblo, al que tengo harto de gambas en El Pegolí y de whisky en las casas de putas, y luego va y me para la obra [...]" (95-96).

[21] No se cita el nombre del partido, quizá porque es una constatación de que todos ellos son corruptos y que también impera la ley del amiguismo como en la época franquista.

[22] Podemos pensar que es una construcción ilegal o que no reúne las condiciones necesarias y requeridas por la Administración.

dictadura y a su lenguaje al expresar la aceptación de la resolución del dirigente por parte del concejal que había aplicado la ley, " [...] se ha puesto firmes, y ha dicho, a la orden [...]" (96). La denigración de los personajes chirbesianos, aunque aluda a la realidad histórica, es muy profunda y la pérdida de honorabilidad alcanza cuotas verdaderamente altas; es asombroso que las líneas que dibujaron unas vidas fueran desplazadas radicalmente por el poderío del dinero, más cuando Carlos piensa que en el grupo, en la célula, no se hablaba nunca de él. Pero el autor muestra igualmente su pesimismo ante el presente y un futuro abocado a seguir las direcciones ya establecidas.

Carlos amplía el tema de la dignidad a toda la sociedad democrática. Que en la dictadura la respetabilidad de los jerarcas brillara por su ausencia es una cosa, pero que en una sociedad, conseguida después de muchos sufrimientos y carencias, la dignidad sea un valor cero significa que dicha sociedad está podrida. Establece para plasmar su imagen la analogía entre Amalia, la depresiva y perdida Amalia, "heroína de Delacroix" (204), la bella e inteligente comunista que ha perdido su lozanía física, pero también psíquica, y la pérdida de la honestidad en España. Se cuenta a sí mismo cómo la dignidad es un valor marchito, agostado por su falta de estimación en un mundo rico en palabras vacuas, en dinero, en proyectos de una sociedad ciega, en la que la actividad mercantil aparca la dignidad; ésta es planta que no se riega y se va dejando morir, desaparecer lentamente; así pues, se ha ido convirtiendo en valor no cotizable,[23] aunque limitado a los ámbitos políticos y económicos. Porque Carlos percibe dignidad en el trabajo honesto de sus hermanos y, a través de ellos y la rememoración breve de sus vidas, encuentra una vía de estimación propia, de proyecto familiar estable. Es la renovación del "pacto del hombre consigo mismo" (186), el contexto de los hombres que trabajan para dar de comer a sus familias, ahorran lo que pueden, aman y están orgullosos de su trabajo y conservan un espacio interior honorable, no dado a la ambición. Es tal la falta de valores morales y proyectos comunes en la sociedad de los viejos amigos, que ellos mismos y sus relaciones son la metáfora más perfecta para expresarlo. No son héroes porque un héroe es, como dice Demetrio "quien acude armado a defender una idea" (38), sino seres humanos mezquinos, fracasados y por lo mismo envidiosos y desleales entre sí. En la cena se reúnen "Para celebrar no sé qué aniversario de la

---

[23] Así lo piensa Carlos: "La maceta al sol, deshojándose, desfoliándose, marchita. Caen los pétalos de sus flores, se arrugan como culo de vieja los sépalos, y llueven tristemente las hojas marchitas sobre el suelo estéril: la dignidad. Amalia desfoliada" (183).

caída. De derrota en derrota hasta la victoria final" (49), como piensa Rita con sarcasmo, pero sus palabras son la prueba de la paradoja que domina la vida de los amigos, una vida vacía en la que se han ido despojando de las directrices de su juventud y llenándola de realidades que no les satisfacen. Son unos fracasados que no conservan de ellos mismos y de tantos años de proyecto común ni un solo recuerdo limpio, un recuerdo que convoque el aprecio en esta cena, previsible como el último encuentro.

2.2. Sociedad y literatura

Como trasunto del propio Chirbes, también desarrolla Carlos dentro de la novela el tema de la literatura. Ya hemos dicho que este personaje es un escritor frustrado que, sin embargo, sigue planteándose la narrativa como un proyecto en su vida, como una posibilidad para alejarse del sentimiento de derrota, fracaso y desengaño profundos. Carlos se siente herido porque sus compañeros no creyeron nunca en sus facultades de escritor, le dieron "como caballo perdedor antes de que concluyese la primera vuelta de la carrera" (193), ni siquiera él cree en ellas; tampoco, según recuerda, se sintió fascinada Carmen Martín Gaite, a la que envió su primera novela para que le diese su opinión y constató que no sabía crear personajes (190). Cuando alude a ello sus pensamientos están perdidos precisamente en las figuras que podrían formar parte de una novela, en sus hermanos -Andreu y Joaquín-, y Demetrio[24] -el amigo enfermo de sida-, en sus características personales tan marcadas y definidas, en sus complejas existencias llenas de vida, en esa singularidad que define a los magistrales personajes de Rafael Chirbes. Es bien sabido que la metaliteratura,[25] la reflexión crítica sobre la literatura en la narrativa es una de las características del posmodernismo, pero ésta no es la perspectiva del autor en esta novela, su intención es reflexionar sobre el papel de la literatura como vehículo de la memoria; la vincula, pues, al proceso crítico de repaso del franquismo, Transición y democracia en España. El propio autor en los artículos incluidos en *El novelista perplejo* (Chirbes: 2002)

---

[24] Carlos recuerda a sus hermanos tanto en el terreno familiar como profesional, y siente que sus vidas poseen una estabilidad económica y emocional que él en absoluto posee. Su conclusión es la siguiente: "La novela de Andreu, la de Joaquín, la de Demetrio. Tres novelas que podrían acabar siendo una sola. Intuyo en mis hermanos, en Andreu y en Joaquín, un destino y una fuerza" (193).

[25] En la narración que se incluye sobre la vida y muerte de Elisa hay también una breve reflexión sobre la desaparición del paisaje en la novela contemporánea.

nos muestra su posición en cuanto a los posibles problemas que la literatura realista ha tenido y tiene, y postula la legalidad narrativa del realismo, de la narrativa con tema. *Los viejos amigos* es una novela con tema y en ella Carlos, en un momento muy breve, expresa la posibilidad de escribir una novela para otra clase, otro público, donde no se mencione el mal, es decir el daño social y humano que se perfila en las vidas de sus amigos de juventud, en todos los recuerdos y reflexiones que durante la cena en Madrid le han atormentado. No escribir el mal que la Transición ha inferido a la Historia, silenciando lo que pasó en la dictadura, todo lo que silenció el franquismo, saqueando la Historia. Carlos piensa que no escribir la realidad de lo que pasó o está pasando es como si no hubiera ocurrido, es borrarlo " [...] porque lo que no se nombra no tiene historia, no ha existido, escribir como si el mal no hubiera existido nunca para borrar su memoria" (187). Se vuelven así, indirectamente, a tematizar la Transición y la democracia como recipientes del mal en España, un mal que debe ser denunciado para que no se olvide, para que, a través de la literatura, el expolio de la Historia no sea tan grande;[26] después de todo un novelista no debería dedicarse en sus obras a adular a la sociedad, sino a dotar a sus novelas de la capacidad "para contar un tiempo y un país" (*El novelista perplejo*: 151). Por eso, Carlos se pregunta " [...] escribir eso[27], pero para qué" (186) y poco después "Pero, ¿es ésa la novela que yo quiero escribir?" (193). Se ve de esta manera como las dudas que muestra Carlos buscando un tema para novelar se encuadran igualmente en el pensamiento chirbesiano, o lo que es lo mismo: a Carlos no le convence una literatura sin compromiso porque es el único de los amigos que se confiesa al final seguir enamorado de la revolución. "¿Por qué enamorarse de esa mujer delgada, de ese pozo de voluptuosidades tenebrosas llamado Revolución?" (205).

---

[26] Javier Marías en "Diálogos de París", artículo incluido en *Mano de sombra* (1977), opina sobre la creación novelesca, la manipulación y el olvido de la Historia que "Desde hace bastante tiempo prolifera lo que podríamos llamar la historia-ficción: dado que el mundo va perdiendo cada vez más la memoria y que los estudiantes cada vez ignoran más cosas y por tanto también los adultos en que se convierten, la manipulación de los hechos, de lo sucedido, es algo común y que en nuestro propio país no desconocemos (véase cómo cuentan el pasado nuestros nacionalistas más rabiosos). Esos hechos están archivados, pero poco a poco se van haciendo materia de historiadores y especialistas tan sólo, mientras la mayoría de la población retiene los sucedáneos, esto es, las representaciones ficticias de esos hechos".

[27] Escribir la novela que no cuente un tiempo y un país.

3. Conclusión

En las páginas que preceden se ha revisado la preocupación que Rafael Chirbes muestra en torno al tema de la Transición y de la democracia y cómo para él, en estos dos períodos de la España más cercana y del presente, se dejaron por el camino asuntos y problemas de importancia para una parte de la población del país. Especialmente los españoles que fueron vencidos en la Guerra Civil y que, al renunciar a esa parte de su identidad más emocional, han vuelto a ser los perdedores, esta vez en un país democrático que los entregó como víctimas para construir un nuevo orden político y social. *Los viejos amigos* se vincula así a la trayectoria literaria del autor, quien a través de las voces interiores de un grupo de "amigos" va pasando factura a treinta años de historia, al tiempo que muestra las vidas cansadas de unos personajes a las puertas de la vejez, que simbolizan a toda una generación, la del sesenta y ocho, escindida entre los trepadores sociales, que consiguieron el éxito, y los parias que esperaron otra España.

Rafael Chirbes ha terminado con *Los viejos amigos* el examen crítico a la sociedad española desde la Guerra Civil comenzado con *La larga marcha*. El lector seguidor de Chirbes se pregunta cuando cierra la última página de *Los viejos amigos* si el autor seguirá escribiendo porque, aparentemente, ha agotado el tiempo y los temas, y se cuestiona también qué dirección tomarán las nuevas novelas de este historiador que aglutina paradigmáticamente en la narrativa la historia con los hombres que la hacen y viven. Los lectores tendrán que esperar.

Bibliografía

Anderson Imbert, Enrique (1992): *Teoría y técnica del cuento*. Barcelona: Ariel.

Bernecker, Walther L./ Brinkmann, Sören (2004): "La difícil identidad de España. Historia y política en el cambio de milenio". En: *Iberoamericana*, septiembre, pp. 85-102.

Chirbes, Rafael (2000): *La caída de Madrid*. Barcelona: Anagrama.

Chirbes, Rafael (2002): *El novelista perplejo*. Barcelona: Anagrama.

Chirbes, Rafael (2003): *Los viejos amigos*. Barcelona: Anagrama.

García de Cortázar, F./ González Vesga, J. M. (1993): *Breve Historia de España*. Madrid: Alianza Editorial.

Jacobs, Helmut C. (1999): "Entrevista con Rafael Chirbes". En: *Iberoamericana*, 75/76, pp. 182-187.

Juliá, Santos/ Pradera, Javier (eds.) (1996): *La memoria de la transición*. Madrid: Taurus.

Marías, Javier (1997): *Mano de sombra*. Madrid: Alfaguara.

Muñoz Molina, Antonio (1989): "Un invierno en el paraíso". En: *El País*, 31-12-1989.

Resina, Joan Ramon (1997): *El cadáver en la cocina. La novela criminal en la cultura del desencanto*. Barcelona: Anthropos.

Rodríguez Marcos, Javier (2003): "Las novelas se escriben contra la literatura". En: *El País*, "Babelia", 21-06-2003.

Vargas Llosa, Mario (1987): *El hablador*. Barcelona: Seix Barral.

Vázquez Montalbán, Manuel (1985): *Crónica sentimental de la Transición*. Barcelona: Mondadori.

Velázquez, José Luis/ Memba, Javier (1995): *La generación de la democracia*. Madrid: Temas de Hoy.

Vilarós, M. Teresa (1998): *El mono del desencanto*. Madrid: Siglo XXI.

Villanueva, Darío (1992): *Teorías del realismo literario*. Madrid: Espasa Calpe.

Wichmann, Julia (2001): *Vom politischer Geschichte zu alltäglichem Geschichten: Die Darstellung Franco-Spaniens in Rafael Chirbes' Roman La larga marcha*. Magisterarbeit an der Johann-Wolfgang Goethe Universität Frankfurt a. M.

HANS-JOACHIM LOPE: *Los disparos del cazador* (1994). Memoria colectiva e ilusiones perdidas en un *récit* de Rafael Chirbes

> Carrillo escribe libros, Semprún escribe.
> En el fondo, no son más que intelectuales. [...].
> La Historia es de los que saben que existe.
>
> (Rafael Chirbes: *La caída de Madrid*)

Siguiendo un plan estrictamente monoperspectivístico, *Los disparos del cazador* narra la vida del millonario Carlos Ciscar, un antiguo contratador de obras, que pasa los últimos meses de su vida en el barrio noble de Fuente del Berro en Madrid. La soledad de la vejez la comparte con su *factotum* Ramón[1] en una casa grande, antiguamente construida para albergar una familia numerosa e intacta. También posee una villa lujosa situada a la orilla del mar en Misent.[2] Pese a su procedencia de una familia modesta, partidaria del bando republicano durante la Guerra Civil, Carlos ha reunido una fortuna inmensa, aprovechando las circunstancias creadas por la dictadura franquista y, sobre todo, gracias a sus esfuerzos y disciplina personales. Ahora, al sentir la proximidad de la muerte, satisfará su deseo de fijar por escrito la historia de su vida. Aun cuando esto signifique que tendrá que pronunciar algunas verdades tabúes por razones de convención y de

---

[1] "Ramón se ha convertido en mi mano derecha, o mejor sería decir en mis dos manos. Recoge el correo, hace la compra, cocina con mejor tino que cualquier mujer, mantiene limpia la vivienda, cambia las flores que hay sobre el tocador de mi dormitorio, cuida del jardín [...] y me sirve de chófer [...]" (9). Para una posible implicación homoerótica de la relación entre Carlos y Ramón, cf. e. o. pp. 23, 41. Rafael Chirbes (1994: primera edición) *Los disparos del cazador*. Citamos por la edición Barcelona: Anagrama (Compactos) 2003. En las páginas siguientes indicaremos las páginas directamente en el texto.

[2] Misent no existe en el mapa de España. Se trata de un lugar de evasión, que la realidad va finalmente recuperando. "La casa nació para guardar una historia. Fue diseñada [...] con vocación de albergue para la familia que mis principios me habían llevado a fundar. Hoy permanece cerrada y, además, ha sido trivializada por la presencia en sus cercanías de decenas de otras construcciones, la mayoría de ellas carentes de toda voluntad de grandeza: simples apeaderos en los que cada verano se refugian los turistas ocasionales", p. 10.

decencia,³ no aspira ni a un ajuste de cuentas con la sociedad, ni a una *Confesión* patológica al estilo de Jean-Jacques Rousseau, ni al masoquismo de la desesperación (Según el título de Leopold Federmair: *Die Freuden der Trostlosigkeit*, 1999). Al contrario, se trata para él de la balanza realista, ni más ni menos, de una vida que ha sido vivida hacia adelante con toda la energía de una personalidad fuerte, y que -sin embargo- sólo puede ser comprendida *post festum* y en la retrospectiva: *biografía = escribir una vida*.

* * * * * * * *

Visto desde fuera, Carlos representa el orden, la justicia y los modales perfectos. Sin embargo, detrás de la fachada y en sus viajes frecuentes por España y el extranjero, se siente invadido por el *horror vacui*, que intenta llenar de *vida*⁴ tanto en los negocios como en la *ruleta de la carne*⁵. Sus dos amigas, Elena la apasionada, acaba por dejarle,⁶ e Isabel, la jovencita que le aprecia más por su dinero que por sus calidades de amante,⁷ pertenecen sin duda al grupo de los

---

[3] "Del mismo modo que los esfínteres del cuerpo, es probable que la vejez debilite también las válvulas del alma, sobre todo cuando se rompe el vínculo del matrimonio, que sirve de sostén y freno. Como en el soltero, también en el viudo creo que anida un germen de sentimiento sin control, a la deriva" (15-16).

[4] "Ni siquiera Eva (= su mujer) llegó a sospechar mis debilidades. Nunca me permití ante ella un desfallecimiento o una quiebra en mi dignidad: ofrecí en todo momento la imagen de una presencia estable, fuerte, en la que los demás podían encontrar apoyo sin un resquicio de duda. Si algún acto cometí discutible, fue la mayor parte de las veces guiado por el natural afán de beneficio de quien quería asegurar el futuro de su familia, y a Eva no le llegaron ni los ecos más remotos de esas actvidades; [...] Me esforcé por mantenerla inocente como un ángel, [...], y ni siquiera la hice partícipe de algunas pasiones que anidaban dentro de mí y que me pareció indigno compartir con ella. Preferí satisfacerlas fuera de casa [...]" (17). Cf. Francisco Solano (1994: 34). El problema de la doble moral ocupa también a Helmut C. Jacobs (2000: 1-6).

[5] Siguiendo la expresión "Vollblutmacho [...] beim *Roulette des Fleisches*" de Regula Ern (2004). La expresión aparece ya en Christiane Schott (1996a).

[6] "Nos conocimos en 1948, en una fiesta [...] Elena [...] estaba allí por razones de amistad con la hija del propietario de la empresa que organizaba la fiesta. [...], podría decirse que se trataba de una feminista, porque era una de esas mujeres que [...] fumaban, bebían y jugaban al tenis: un cúmulo de actividades anormales para la mayoría de las mujeres de entonces. A simple vista reconocimos nuestro deseo [...] Con Elena viví la sinceridad" (43-44).

[7] "Isabel, mi nueva compañía, ni es ni se le parece a Elena. Hay en ella una sumisión distinta. Falta la igualdad del deseo, o por mejor decirlo, yo la deseo furiosamente [...]

personajes más interesantes del repertorio humano de la novela. Ellas y las numerosas "aventuras cosmopolitas" (21) que cruzan el camino de Carlos sin quitarle el sentimiento de la *tristesse*,[8] son las que acaban por enajenarle poco a poco de su familia, aunque ésta sigue siendo de una importancia primordial para él. La esposa se refugia en la música, la hija pierde la vida en Marruecos y el hijo parece la encarnación misma de la inocencia del nacimiento tardío.[9] Estudia en Francia, se deja crecer la melena, lee los libros de Lenin y Mao e insulta a su padre por ser éste un reaccionario vulgar, cuya cartera bien guarnecida tiene, sin embargo, la ventaja apreciable de sacarle periódicamente de los embarazos financieros. Carlos y Manolo no discutirán jamás el problema de las manos sucias, que Jean-Paul Sartre había definido de manera tan sugerente en Francia después de la Segunda Guerra Mundial (*Les mains sales*, 1948),[10] Además, el hijo sabe muy bien que su compromiso con la izquierda estudiantil de la Ciudad Universitaria no representa ningún peligro para él, dada la cercanía de su padre al régimen.[11] Como izquierdista de origen gran-burgués materializa, en los tiem-

---

[8] y ella desea más allá de mi sexo; los muebles un poco cursis con los que le he decorado el apartamento [...], los perfumes, la ropa, la vida entre hombres maduros que se mueven con soltura en la noche, los restaurantes, los saludos. Yo la deseo [...] y sin embargo, pese a la violencia de nuestros encuentros, sé que ya tengo el sexo fuera de mí, en lo que me rodea y poseo [...] Isabel no es necesaria" (78-79).

[8] "Menudearon las citas en habitaciones de hotel, en apartamentos discretos con mujeres de paso. En algunas ocasiones eran mujeres casadas que buscaban fuera del matrimonio un poco de pasión, o algún dinero con que resolver pasajeros apuros económicos. Sin embargo, la mayoría de las veces se trataba de seres solitarios, con historias de desengaños amorosos, hijos en lejanos internados y una tremenda soledad [...]" (95-96).

[9] Cf. Max Aub: *La gallina ciega* (1971), introducción y edición de Manuel Aznar Soler (1995: 251): "¿Cómo van a crecer estos niños? Todavía más ignorantes de la verdad que sus padres. Porque éstos no quieren saber, sabiendo; en cambio, estos nanos no sabrán nunca nada. Es una ventaja, dirán. Es posible. No lo creo".

[10] "La inocencia de ellos, su vivir en el espacio de la poesía [...] Uno se ensucia las manos para evitarles a los hijos que tengan que hacerlo, y ellos estudian idiomas, escuchan música, conocen las playas de Normandía, llevan jerseys de cashemir y pasan sus vacaciones en cualquier país exótico, y entonces empieza a dolerte esa inocencia que has cultivado, porque es la que los está alejando de ti" (108).

[11] En su diario el hijo caracteriza al padre de la manera siguiente: "Él hubiera querido asociarme a su empresa, a sus absurdas correrías, a sus copas en El Abra a la salida de la oficina. Y yo, sin embargo, me reunía con tipos que vestían pantalones de vaquero y se dejaban crecer descuidadas barbas y melenas, hablaba de Pudovkin y Antonioni, escuchaba Sergeant Peppers, llevaba libros de sociología y panfletos en la cartera, y

pos del franquismo tardío, a aquel tipo de militante comunista

> [...] que si le detienen, el papá puede llamar a la comisaría y el detenido puede salir en libertad [...] Es que han entrado en el partido muchos jóvenes de las clases medias y altas y ésos tienen ya un trato distinto. A ésos ya no se les fusila [...].[12]

* * * * * * * * *

El narrador de *Los disparos del cazador* ni acusa, ni reconcilia, ni reprime lo subconsciente. Y le parece barata la excusa de haber caído, con toda su generación, en la trampa de un destino que le libera *post festum* de todo tipo de responsabilidad individual (Cf. Christiane Schott 1996). Puede que sea por esas razones que logra demostrar, cómo la deformación de la sociedad en la que él ha vivido sus fracasos humanos y sus éxitos económicos imprime su sello no sólo a las víctimas sino también a los hacedores de antaño.[13] Por eso, su retrospectiva autobiográfica acaba por exceder, finalmente, el horizonte de la vida de un individuo determinado. Representa, al contrario, el paradigma entero de una experiencia generacional colectiva. Los cajones llenos de "viejas fotografías" sin ordenar (10), la buhardilla llena de "piezas isabelinas, alfonsinas y de no sé qué otros estilos" (38), las imágenes del pasado que suben en el espejo de la casa de Misent.[14] Todos estos elementos se reúnen en un mosaico para mostrar que el pa-

---

acabé en la cárcel, aunque por pocos días, claro está, porque removió todas sus influencias para conseguirme enseguida una orden de libertad" (104-105).

[12] Santos Juliá (ed.) (1996: 52). Ana Luengo (2004: 91) subraya que la dictadura no permitió hasta 1959 un homenaje público a Antonio Machado. Después de la desestalinización, el PCE se abrió, en nombre de la *reconciliación nacional*, para miembros procedentes de todas las capas sociales, de manera que también las hijas y los hijos de padres franquistas pudieran afiliarse, sobre todo en el ámbito universitario. En adelante, ya no se utilizaba la palabra *cruzada* para referirse a la Guerra Civil. Se prefería hablar de "locura colectiva". Sin embargo, el sistema sigue siendo represivo, aun cuando el saludo fascista pasa de moda y España se hace miembro de la ONU.

[13] Cf. la reseña en http://www.u-lit.de (28-10-2004), donde se habla del efecto que este procedimiento debe de producir en los lectores germanófonos: "Deutsche Leser, die die Nazizeit noch erlebt haben, tun sich schwer mit Rafael Chirbes Büchern. Es ist, als rissen seine Beschreibungen der Folgen des spanischen Faschismus die schützenden Hüllen von den alten Verwundungen und dem Verdrängten. Die Deformationen, die eine Gesellschaft durch faschistische Diktaturen erleidet, betreffen die Opfer, sie machen aber auch vor den Tätern nicht halt. Und diese Verwüstungen bleiben, auch nach der Zeit der Diktatur, bestehen, sie ragen weit in die Gegenwart hinein".

[14] "El espejo de la casa de Misent me devuelve la imagen de Eva [...] Son instantes que

sado, que Carlos hace presente, no le pertenece a él sólo, sino a cada uno que sea capaz de oír y comprender su mensaje.[15] En esta perspectiva, todas las actividades que parecen caracterizar, a primera vista, la historia de éxitos de un hombre hecho a si mismo, fuerte y exitoso en la España del Generalísimo Franco, se convierten, al fin y al cabo, en una lucha quijotesca, llena de absurdos, contra el vacío, la tontería y el hambre espiritual entre los bastidores morales y económicos de la dictadura. Y hasta las mismas palabras, con las que Carlos está llenando las páginas de su cuaderno, se le escapan en la medida en que cree haberlas fijado por escrito:

> En ciertos instantes me invade la sospecha de que [...] al escribir, mis palabras [...] se quedan vagando en el paisaje nevado de estas páginas igual que animales en un coto donde muy pronto sonarán los disparos del cazador. ¿Quién notará entre los dedos el rescoldo de calor de la pieza cobrada? (135).[16]

Lo mismo que en la *Comedia humana* de Balzac, las ilusiones perdidas producen aquí un desencanto[17] cuyo rendimiento literario, sin embargo, ya no se limita al ímpetu de una narración 'realista' sin frenar, sino -igual que en las demás novelas de Rafael Chirbes-[18] a una *recherche du temps perdu* llena de inseguridades estructurales y diegéticas.[19] La *memoria* del individuo se pierde continua-

---

están dentro del espejo y que surgen cuando lo miro" (11).

[15] „Die meisten Bücher Chirbes' entwickeln ihr Handlungsgeflecht aus solchen Keimen heraus: eine Familie, eine Gruppe von Freunden, eine politische Zelle. Je weiter die Erzählung voranschreitet, desto mehr hat man das Gefühl, dass sich nicht die Geschichte von Einzelpersonen, sondern die Geschichte eines Dorfes, einer Stadt, einer Region, einer Epoche, ja letztlich die Geschichte Spaniens vor einem entspinnt". Leopold Federmair (1999). En: *Der Standard* [Wien], 13-14 de marzo, A10.

[16] La cita da la clave para comprender el título de la novela. El matiz contenido en el plural *disparos* se pierde en las versiones alemana y francesa. *Der Schuss des Jägers* (trad. Elke Wehr, Frankfurt a. M.: Fischer 1998) sugiere la *mise à mort* al final de una caza. Y el *Tableau de chasse* (trad. Denise Laroutis, Paris: Rivages 2003) remite al bodegón como género de la pintura.

[17] Recordemos que *Las ilusiones perdidas* (*Les illusions perdues*) I-III se publicaron entre 1837 y 1844 como parte de las *Escenas de la vida de provincia* de la *Comedia humana*.

[18] Rafael Chirbes: *Mimoun* (1988), *En la lucha final* (1991), *La buena letra* (1992/ 2000), *Los disparos del cazador* (1994/ 2003), *La larga marcha* (1998), *La caída de Madrid* (2000), *Los viejos amigos* (2003). Helmut C. Jacobs (2000: 175-181), E. Bauer (1998: IV).

[19] El hecho de que el protagonista estimule su memoria con drogas como el café, el ver-

mente en el laberinto de la lengua, de manera que obliga al narrador a reflexionar a cada paso sobre las condiciones externas e internas de la escritura.[20] El resultado de este proceso es una textura llena de estereotipos de pensamiento, lugares comunes, recuerdos semiolvidados y signos lingüísticos equívocos, que acaban por 'significar' un capítulo de la historia de España, el cual estaría sin falta condenado al olvido sin este esfuerzo de mantenerlo presente en la conciencia colectiva.[21]

* * * * * * * * * *

Nacido en una choza miserable y criado en el campo, Carlos vuelve la espalda a la casa paterna muy temprano. Acepta el puesto de chófer en la empresa de don Vicente Romeu, uno de los representantes más destacados de la clase alta de Misent. Se enamora de su hija Eva, que encarna para él el prototipo de la hija de buena familia.[22] Se casan y Eva se marcha con él a Madrid. Sin embargo, después del nacimiento de su primer hijo, se reconcilia con su familia lo que le permite facilitar a su marido la entrada en los círculos casi herméticos de la alta sociedad madrileña. Además, Eva vuelve poco a poco a los códigos de comportamiento que le dictan el rango de su familia y su educación elitista: "[...] ce que l'on prenait d'abord pour une folle passion se revèle au fil des confidences com-

---

mut y el tabaco, no deja de recordar el episodio de la magdalena en Marcel Proust: "[...] con estos gestos me parece que recupero destellos de algo perdido", o bien: "[...] el vermut del mediodía sigue trayéndome la nostalgia de la vida social, sin duda empujada por el recuerdo de las mañanas de domingo, cuando la misa terminaba en un paseo familiar y en el vermut con los amigos [...]" (15).

[20] Para las bases teóricas de estas reflexiones cf. Maurice Halbwachs: *La mémoire collective* (1968) (reedición de *Les cadres sociaux de la mémoire*, Paris : Alcan 1925), Paul Connerton (1989).

[21] El tema de la Guerra Civil en la novela ha sido objeto de una rica actividad de investigación en el último decenio, cf. entre otros Paloma Aguilar Fernández (1996), Mechthild Albert (ed.) (1998: 24-42 y 1999: 38-63) y Maryse Bertrand de Muñoz (1998: 495-503).

[22] "Luego estaba el estilo de Eva, su elegancia, que la hacía destacar entre toda la multitud de advenedizos que habían tomado al asalto la ciudad. Porque a ella le gustaban los boleros, pero podía hablar de Mozart, pronunciar divinamente el francés, elegir unos zapatos baratos con idéntico diseño que unos de marca, lucir con estilo las joyas que había conseguido sacar de su casa, y renovar el vestuario con gusto, confeccionándose ella misma las prendas con la máquina de coser [...]" (29).

me un mariage d'amour qui a tourné à la raison".[23] El amor profundo que Eva siente por la música clásica -"ópera, piezas estimulantes", Vivaldi, Haydn, Schubert, Strauss (81)- se convierte para ella en un arma para delimitarse de la "*zafiedad*" (107) de los viejos amigos[24] y del mundo popular -antiguamente tan querido- del bolero romántico que solía cantar y bailar con Carlos en sus difíciles comienzos madrileños.[25] Ahora usa la música clásica para deslindar un terreno que se reserva personalmente para distanciarse poco a poco -hasta el aislamiento total- de la vulgaridad real o pretendida que cree que le rodea:

> Yo creo que buscaba en esa música como una materialización de los sentimientos que tenían que quedársele dentro igual que gases que no encontraron salida, porque no se permitía con nadie, ni siquiera con los niños, efusiones excesivas. [...] Yo respetaba su tristeza. ¿Qué otra cosa podía hacer?" (82).

Como trepador y nuevo rico, Carlos no es aceptado de verdad ni en su propia familia, que sigue con sus simpatías republicanas, ni en la familia de sus suegros, que pertenece al bando de los vencedores de 1939:

> No es de extrañar, porque, en el fondo, don Vicente Romeu pensaba exactamente igual que mi padre. Para ambos, yo no era más que un oportunista con escasos escrúpulos. Mi padre sentía el oportunismo por abandono, y don Vicente Romeu por intromisión (62).

Sin embargo, Carlos hace una carrera notable y acaba por adquirir la fama de un gran mecenas en el mundo de la cultura y las artes, al que Eva le introduce de manera prudente e interesada. Es verdad que ahí también le toman, en el fondo, por un advenedizo vulgar, pero como se muestra abierto y generoso en varias o-

---

[23] http://www.amazon.fr - « Eva et le narrateur se sont unis contre l'avis de leur famille, les parents de la jeune femme n'acceptant pas la mésalliance. Pourtant, [...], le jeune homme va faire fortune et Eve retrouver sa nature première: hautaine, ambitieuse, méprisante et indifférente», Pascale Fery en su reseña de la versión francesa de los *Los disparos del cazador*, (29-10-2004).

[24] "[...], las relaciones se enfriaban. Eva sabe cómo enfriar las relaciones. [...] No vacila en sentarse al piano y tocar alguna pieza, a la espera de que ellos bostecen [...]" (49-50).

[25] Sobre la moda del bolero, sus éxitos más espectaculares y sus intérpretes más conocidos cf. Iris M. Zavala (2000: 173-229). Con una antología que contiene e. o. la letra de Angelitos negros, Bésame mucho, Frenesí, Perfidia, Perfume de Gardenia, Arráncame la vida, Enamorada, Noche de Ronda, Solamente una vez, Amar y vivir, El reloj, Historia de un amor, Toda una vida, etc. Una buena compilación de boleros 'románticos' se da en 31 Boleros inolvidables, 2 vols., Novoson SL, Barcelona 1998.

casiones, le crean una fama de capitalista simpático y es admitido con pleno derecho en el mundo elegante. Sin cesar le llaman para que presencie inauguraciones de salones de pintura, conciertos, bailes de beneficiencia etc., aunque él no se hace ilusiones de que nunca estará en su casa en este mundo amanerado y profundamente artificial.[26]

> [...] a mí me parecen enfermizas las reuniones de Eva. Su amiga Magda, el eterno doctor Beltrán. Van a los conciertos. A las exposiciones. Eligen los cuadros de la casa. Cambian cada poco tiempo la decoración. La mujer del doctor Beltrán tiene un aspecto quebradizo, de vegetal seco. Se sienta durante horas en una butaca: los mira a ellos tocar el piano, subirse a una escalera para cambiar el Pinazo al saloncito y, en su lugar, colgar telas estridentes que a mí me chocan todavía. Aún no sé que son un Tharrats y un Miró. En las reuniones se discute frecuentemente acerca de esos cuadros y hay enfrentamiento porque unos los encuentran modernos y atrevidos, mientras que otros dicen que son esnobs y antipatrióticos (52).

En las discusiones de este tipo, el nuevo rico sin cultura prefiere callarse. Tampoco sabe valorar el cuadro titulado Le coin de la rue Vavin de Béla Czóbel,[27] que Eva había adquirido en París hace veinte años y al que se alude con la regularidad de un *leitmotiv* en *Los disparos del cazador*. Para Carlos es, hoy como antes, el "cuadro de un húngaro llamado Czóbel" (8), mientras que para Eva, que se identifica profundamente con el universo de la cultura francesa,

---

[26] "[...], en Madrid se me consideraba poco menos que un mecenas y protector de la cultura, gracias a la incesante actividad de mi mujer. A veces la acompañaba a algún concierto, aunque siempre he soportado mal el ambiente sofocante del patio del Real. Tampoco me ha hecho muy feliz el teatro, con ese crujido de tablas cada vez que los actores dan un paso en lo que se supone que es el comedor de su casa, y esa manera absurda de declararse a gritos el amor y los secretos para que puedan oírlos los espectadores de la última fila. Me parece artificial.

Casi tan artificial como los pasitos de puntillas que daban por el jardín las amigas de Eva, o como las exageradas inclinaciones de tórax y los besamanos a que se sometía el grupo allá donde se encontraba. En el vestíbulo del teatro, en el hall de un cine, en el recebidor de mi casa. Se habían visto el día antes y se sorprendían de volver a verse a la tarde siguiente, a pesar de haberse cursado invitación" (98).

[27] Béla Czóbel (1883-1976) hizo sus estudios en Múnich (1902/03) y París donde frecuentó la Academia Julian. Conoció a Pablo Picasso, Maurice Asselin y André Dunoyer de Segonzac. En 1905 expuso algunos cuadros en la sala de los *Fauvistes* del *Salon d'Automne*. Poco después se unió al grupo Nyolcak en Budapest. Su gran modelo fue Paul Cézanne. A partir de 1910 sus cuadros muestran una influencia creciente de los fovistas franceses y los expresionistas alemanes. El pintor vuelve varias veces al tema de la *rue parisienne* (1905, 1926 etc.).

expresa toda la nostalgia de un mundo inalcanzable de sueños y de evasiones: "Así tendremos en el salón de casa una ventana por la que seguiremos viendo París" (92).[28] Al oír esta frase, Carlos se da cuenta que la jaula de oro, en la que Eva vive en Madrid y Misent, sería siempre "el país de Liliput" (91) en comparación con los sueños que la capital francesa le inspiraba.[29]

* * * * * * * * * *

Carlos debe su éxito económico a su amistad con Jaime Ort, un traficante notorio, agente inmobiliario y corredor de negocios oscuros. Este agiotista versado y sin escrúpulos le hace partícipe de sus especulaciones en el marco de los proyectos de construcción que van a renovar por completo el espacio en la zona norte de Madrid. Un día le lleva a los descampados situados más allá de Cuatro Caminos donde se va a realizar un barrio moderno después de las destrucciones causadas por la Guerra Civil. Se trata de un proyecto inmenso, que permitirá enriquecerse, por cierto, a los especuladores ganadores de la Guerra Civil, pero que ofrece también posibilidades a un pelagatos como Carlos Ciscar, si está dispuesto a arriesgarlo todo:

> [...] me llevó más arriba de Cuatro Caminos, y me indicó con el índice aquel paisaje desolado de hierbas quemadas por el invierno y desmontes.
> '¿Qué ves?' me preguntó. Y yo le respondí que veía un campo mísero que me hacía añorar la dulzura mediterránea de nuestra tierra. Se echó a reír. 'No eres muy largo de vista, Carlos.' Le dije que si lo que me pedía era una enumeración, veía barbechos, unas chaboladas protegidas por los desniveles del terreno, niños que escarbaban en los vertederos y algunos perros. Ahora, su risa se había convertido en una sonora car-

---

[28] Recordemos que la *rue Vavin* es un lugar de memoria altamente emblemático en la historia del hundimiento de la Comuna de París en 1871. Jules Vallès évoca los acontecimientos en su revista *Le cri du peuple* y en su novela *L'insurgé* (1879-1886). La presencia de este lugar de memoria en la vivienda de Carlos Ciscar no corresponde, entonces, a una casualidad `inocente´ por parte del autor sino que constituye una fuerte alusión al `grito del pueblo´ en una capital `pacificada´ con toda brutalidad.

[29] "Miraba con melancolía los carteles que anunciaban conciertos, las plazas con jardines en los que crecían pensamientos amarillos y azules, las columnatas de piedra gris. Era como si siempre hubiera vivido allí, o como si hubiera sido un error no haber vivido allí desde siempre. Se asomaba a los puentes y me hacía pensar por primera vez que Madrid es una ciudad sin río, y hasta su otoño se me volvía pequeño cuando paseaba al lado de ella en París, bajo la lluvia de hojas secas del Jardín de Plantas. En Francia encontraba su tamaño [...] " (91-92).

cajada. 'Ten cuidado, no sea que los perros no te dejen ver el oro', me interrumpió mientras me palmeaba la espalda sin dejar de reírse, 'porque todo esto, todo lo que abarca tu mirada, esta enorme extensión de tierra miserable, hasta aquellas montañas, no es más que un inmenso solar que está esperando que alguién tenga la cortesía de edificarlo.' Y, dándose la vuelta y poniéndose de cara a la ciudad, añadió: 'Ahí está el mercado.' Era una invitación para asociarme con él, que yo acepté. Y esa misma tarde iniciamos nuestros negocios juntos (30-31).

El boom urbanístico que aquí se anuncia, supera aún, según el juicio de Carlos, la coyuntura de los años 80[30] y es verdad que en la zona norte de Madrid se realizó, por los años 40 y 50, la revolucion más radical en la historia del urbanismo madrileño del siglo XX. Este proyecto gigantesco de renovación y de saneamiento se inscribe en el marco del llamado Plan Bidagor (Sambricio 2003), que sin embargo no se menciona explícitamente en *Los disparos del cazador*. Si su amigo Jaime había participado en los comienzos de estas obras mediante unos negocios ilegales en el campo del tráfico de medicamentos y estupefacientes - una práctica que Carlos observa con malestar pero sin distanciarse por completo-,[31] es la integración de España al plan Marshall (1949) la que le facilita la posibilidad de intervenir legalmente en los proyectos mencionados. En este momento de capitalismo triunfante y de despegue económico ilimitado, todo está por vender[32] y Carlos no tarda en acumular una fortuna inmensa "con esfuerzo, con

---

[30] "Dicen que los últimos diez años han sido los que han visto nacer las más rápidas fortunas de la historia de nuestro país. No creo que sea cierto. Por entonces, Madrid era un inmenso descampado, sobre el que se iban levantando pilares y andamios, y había que conseguirlo todo porque no se tenía nada" (29).

[31] "Por el momento, él había empezado a vender en el mercado otras cosas. A veces oigo decir que los cimientos de buena parte de las empresas españolas, sobre todo de las construcciones, se pusieron aquellos años con penicilina, con morfina o con no sé qué que llegaba de estraperlo. Puedo decir que disiento de quienes hablan así: [...]. Y, al hablar de ese modo, pienso en Jaime Ort y en su oficina, por la que pasó de todo, en la que se cambió, compró o vendió de todo, pero, si eso fue posible, era porqué detrás estaba nuestra voluntad. Y si hicimos algo que hoy puede parecer poco honesto, fue porque teníamos que salir adelante nosotros, y también un país que emergía de menos que la nada, y eso exigía con demasiada frecuencia una cierta dureza" (31).

[32] Cf. Max Aub: *Campo del moro* (1995: 127): "Lo que han vendido es el Puente de los Franceses, la Ciudad Universitaria, el Puente de San Fernando, el Pardo, Fuencarral, la Telefónica, la Gran Vía, la Cibeles, La Castellana, [...] el Manzanares".

trabajo e imaginación" (31).[33] Y después de muchos años aún no se agota esta fuente de riqueza, "que sigue llegándonos de una forma [...] milagrosa con los nuevos proyectos urbanísticos de la zona norte de Madrid [...]" (74). En 1948 ya, después de "tres años de pelea incesante", Ciscar puede adquirir el terreno ya mencionado en Fuente del Berro[34] y dos años más tarde renuncia definitivamente a todo tipo de "negocios dudosos". Su hijo Manuel nacerá en una casa y una familia intactas, ya que *"como repetía Eva con gracia, 'no hubiera sido correcto que llegase el pajarito antes de que estuviese hecho el nido'"* (53).

Aun cuando la textura de *Los disparos del cazador* parece organizarse, a primera vista, alrededor del eje geográfico que forman Madrid y Misent -lo que permite al autor renovar algunos aspectos del tema, clásico en la literatura española, de la *alabanza de aldea* y del *menosprecio de corte*-, la parte del texto consagrado a la capital acaba por imponerse tanto en lo cuantitativo como en lo cualitativo. Madrid es y sigue siendo el corazón de España, la metrópolis que da el compás del país entero. También en tiempos de la dictadura, Madrid aparece como un lugar excepcional[35] y único para dar cobijo a una pareja enamorada que, como Carlos y Eva, llega a él sin relaciones y sin dinero:

> Incluso en los primeros años que vivíamos en Madrid, y a pesar de las dificultades, encontrábamos suficiente humor y dinero para ir al baile. [...], cogíamos el tranvía los

---

[33] El año 1948, de gran importancia en la novela, marca también, en opinión de algunos especialistas, el fin definitivo de la Guerra Civil (Luengo 2004: 99). En 1949 se reanudan las relaciones diplomáticas con Estados Unidos, España participa en el plan Marshall, y se establece el primer contacto entre Franco y Juan de Borbón (Preston 1998/1999: 718-726). La represión política se relaja un poco. De las 500 000 condenas a muerte pronunciadas después de la Guerra Civil se ejecutaron aproximadamente 200.000 hasta 1943. Después, la pena capital fue mudada con frecuencia en condena perpetua. No es hasta el 1 de abril de 1969 que se decretó la Primera Amnistía General declarando la prescripción de todos los crímenes cometidos durante la Guerra Civil (Luengo 2004: 70).

[34] ¿Será por casualidad que Chirbes ubica la casa de su protagonista en un barrio madrileño en el que existe realmente una Calle de Fundadores?.

[35] "Llegábamos de fuera dispuestos a conquistar una ciudad en la que resultaba fácil conseguir lo imposible. Bastaba un contacto, una puerta (a veces sólo una ventana) por la que entrar en ese mundo de negocios veloces en el que todo se vendía y se compraba con avidez: el güisqui, el champán, la penicilina, el cemento, la morfina, el caviar, la seda con diseños de París. A nosotros nos bastaron unas direcciones de proveedores [...] y nuestras enormes ganas de trabajar y vivir" (28). Para la historia de las costumbres de los años en cuestión, cf. Carmen Martín Gaite (1994).

domingos por la tarde y bajábamos a las terrazas que instalaban cerca del Manzanares, donde acudían a bailar los obreros. En aquel ambiente, el estilo de Eva, su elegancia, la hacían brillar como una diosa. Sólo más tarde empezamos a frecuentar Copacabana, Pasapoga o Casablanca, sitios a los que continuamos yendo, ya casi a escondidas, años después, cuando lo que se había convertido en habitual entre los componentes de nuestro círculo era visitar las casas de amigos, y habilitar el salón para bailar, o salir al jardín.

Fueron los años del bolero, de Agustín Lara y de Machín, y emborrachábamos nuestro amor girando abrazados en la pista y sintiendo nuestras dos caras muy cerca [...] Nunca se bailó tanto en Madrid, ni se tomó tanto coñac francés, como durante aquellos años (27-28).

Al mencionar las terrazas del Manzanares, el Pasapoga y el Casablanca, Carlos recuerda algunos lugares emblemáticos de la vida madrileña de los años 40 y 50,[36] sin olvidar las estrellas pop de la época y los jefes de orquesta tanto españoles como latinoamericanos, que animaron el ambiente con sus 'boleros', pasodobles y composiciones orquestales: Agustín Lara, Antonio Machín, Lucho Gatica, Gloria Lasso y otros (81).[37] Esos nombres atestiguan el ansia por la vida y la vitalidad de una ciudad, que baila sobre las ruinas sin olvidar, ni mucho

---

[36] Si los Salones Copacabana, inaugurados en 1949, sirven hoy para banquetes y celebraciones de gran estilo, el Pasapoga se ha convertido, desde entonces, en el referente de la escena homosexual madrileña. "Pasapoga abrió sus puertas por primera vez en el año 1942 y rápidamente se convirtió en la sala más importante del país, por la que han pasado artistas de la talla de Frank Sinatra o Antonio Machín y han bajado por sus escaleras dioses del celuloide como Ava Gardner y Gary Cooper [...], Mas tarde pasó a ser el cabaret por excelencia de la alta sociedad española y después fue convertida en una sala de bailes de salón [...]". (http://xl.chueca/tarjetaXL, 4-11-2004). Actualmente, debido a las obras en curso en el barrio del Callao, el Pasapoga ha cambiado de emplazamiento trasladándose de las míticas salas de la Gran Vía 37 a un lugar mucho más moderno en la calle Galileo 7.

[37] Cf. la colección Coplas de oro, vol. II: 44 grandes éxitos de los 40 y 50 (Sonifolk 2003) y la compilación 31 Boleros inolvidables (2 vol., Novoson S. L., Barcelona 1998). Tanto el mejicano Agustín Lara como la catalana Gloria Lasso realizaron sus éxitos más brillantes con canciones madrileñas. Lara compuso el chotis Madrid, Madrid, Madrid para su esposa, la actriz María Felix ('María bonita' para los mejicanos), que iba a rodar una película en la península. La canción fue estrenada en 1948 por Ana María González y se convirtió en poco tiempo en el himno madrileño por antonomasia. Paralelamente, Gloria Lasso presentó el pasodoble Quiero a Madrid con la música de José Fernández y la letra de Soledad de Ángel. Agustín Lara compuso también Granada, otro gran éxito de la época, apreciado particularmente por los tenores.

menos, las adversidades pasadas. Al mismo tiempo recuerdan la razón de ser de la cultura popular en una fase del franquismo en que se trataba de montar un decorado artificial para sugerir la felicidad y el bienestar a las masas subyugadas e impedirles, mediante la radiodifusión y el gramófono, el tomar conciencia de la realidad desconsoladora en que vivían. En este sentido se puede aplicar también a España lo que dice Daniel Terán Solano con referencia a algunos países latinoamericanos de los decenios que aquí nos interesan:

> [...] la existencia de regímenes militares *de facto*, influyó curiosamente en el éxito del Bolero, pues a estos gobiernos les interesaba ver a la población entretenida en sus gustos, para que olvidaran la política, por ello la era dorada del bolero está asociada en gran parte al período de las dictaduras de la década de los cincuenta. Asimismo la difusión de ídolos por medio del cine le dió una [...] vigencia enorme al bolero.[38]

No menos interesante, desde el punto de vista de la historia de las costumbres, es la 'otra' cara de Madrid, que Carlos descubre en compañía de su amigo Jaime. Este Madrid desmiente definitivamente todos los estereotipos que existen sobre la fachada moral -triste, sosa y anticuada- del franquismo temprano. En ese 'otro' Madrid triunfaban el dinero, el libertinaje y la prostitución, sin que se constatara el menor esfuerzo para ocultar estos fenómenos oficialmente no existentes:

> A quienes aseguran que aquellos fueron años de beatería e intolerancia me gustaría que hubiesen tenido la oportunidad de salir de paseo por la noche de aquel Madrid de la mano de Jaime Ort. La ciudad era una crisálida que estallaba en ciertos lugares en los que abrían las alas de su seducción millares de deslumbrantes mariposas. Revolotearon alrededor de tí en todos los lugares donde se movía el dinero. Florecían en apartamentos, en casas de citas, asomaban sus uñas esmaltadas por encima de las barras de los bares americanos, sus dedos largos envueltos en humo, te miraban con ojos de fuego desde la pista de baile o desde detrás de un piano cuyas notas respiraban nostalgia de no sé qué (32).

"[...] en todos los lugares donde se movía el dinero", Carlos y su amigo Jaime saben exactamente que harán negocios de gran estilo sólo si se adaptan a las reglas del juego que se juega en este ambiente, donde se reúnen los vencedores de la Guerra Civil y los aprovechadores del régimen. La única cosa que se les pide en la embriaguez general, que los rodea, es conservar la claridad del argumento

---

[38] Daniel Terán Solano (2004: 3): http://www.marelsosa.com/editorial/bolero.htm . Umberto Eco (1965a: 10-19; 1965b: 20-55).

y la frialdad del cálculo. Así, colocados por Chirbes en la geografía de la vida nocturna madrileña de los años 40 y 50 -evocada mediante un *name dropping* preciso aunque parece incidental- Carlos y su compañero vagan por los bares, los cabarets y las salas de fiestas en busca de negocios y de transacciones (Bauer 1996: 14):

> Con Jaime Ort frecuenté Chicote y O'Clok, La Villa Rosa y Pidoux. Él me enseñó a mirar y reconocer entre las luces de neón, y también, que no hay más centro que uno mismo. No digo que no bebiésemos de la ciudad que se nos ofrecía en una copa cegadora, pero jamás perdimos de vista que, si frecuentábamos esos lugares, era porque allí se llevaban a cabo buena parte de nuestros negocios, y allí estaban nuestros clientes, nuestros acreedores, nuestros posibles socios y nuestros posibles competidores. Ahora veíamos de cerca el mercado que él me señaló a distancia una tarde en los alrededores de Cuatro Caminos (32).[39]

Igual que la Francia de 1830, que Balzac describe en sus novelas realistas, los años 40 y 50 del siglo XX no aceptan otro imperativo categórico que el *enrichissez-vous,* que no conoce escrúpulos. También Carlos Ciscar practica este imperativo, pero lo hace con la moral del lobo típica del trepador. Así se construye la carrera de un hombre que quiere subir a cualquier precio en la escala social, reclamando su sitio entre los happy few sin tener ninguna razón -dadas sus raíces republicanas- para tratar con especial indulgencia a sus clientes aprovechadores

---

[39] http://www.hola.com/gastronomia/reportaje/2002/03/05/4080-el-real-madrid.html (30-10-2004). El *Chicote* (Gran Vía 12) lleva el apellido de su fundador Perico Chicote (1931), el *barman* mejor conocido de Madrid en aquel entonces. En el *Chicote* aparecieron, entre otros muchos huéspedes, Ava Gardner, Rita Hayworth, Grace Kelly, Ernest Hemingway, Frank Sinatra y la emperatriz iraní Soraya. En su escaparate se exhibieron hasta 10.000 botellas. El cóctel emblemático de la casa sigue siendo el *Madrid Fútbol Club* y se refiere al club que hoy se llama *Real Madrid*. Agustín Lara menciona el *Chicote* en su famoso chotis de 1948 (cf. n. 41):
En Chicote, un agasajo postinero
con la crema de la intelectualidad
y la gracia de un piropo retrechero
más castizo que la calle de Alcalá.
http://www.horizonteflamenco.com (7-11-2004). La *Villa Rosa* (Plaza de Santa Ana, 15) presentaba el mejor tablao flamenco de Madrid. Su patrón era Juanito Valderrama. En esta sala se presentó también la cantadora de cuplés Concha Piquer, encarnación del Madrid 'castizo' de la época. Actualmente es una discoteca. Pedro Almodóvar utilizó su decorado para rodar su película *Tacones lejanos*.

del sistema franquista. Jaime resume esta actitud a la que Carlos no tiene nada que añadir:

> 'Ganamos dinero para nosotros, no para dejárselo en el camino a los demás, y lo gastamos únicamente para poder seguir ganándolo' me decía. Era una forma de ver el mundo que caía sobre mí como la lluvia cae sobre un campo abandonado. A lo mejor porque sólo alguien que viene desde abajo y que busca su posición puede entenderla como yo la entendí. Ahora pienso que, si no logré inculcársela a mi mujer y a mis hijos, no fue por incapacidad mía, sino porque ellos (ni siquiera Eva en los primeros tiempos de Madrid) nunca tuvieron la conciencia de estar abajo (33).

Se trata de una experiencia fundamental que es imposible pasar a la generación siguiente. Es el fracaso de las palabras. Quien no ha vivido una situación parecida, nunca comprenderá lo que Carlos quiere decir, ni siquiera su hijo Manolo que no nació, como vimos, hasta que estuvo hecho el nido en Fuente del Berro:

> Si yo le decía, 'pero vas a ganar un montón de dinero', se enojaba, se ponía nervioso, en especial si en la conversación estaba presente alguno de sus conocidos. Me respondía: 'Pero papá, no se trata exactamente de eso.' Y ese 'exactamente' era para mí la sospecha de su doblez. Esa sonrisa infantil, inocente [...] (108).

* * * * * * * * * *

"El regreso del tiempo" (87): En la medida en que la retrospectiva del narrador se acerca a los tiempos presentes, la experiencia íntima de la vejez se va mezclando con la evocación del pasado. Entretanto, Carlos sabe de las cartas de amor que el inevitable doctor Beltrán ha dirigido a Eva. Comprende también que la frialdad calculada de su esposa tiene algo que ver con su lucha vana contra el cáncer, al que finalmente sucumbe.[40] Después de la muerte de Eva ya no cabe duda: "se iniciaba la cuenta atrás" (130). Con la vejez crece también el deseo de poder aislarse de vez en cuando, al que Carlos cede ahora con más frecuencia

---

[40] "El día en que le dieron los resultados de la biopsia no subió a la oficina. Telefoneó desde una cafetería cercana y me pidió que bajase a reunirme con ella. Me esperaba sentada en una de las mesas más alejadas de la puerta y discutía con Beltrán en voz baja, de un modo que me pareció tenso. Al verme, se callaron. Beltrán se levantó y me tendió la mano, ella se quedó sentada. Me pareció que formaban un matrimonio lleno de complicidades y secretos y que yo era el invitado. Me desagradó esa sensación, que se volvió intrascendente en cuanto me dijo: 'Lo que nos imaginábamos'. Torció la boca con una sonrisa: 'No puedes figurarte lo raro que te sientes cuando lees en un papel que eres la protagonista de un cáncer'" (129-130).

que antes. Redescubre la caza a la que tuvo que renunciar demasiadas veces durante su vida de hombre de negocios: "las madrugadas frías en el campo, las largas caminatas, el olor de la leña quemada, el silbido de las botas aplastando la escarcha, el crujido de las ramas secas" (99), todas estas impresiones contrastan con la vida ciudadana acostumbrada, de la que ahora se distancia con gusto.

> Empecé a salir por mi cuenta, y recorrí muchas comarcas de Castilla, Extremadura, Andalucía y Galicia. Contrataba a un batidor y me perdía con él en el campo durante semanas enteras. Sentía que aquella vida formaba parte de un mundo noble y natural que se me había escapado y que ahora podía permitirme capturar (99).

Después de la muerte de Eva incluso reflexiona sobre la posibilidad del suicidio, pero se decide a "seguir viviendo, a pesar de que ya no me quedan demasiadas ganas" (101). Dicho sea de paso, también con su gusto por la caza sigue expuesto a la incomprensión de Manolo, quien considera que se trata de una masacre sin sentido[41] y quien hace creer a sus hijos "que la carne es un producto que alguna máquina fabrica y luego los operarios envuelven en paquetes de plástico" (100).

La muerte del Generalísimo Franco en 1975 no tiene consecuencias inmediatas para el imperio econonómico que Carlos ha montado en su vida. Pero con el tiempo se da cuenta de que algo ha cambiado y que el destino de España se juega en algunas ocasiones al filo del cuchillo. La inseguridad se hace general y hay grupos extremistas que esperan en secreto que los nietos vuelvan a la campaña fratricida de los abuelos. Sin embargo, el hecho de que se nieguen a esta locura hace posible que el país siga, sin más, en el camino hacia Europa, inaugurado ya en tiempos del franquismo tardío.[42] En un proceso que, por cierto, les parece pre-

---

[41] "Ese huir de la verdad ha caracterizado siempre su trayectoria. Nunca ha querido saber que la vida es una confusa mezcla de violencia y piedad y que los campesinos matan para comérselos a los animales que más quieren y que su amor se manifiesta en el momento del sacrificio, [...]. Saben que ese animal que les ha alegrado la vista durante meses ahora les alegrará el estómago y le dicen palabras amorosas mientras proceden a desollarlo" (100).

[42] "En los años sesenta y setenta, España había entrado en Europa [...] gracias a un proceso de industrialización y [...], de crecimiento económico al no existir ya ningún tipo de bloqueo internacional y, en su lugar, darse un mayor contacto con otros países y, sobre todo, gracias al turismo europeo que llegaba a España en busca del sol. Ya no la diferenciaba ni la moda, ni las lecturas, ni prácticamente la forma de vida de los otros países occidentales. Pero, por otra parte, la sociedad española no estaba acostumbrada a la participación democrática [...]. Con la muerte de Franco no llegó, como se había esperado, una revolución de todos aquellos principios políticos ni una renova-

cipitado a algunos representantes del orden antiguo, España se convierte en pocos años en un miembro reconocido -a veces dotado de laureles anticipados- de la Comunidad Europea, atlántica y mundial (Crespo Maclennan 2004: 375-384). En adelante, la idea del antagonismo irreconciliable de las dos Españas, que no hacen más que esperar la oportunidad de enfrentarse de nuevo, parece anacrónica y es posible, que no haya correspondido nunca a la realidad.[43] De todos modos no sirve para explicar la Guerra Civil.[44] Al contrario, se trata de una figura de pensamiento que desestabiliza el país para promocionar grupos políticos que, desde que tienen el poder en las manos, recurren al uso inflatorio de eslo-

---

ción de raíz, pero tampoco otra lucha fratricida y violenta como algunos habían vaticinado" (Luengo 2004: 94).

[43] Sobre la tesis de las dos Españas cf. Bernhard Schmidt (1975: 307): „Das Bild von den zwei Spanien verdankt seine Entstehung [...] den spanischen Bürgerkriegen und Emigrationen seit dem Zusammenbruch des Ancien Régime in Frankreich. Es wurde nach dem letzten Bürgerkrieg von Liberalen reaktiviert, die eine Anerkennung des 'besiegten Spaniens' suchten und, darauf aufbauend, eine innerspanische Versöhnung. Dieser Mythos, der sich anhand historischer Daten bestreiten und durch den Vergleich mit anderen Ländern relativieren ließe, [...] dürfte [...] überdies ein Hindernis für ein demokratisches Zusammenleben der Spanier sein [...]".

[44] Sabido es que la república española integró varios bandos ideológica y programáticamente irreconciliables: "liberales, conservadores, socialistas, comunistas, anarquistas, nacionalistas catalanes y vascos, monárquicos y catolicistas." Los republicanos nunca formaron un partido homogéneo que correspondería al estereotipo de las dos Españas, "porque por la República lucharon socialistas, liberales moderados, católicos de izquierdas, fervientes antieclesiásticos, intelectuales, nacionalistas periféricos, extranjeros fuera y dentro de la Brigadas Internacionales, y hasta los anarquistas y comunistas, aunque estos dos últimos habían sido grandes agentes desestabilizadores durante la República y los primeros siempre habían desconfiado de la Democracia [...]". También en el bando nacionalista hubo posiciones políticas contradictorias: "carlistas y falangistas, que también fueron elementos desestabilizadores los años anteriores, monárquicos, militaristas, agrarios y simplemente católicos convencidos". Algunos grupos que se comprometieron con la república desde 1936 -como los anarquistas- habían combatido el parlamentarismo en los años precedentes "y algunos de los que lucharon con los nacionales, sí habían colaborado con un partido democrático y más governante" (Luengo 2004: 75-78). A esto hay que añadir la presencia en España de un número considerable de extranjeros que tampoco forman un grupo ideológicamente homogéneo (Jackson 1999: 113). Los conflictos dentro del bando nacionalista se hicieron manifiestos en la ruptura entre Franco y el general Emilio Mola Vidal, jefe del ejercito norte y fascista de izquierdas con ideas sociales bastante avanzadas. En 1937 muere en circunstancias nunca aclaradas. No está enterrado en el Valle de los Caídos y no fue homenajeado hasta 1947 en un acto publico junto a José Calvo Sotelo y José Primo de Rivera (Preston 1998/1999: 713).

gans propagandísticos para camuflar su desunión objetiva.[45]

Por eso, muerto Francisco Franco, los españoles hicieron bien en enterrar las dos Españas para dar al fin una oportunidad a la tercera España de la mayoría silenciosa[46] omnipresente también en *Los disparos del cazador*. Sin embargo, al fortificar la capacidad de sobrevivir, el silencio de la mayoría corre también el peligro de favorecer una incapacidad general de arrepentimiento (siguiendo a Alexander y Margarete Mitscherlich 1988), sin hablar de una pérdida de conciencia histórica que el protagonista de Chirbes no se cansa de combatir. No se trata de reconciliar, patéticamente, a los enemigos encima de las tumbas, sino de hacer comprender a todo el mundo que el futuro sólo se puede ganar si se renuncia a la violencia sin, por eso, dar en el olvido. Por eso, lo que se debe pedir a todos los partidos implicados no es el olvido pero, sí, el renunciar a la venganza. Al redactar *Los disparos del cazador* Carlos hizo lo suyo en este sentido, evocando el pasado con el realismo del que era capaz y a sabiendas de sus deficiencias, parcialidades y tendencias mitográficas. A partir de ahora vale para la comunidad española en su totalidad lo que vale también para la empresa que él ha montado durante la era del Franquismo: "ya va siendo hora de que otros se ocupen de las empresas" (117). Los tiempos son malos, la inseguridad y la "fragilidad" reinan en los negocios y en la vida pública, Madrid se convierte en una "ciudad cada vez más insegura y ruidosa" (188), todo gira en torno a lo que hoy se suele llamar "la liquidez" (121), etc. Además, no hay que ser profeta para prognosticar que la España posfranquista conocerá, a su vez, a sus vencedores y sus perdedores, sus traficantes, aprovechadores y advenedizos, sin hablar de la mayoría silenciosa que acabará por pagar la cuenta, como siempre. Pero éstas son preguntas, a las que Carlos ya no tiene que responder: "Me duele pero descubro que ya no me preocupa" (117). Después de todo lo que ha visto en su vida, puede limitarse -y debe limitarse- a mantener vivos sus recuerdos y

---

[45] En la república se habló con preferencia de legalidad, democracia, revolución libertaria, libertad, igualdad, autonomismo etc., mientras que los nacionales optaron por 'valores' como autoridad, orden, unidad nacional, derecho natural, vieja España etc, sin olvidar la cruzada que recordaba los tiempos 'heróicos' de la reconquista medieval (Luengo 2004: 79).

[46] "Mientras tanto, la guerra de extremismos no implicaba a todos los que participaban en ella. Había muchos, probablemente la mayoría de la población, incluso de la clase política, para quienes la guerra era algo terrible [...]. Su implicación involuntaria en la guerra hace difícil asociar a esta gente con las categorias normales de extremismos de la Guerra Civil española" (Preston 1998/1999: 15).

ocuparse de las tumbas de su familia. Es verdad que la historia de España no le suelta, ni siquiera en el cementerio:

> Vuelvo a Misent. Después de muchos años, visito el cementerio. Hace tiempo adquirimos un panteón familiar en el que están enterrados mis padres y los de Eva: el señor y el contable a un palmo el uno del otro. 'Familia Ciscar-Romeu', reza la inscripción. El apellido del contable va el primero. Les pongo flores y pienso: 'Está bien que tu hijo venga a ponerte flores', pero al mismo tiempo noto una sensación de desagrado. No creo que a mi padre le gustara la idea de descansar durante siglos junto a don Víctor Romeu. Aunque también pienso en la fragilidad de los tiempos: ahora las cosas van deprisa y quizá no pasarán tantos años juntos. Ni siquiera los cementerios son seguros, sometidos al crecimiento de las ciudades (117-118).

Así son los tiempos modernos: Dentro de poco ya no le interesará a nadie que en esta tumba descansen un republicano y un franquista. Estos lugares del recuerdo desaparecerán, si la generación venidera no se hace cargo de ellos.[47] Pero ¿cómo esto será posible en una *fun society*, cuyas ciudades hipertróficas ya no tienen sitio para prever un cementerio? Los tiempos venideros, ¿conocerán una cultura de la memoria? ¿O van a concentrarse en el *cambio simbólico* de los objetos en un mundo horizontal de la producción y de los productos, lo que sería el 'crimen perfecto' en el sentido de Jean Baudrillard?[48] ¿Se está anunciando la época de la irresponsabilidad colectiva? En un poema titulado "La vita beata" Jaime Gil de Biedma describe este nuevo estilo de vida, cuyo comienzo ya constata en 1975, al iniciarse la Transición,

> En un viejo país ineficiente
> algo así como España entre dos guerras
> civiles, en un pueblo junto al mar,
> poseer una casa y poca hacienda
> y memoria ninguna. No llorar,
> no sufrir, no escribir, no pagar cuentas,
> y vivir como un noble arruinado
> entre las ruinas de mi inteligencia.
> (Jaime Gil de Biedma 1982: 173)

"[...] y memoria ninguna": Perder la historia es perder el futuro como parte de

---

[47] Josette Coenen-Huther (1994). El problema se plantea también en cuanto al pasado alemán, cf. Harald Welzer, Sabine Moller, Karoline Tschuggnall (eds.) (2002).

[48] Cf. Jean Baudrillard (1968/1976/1994). Para más materiales sobre la cultura de la memoria en España cf. Juan Ramon Resina (ed.) (2000).

ella misma. Después de la movida febril de la Transición vendrá el desencanto o mejor dicho la gran mona después de la borrachera.

* * * * * * * * * *

La última aventura que le queda a Carlos es la muerte, que sin embargo ya no se podrá describir como una experiencia personal. ¿Habrá alguien para leer sus papeles? ¿Su nieto tal vez? ¿Y por qué él? ¿Le echarán de menos cuando haya muerto? ¿Y porqué Ramón no ha cambiado las flores en el jarrón sobre el tocador del dormitorio, como solía hacerlo desde hace años? Algo es diferente en esta noche:

> Algo parece [...] vigilarme. Mientras escribo, veo de soslayo esas sombras y me pregunto cómo llegará. ¿Vendrá de noche? ¿Lo hará en pleno día? ¿Será rápido, o irá cercándome lentamente, complacido en mi degradación? ¿Llegará aquí, a esta misma cama, o me buscará en una habitación de hospital? Miro el reloj: son las dos de la madrugada. Aún queda mucho rato para que amanezca. Qué largas se hacen estas noches de invierno. Si aparto las cortinas, veo un cielo opaco, sin estrellas. Y cuando Ramón se calla, no se oye nada (135-136).

La cortina caerá y ya no depende del narrador de *Los disparos del cazador* si el resto es -o no es- silencio.[49]

---

[49] Al fin de este artículo me es muy grato agradecer a Pedro Alonso el compromiso con que ha revisado la versión castellana de mi manuscrito

Bibliografía

Del Autor:

Mimoun (1988). Barcelona: Anagrama.

En la lucha final (1991). Barcelona: Anagrama.

La buena letra (2000). Madrid: Debate, 1ª ed. 1992.

Los disparos del cazador (1994). Barcelona: Anagrama (Compactos), 2003.

Der Schuss des Jägers (1998). Frankfurt a. M.: Fischer.

La larga marcha (1998). Barcelona: Anagrama.

La caída de Madrid (2000). Barcelona: Anagrama.

Tableau de chasse (2003). Paris: Rivages.

Los viejos amigos (2003). Barcelona: Anagrama.

De otros autores:

Aub, Max (1995): *La gallina ciega*. Barcelona: Alba Editorial, 1ª ed. 1971.

Aub, Max (1995): *Campo del moro*. Madrid: Alfaguara, 1ª ed. 1963.

Gil de Biedma, Jaime (1982): "La vita beata". En: *Las personas del verbo*. Barcelona: Barral Editores.

Trabajos críticos:

Aguilar Fernández, Paloma (1996): *Memoria y olvido de la guerra civil española*. Madrid: Alianza.

Albert, Mechthild (ed.) (1998): *Vencer no es convencer. Literatura e ideología del fascismo español*. Frankfurt a. M./ Madrid: Vervuert/ Iberoamericana.

Albert, Mechthild (1999): "La Guerra Civil y el Franquismo en la novela desde 1975". En: *Iberoamericana*, 75/76, pp. 38-63.

Baudrillard, Jean (1968): *Le système des objets*. Paris: Gallimard.

Baudrillard, Jean (1976): *L'échange symbolique et la mort*. Paris: Gallimard.

Baudrillard, Jean (1994): *Le crime parfait*. Paris: Gallimard.

Bauer, E. (1998): „Gruppenphoto in Franco-Grau. Rafael Chirbes sentimentale Reise in die eigene Vergangenheit". En: *Süddeutsche Zeitung*, 4./5. 4., p. IV.

Bauer, E. (1996): „Zwischen Bolero und Bauboom. Rafael Chirbes lakonischer Rückblick auf die Franco-Ära". En: *Süddeutsche Zeitung*, 11. 6., p. 14.

Bertrand de Muñoz, Maryse (1998): "La Guerra Civil de 1936-1939 en la novela española del último decenio del siglo XX". En: Silvy, Florencio/Alvar, Carlos (eds.) (1998): *Actas del XIII Congreso de la AIH*. Madrid: Castalia, t. II, pp. 495-503.

Coenen-Huther, Josette (1994): *La mémoire familiale: un travail de reconstruction du passé*. Paris : L'Harmattan.

Connerton, Paul (1989): *How Societies Remember*. Cambridge: University Press.

Crespo Maclennan, Julio (2004): *España en Europa, 1945-2000. Del ostracismo a la modernidad*. Madrid: Marcial Pons.

Eco, Umberto (1965a): "La musique et la machine". En: *Communications* 6, pp. 10-19.

Eco, Umberto (1965b): "La chanson de consommation". En: *Communications* 6, pp. 0-33.

Federmair, Leopold (1999): "Die Freuden der Trostlosigkeit". En: *Der Standard* (Wien), 13 y 14 de marzo, A10.

Halbwachs, Maurice (1968): *La mémoire collective*. Paris: PUF (reedición de 1925: Les cadres sociaux de la mémoire. Paris: Alcan).

Jackson, Gabriel (1999): *La República Española y la Guerra*. Barcelona: Península.

Jacobs, Helmut C. (2000): „Rafael Chirbes". En: Lange, Wolf-Dieter (ed.): *Kritisches Lexikon der romanischen Gegenwartsliteraturen*, Tübingen: Gunter Narr Verlag, fasc. 17, septiembre, pp. 1-6 y A-H, ed. W.D. Lange et al.

Jacobs, Helmut C (2000): "Las novelas de Rafael Chirbes". En: *Iberoamericana*, 75-76, pp. 175-181.

Juliá, Santos (ed.) (1996): *Memoria de la Transición*. Madrid: Taurus.

Luengo, Ana (2004): *La encrucijada de la memoria. La memoria colectiva de la Guerra Civil Española en la novela contemporánea*. Berlin: Tranvía/ Walter Frey.

Martín Gaite, Carmen (1997): *Usos amorosos de la postguerra española*. Barcelona: Anagrama.

Mitscherlich, Alexander/Mitscherlich, Margarete (1988): *Die Unfähigkeit zu trauern. Grundlagen kollektiven Verhaltens*. 30ª edición. 1988. München: Piper 1967.

Preston, Paul (1998/1999): *Las tres Españas del 36*. Barcelona: Plaza Janés.

Resina, Juan Ramon (ed.) (2000): *Disremembering the dictatorship: The politics of memory en the spanish transition to democracy*. Amsterdam: Rodopi.

Sambricio, Carlos (ed.) (2003): *El Plan Bidagor, 1941-1946. Plan general de ordenación de Madrid*. Hondarribia: Nerea.

Solano, Francisco (1994): "*Los disparos del cazador*. La doble moral". En: *Reseñas de Literatura, Artes y Espectáculos*, 252.

Schmidt, Bernhard (1975): *Spanien im Urteil spanischer Autoren. Kritische Untersuchungen zum so genannten Spanienproblem 1609-1936*. Berlin: E. Schmidt.

Schott, Christiane (1996a): „Furchtbares Nachdenken. Der Schuss des Jägers – die Lebenserinnerungen eines spanischen Vollblutmachos". En: *Das Sonntagsblatt*, 29-3-1996.

Schott, Christiane (1996b): „Hinter herunter gelassenen Jalousien: In der Schicksalsfalle". En: *Stuttgarter Zeitung*, 14-6-1996.

Welzer, Harald/ Moller, Sabine/ Tschuggnall, Karoline (eds.) (2002): *'Opa war kein Nazi'. Nationalsozialismus und Holocaust im Familiengedächtnis*. Frankfurt a. M. : Fischer.

Zavala, Iris M. (2000): *El Bolero. Historia de un amor*. Madrid: Celeste Ediciones.

Direcciones electrónicas

http://www.amazon.fr (29-10-2004) - Pascale Fery : Reseña de *Tableau de chasse*.

http://autorenverzeichnis.de (28-10-2004) - Regula Erni: Reseña de *Los disparos del cazador*

http://xl.chueca/tarjetaXL (4. 11. 2004) - Sobre las Salas de fiestas en los años 40 y 50.

http://www.hola.com/gastronomia/reportaje/2002/03/05/4080-el-real-madrid.html (30-10-2004) - Sobre el Chicote.

http://www.horizonteflamenco.com (7-11-2004) - Sobre la Villa Rosa

http://www.marelsosa.com/editorial/bolero.htm - Daniel Terán Solano (6-11-2004): La historia del Bolero Latinoamericano, pp. 1-12.

http://www.u-lit.de (28-10-2004) -Reseña de *Der Schuss des Jägers*.

Discos compactos:

Coplas de oro, vol. II: 44 grandes éxitos de los 40 y 50 (Sonifolk 2003).

31 Boleros inolvidables, 2 vol. (Novoson, Barcelona 1998).

AUGUSTA LÓPEZ BERNASOCCHI/JOSÉ MANUEL LÓPEZ DE ABIADA: "Lo que va de ayer a hoy". Hacia una caracterización de los personajes principales de *Los viejos amigos*, de Rafael Chirbes

> [...] era una pena que Ana no pudiera asistir a la cena de hoy, para que esta otra galería, la de los zombis, estuviese un poco más poblada, mejor representada. [...] la visión de nuestro paisaje de juventud sesgada, el horizonte visto desde determinado lado, incompleto, con zonas ocultas, con zonas inexistentes, desaparecidas, enterradas en algún lugar por algún cataclismo o simplemente por el depósito de sedimentos que el tiempo, digamos el tiempo, ha ido dejando sobre aquello. La perfección, que no otra cosa es la representación creíble, exige que intervengan todos los elementos representativos, como en los jardines chinos [...]. En los jardines chinos que son considerados obras maestras la mirada ignorante no ve nada que parezca extraordinario o que supere lo que ha visto anteriormente [...] así también la fiesta ha de ser representación de un grupo, lo ácido y lo amargo mezclado con lo dulce, lo salado y lo que roza lo insípido. Algo así el arte, la representación creíble del mundo en una acuarela, en un libro de bolsillo[1] (31-32).

1. Entrada

Rafael Chirbes se sitúa consciente y deliberadamente en la tradición del realismo, acaso porque entiende la novela como narración de la vida privada en relación con la pública. La obra novelesca de Chirbes versa, directa o indirectamente, sobre la Transición política española desde una posición que rezuma desencanto e incluso frustración. Fue siempre partidario de la ruptura con el franquismo, convencido de que era un procedimiento más digno, correcto y coherente que una Transición pactada. En una larga entrevista publicada en *Iberoamericana* declaraba al respecto:

> En la primera -*Mimoun*-, quise representar la transición, esa gente que perdió la transición y buscó la salvación individual. [...] En la segunda novela -*En la lucha final*-, quise escribir, en cambio, acerca de la clase social que acababa de llegar a los aledaños del poder. [...] *La larga marcha* es una especie de novela de todas las novelas. Me salió un narrador que yo llamo "compasivo" en la medida en que acompaña a sus per-

---

[1] Las páginas se refieren siempre a la edición de *Los viejos amigos* indicada en la bibliografía (2003).

sonajes y padece con ellos, que se separa de unos para acercarse a otros y que va juntando los hilos. Me interesaba además que su actitud fuera cambiante, que a los personajes de la primera parte del libro (la generación de la guerra) ya no les pidiera nada y que, en cambio, pidiera responsabilidades a sus hijos, a los de mi propia generación, a los que han tenido entre sus manos el poder para nada que no haya sido crear desilusión y amargura (Jacobs 1999: 186-187).

Y en otra entrevista sobre *La caída de Madrid* afirmaba:

[...] lo que he querido, centrándola en la víspera de la muerte de Franco, el 19 de noviembre de 1975, es hacer una especie de autopsia de todos los ideales de la Transición española, de cierta beatería de la izquierda que ha acabado refugiándose en las palabras y apartándose de los hechos. La novela en realidad trata de lo que ocurrió 20 años después de ese día o a lo largo de esos 20 años después (Licona 2000).

Aunque en su obra novelesca abunden los pasajes referidos a la Transición española, quizá las alusiones más explícitas estén en uno de sus ensayos, ahora reunidos en *El novelista perplejo*:

[...] no fue un pacto sino la aplicación de una nueva estrategia en esa guerra de dominio de los menos sobre los más, y donde si hubo poca crueldad fue porque, por entonces, los menos eran fuertes y débiles los más. A la transición le debo la oportunidad que me brindó de descifrar mejor aquello que decía ese hombre del que tanto aprendo y tanto me gusta nombrar, Walter Benjamin (Chirbes 2002b: 108).

En otro trabajo dedicado a *Si te dicen que caí* (1973), la obra maestra de Juan Marsé, sondea en la memoria sin ahorrar críticas a los escritores de la generación del 68, es decir, la suya (Rafael Chirbes nació en 1949). A su juicio, los sesentayochistas no supieron recoger la herencia del maestro barcelonés y se refugiaron en un "lirismo de la memoria"; un lirismo que no logra transmitir la "potente imposición de la contradictoria vida" ni "convertir la memoria en desazón". Y menos aún dar cabida al "complejo juego de equilibrios" que caracteriza la obra entera de Marsé y *Si te dicen que caí* sobre manera, novela en la que "la memoria no es jamás un refugio ni una guarida en la que agazaparse; ni tampoco complacencia de una legitimidad, sino una forma de intemperie. Tras la devastación, no hay formas de inocencia: todo es malsano residuo, viene a decirnos el libro: nosotros mismos, culpable residuo" (Chirbes 2003: 102).

2. Estructura y temporalización

La novela que analizamos está constituida por quince unidades o apartados (separados por un espacio en blanco) que corresponden a seis voces narrativas y que a su vez constituyen quince monólogos interiores organizados de la forma siguiente:

> Carlos: págs. 7-20; 95-101 + 101-112; 127-137; 176-208
>
> Demetrio: págs. 20-44; 151-162
>
> Rita: págs. 44-62; 145-151
>
> Narciso: pág. 62-71
>
> Pedro: págs. 71-94; 137-144; 208-221
>
> Amalia: págs. 112-127; 163-176

La temporalización de la novela -que enlaza con *La larga marcha* y *La caída de Madrid*,[2] y de las que es continuación-[3] corresponde a dos momentos:

a) El tiempo real (e. d., el presente narrativo, que coincide sustancialmente con el de la redacción de la novela -2001/2002- y, por tanto, con el tiempo de la madurez de los protagonistas), especialmente focalizado en el día del encuentro de los "viejos amigos": un día lluvioso[4] de "mediados de noviembre" (7). La reunión propiamente dicha dura pocas horas, puesto que se limita al tiempo de la cena en el restaurante Nicolás. A la cita (que concluye hacia medianoche: "Son casi las doce de la noche en Madrid", 93) acude un grupo de antiguos camaradas que durante la última década del franquismo y en los primeros años de la Transición integraron una célula revolucionaria ("me llamó la ex célula de Unidad de Comu-

---

[2] Para mayor información, véase nuestros trabajos "Un apunte sobre la recepción de *La larga marcha*, de Rafael Chirbes, en el ámbito lingüístico alemán" y "Para una primera lectura de *La larga marcha* de Rafael Chirbes".

[3] Si la extensión temporal de la primera abarca de los últimos años de la década del 40 a finales de los años 60, la segunda novela se centra, como acabamos de ver, en la víspera del 20 de octubre de 1975. Podemos por tanto afirmar que *La caída de Madrid* es complementaria a *La larga marcha* y *Los viejos amigos* a las dos novelas mencionadas.

[4] "Al llegar a Contreras se ha nublado y unos kilómetros más tarde ha empezado a llover. Ya no ha parado de llover hasta Madrid" (9); "Esta mañana, mientras atravesábamos La Mancha, empapada por la lluvia" (17); "no ha parado de llover durante la mayor parte del trayecto" (131); "el del viaje bajo la lluvia" (209).

nistas en pleno, para decirme que acudiera hoy a cenar con ellos a Nicolás, que Carlos y Pedrito se venían de Denia a Madrid, con la intención de reunirse con los viejos camaradas", 49).

b) El tiempo de un tramo de la memoria personal, que coincide sustancialmente con los años de la juventud de los protagonistas, un tiempo que Pedro define como etapa de la "inocencia" ("la inocencia que nació en los sesenta y llegó hasta los primeros ochenta", 90); eran los años de los ideales revolucionarios, de las ilusiones, de la fe ciega en la posibilidad de cambiar el mundo, de alcanzar el paraíso en la tierra ("mientras él recuerda aquellos años que, cuando discurrían, no tuvo conciencia de que fueran felices", 112). Como la agonía de Franco en *La caída de Madrid*, la cena de los "viejos amigos" representa la ocasión para volver al pasado.[5] Un pasado que coincide con los últimos 25-30 años de la vida (y de la historia del país) de los protagonistas,[6] hombres y mujeres que han superado con creces los 50 años[7] y que han vivido con plena conciencia histórica la Transición, los últimos años de los gobiernos socialistas y las dos legislaturas de los conservadores. Se trata, como podemos ver, de personajes coetáneos de "los hijos" de *La larga marcha*.

---

[5] De ahí la frecuencia de los términos relativos al campo semántico de la memoria. Espigamos algunos referidos a una sola de las voces (la de Carlos): "Me digo, mientras me limpio con la servilleta los labios después de llevarme la copa a la boca y tomar un sorbo de vino, que recuerdo y anoto cosas que sólo me interesan de refilón, cosas que esta cena inyecta artificialmente en mi memoria, y que son quizás innecesarias" (8); "Recuerdo el movimiento del limpiaparabrisas, las gotas estallando contra el cristal, y lo recuerdo a él [Pedro] cuando éramos niños", "recuerdos infantiles, veloces, alucinados, giran en la cabeza como tiovivos. Recuerdos [...]; recuerdos [...]" (9); "La infancia, la confusa selva original me llega con el sabor del vino y el rumor de la conversación" (10; nótese la reminiscencia proustiana); "lo recuerdo ahora, mientras Pedrito despotrica de los políticos en activo" (95); "Yo he entornado los ojos sólo un segundo, mientras mantengo el respaldo de la silla en la mano izquierda. / *Ha visto sus libros de arquitectura italiana del barroco encima de la mesa y su ropa de diseño en el armario. Ella ya no está. Pero ha cerrado un instante los ojos y ha vuelto a verla*" (101); "Recuerdo los tiempos en que acababa de venirme, yo de nuevo aquí en Denia, él en Madrid" (199); "recuerdo el día que comí con ella en una brasería de Bruselas" (203).

[6] "[T]res decenios después de su excitante desembarco en la capital del reino" (34); "hace más de un cuarto de siglo" (95); "hace veinticinco años" (97); "Han pasado más de veinticinco años" (177).

[7] Demetrio Rull tiene casi 60 años (37); Pedro Vidal 59 (126) y Antonia, su esposa, 54 (89); Rita 56 y su marido Juan 60 (58); Amalia, como Magda, "más de cincuenta" (126).

3. Espacios novelescos

En concordancia con la cronología, el espacio de la novela es también dicotómico:

a) Un lugar real: Madrid[8] -y sobre todo el restaurante Nicolás-,[9] donde se reúnen los viejos amigos; un lugar entre tanto inhóspito (o que, quizá, siempre lo fue).[10]

b) Los lugares de la memoria:

-Denia[11], donde viven (o vivían o han vuelto a vivir -a esta circunstancia

---

[8] "Ya no ha parado de llover hasta Madrid" (9); "Al final de la cinta de asfalto, después del laberinto de curvas, subidas y bajadas, se abría, desolada y enorme, Madrid" (20); "Hemos llegado en menos de tres horas desde Denia a Madrid" (131).

[9] "[M]e llamó la ex célula de Unidad de Comunistas en pleno, para decirme que acudiera hoy a cenar con ellos a Nicolás, que Carlos y Pedrito se venían de Denia a Madrid, con la intención de reunirse con los viejos camaradas" (49); "Quedaba [...] con el grupo de viejos amigos, tomábamos copas en Violette, cenábamos en Nicolás" (60).

[10] No es casual que el frío y la niebla caractericen esa noche madrileña: "los dedos del frío nos esperan a la salida del restaurante" (7); "el frío de la noche" (160-161); "El frío" (161); "el ruido de los motores amortiguado por la niebla", "enfrentarme a la puta noche de Madrid, nueve meses de invierno y tres de infierno", "«pensadlo bien, Madrid, tan grande, tan fría y tan calurosa, tan inhóspita: nueve meses de invierno y tres de infierno" (209); "Estamos en los de invierno: niebla en torno a las farolas, hálito, un humo blando y un frío que te cagas" (210); "salgo de nuevo a la fría noche de Madrid" (212); "Madrid, la noche, el frío, la depresión" (216).

[11] Aquí nos limitamos a reproducir algunos pasajes: "mi adosado en Denia" (7); "una novia de Hamburgo que se hechó en Denia" (11); "Se lo ha montado de la hostia, ahí en Denia" (50); "a lo mejor volver a Denia" (54); "tuvimos un encuentro en Denia" (72); "un palurdo que vive en Denia", "los de Denia" (80); "lleva media docena de obras grandes [...] en Denia" (97); "Pedrito fue el primero que se volvió a Denia" (179).

Denia aparece en la obra como paradigma "menor" del negocio inmobiliario que crece al socaire de la Ley Reguladora de la Actividad Urbanística, en vigor desde 1994. Aprobada por el Gobierno socialista, el posterior Ejecutivo del PP la ha aplicado sin desarrollo reglamentario adicional. La "fiebre" urbanizadora de la Comunidad Valenciana, regida por el PP desde 1995, comenzó a alarmar a los partidos políticos de la oposición y a los habitantes de las zonas más afectadas hacia finales de la última década.

Precisamente, uno de los temas menores de la novela es la denuncia del negocio inla llama Narciso "efecto boomerang"-, 171) varios de los protagonistas.

-El Madrid de hace 25-30 años, lugar al que acudieron todos los amigos con la ilusión de cambiar el mundo ("Madrid, mil novecientos sesentaysiete, sesentaynueve, setentayuno, setentaytrés, tiempo de revolución", 19). Vuelve a surgir, por tanto, la imagen de la ciudad centralizadora por antonomasia de *La larga marcha*. Sin embargo, el Madrid de ahora está cuajado de características antitéticas en cuanto a ilusiones y esperanzas, cuyos reversos -desilusión y desencanto- aparecen claramente configurados. El Madrid de entonces era símbolo del desarraigo del campesino emigrado y de la miseria del proletariado, la ciudad imán que atraía a una multitud de desesperados, víctimas directas o indirectas de la Guerra Civil destinadas a asistir al fracaso de sus esperanzas. En *Los viejos amigos*, Madrid es símbolo del fracaso de los ideales revolucionarios, de la pérdida de las ilusiones juveniles, de la desmemoria deliberada, de la soledad, de la muerte incluso.

Madrid y Denia, por tanto, como espacios simbólicos de dos etapas distintas de la vida de los "viejos amigos": juventud y madurez.

-El Madrid de hace treinta años era crisol de las esperanzas revolucionarias; Denia representaba -amén de un lugar de extrema pobreza-[12] la mala conciencia o *mauvaise foi* en el sentido existencialista del término, el lugar donde el compromiso político o el *engagement* no era posible. Las reflexiones de Demetrio son, en este sentido, sumamente significativas:

> Pedrito, Carlos y yo habíamos venido a tomar el palacio de Invierno (que, en Madrid,

---

mobiliario, que crece al socaire de unas leyes autonómicas cuyos administradores locales no desean que arbitren los conflictos entre pequeños propietarios y ayuntamientos. La situación es alarmante: han sido presentadas casi 15.000 denuncias ante los organismos pertinentes de la Unión Europea.

[12] Carlos: "En Denia, la vida era demasiado sencilla, una pobreza sin poesía, privada de cualquier atisbo de epopeya: los vertederos, las playas sucias, las hojas manchadas de los tebeos que buscábamos para leer en disputa con los gitanos, las botellas de penicilina cuyo contenido alguien se había inyectado y que guardábamos para utilizar como cárcel de insectos o como instrumento polivalente en juegos más excitantes y turbios. [...] Demasiado sencilla esa pobreza para que engendrara una revolución [...]" (14-15).

Demetrio: "Todo era nada, nada: la casita de sesenta metros cuadrados cerca del castillo, en el barrio más pobre de la ciudad, los cuatro muebles descabalados, las sábanas usadas hasta convertirse en transparentes más que en translúcidas [...] guardadas en los cajones del armario ropero que tenía el azogue del espejo picado por el efecto del paso de los años y la humedad del mar" (35).

se llamaba de Oriente), vinimos con Mauricio, que era un comunista que odiaba el pecé, y pronto encontramos nuestro hueco en la infatigable maquinaria de la revolución inminente -ocupaciones, trabajos legales y actividades ilícitas-, gracias a los contactos que nos proporcionó el viejo Mauricio en la organización. [...] La verdad es que me vino bien salir de Denia. ¿Qué hubiera hecho allí, agazapado, culpable? [...] a Madrid me llamó el arte con la misma insistencia que la revolución. ¿O es que no eran lo mismo? Por eso, fui el primero que acepté la proposición de Pedrito cuando nos incitó a abandonar Denia, fue el que me convenció a mí, el que convenció definitivamente a Carlos. Yo creo que a Pedrito lo convenció Mauricio el Senior, que estaba harto de que, en Denia, la gente lo mirara de reojo por la calle y le llamara El Comunista con el mismo tono con que a Drácula podrían llamarlo sus vecinos El Vampiro [...] (22-24).

Sin embargo, como se desprende de un pasaje de uno de los monólogos de Rita, la decepción es inmediata, ya que la realidad de la capital -como veíamos, el lugar del *engagement*- no deja espacio a las expectativas de los potenciales revolucionarios:

«Me voy con Carlos.» Eso significaba cambiar Denia por Madrid, renunciar a las clases de matemáticas que había empezado a impartir en un colegio, recoger precipitadamente cuatro trapos y la bolsa de aseo para emprender una vida sin nada, ni siquiera con una casa, porque Carlos compartía una habitación trasera en la casa a espaldas del bulevar de Vallecas que Demetrio había conseguido alquilar por un precio irrisorio y que utilizaba como vivienda y como estudio.[13] [...] Yo, embarazada, repartiendo panfletos a la salida del turno de noche de las fábricas a las seis de la mañana, encerrada en habitaciones mal ventiladas en las que todo el mundo fumaba incesantemente mientras hablaba de Mao y de la revolución que estaba a punto de llegar; [...] platos sin fregar en la pila, cabellos mal cortados y no siempre limpios, ropa sin gracia ni brillo, callejones malolientes, descampados, frío, o calor

---

[13] El estado y la habitabilidad de la vivienda son descritos como sigue: "El precio era tan ínfimo como las condiciones de habitabilidad que convertían en un eufemismo la palabra casa referida a aquella vivienda destartalada, un último piso que se helaba enseguida en invierno y ardía como un horno en verano", "un sombrío patio interior", "dejaba pasar un intenso olor a desagüe" (148).
Sin embargo, no es que Carlos -al volver a Denia- mejore mucho: "mi casa [...] es poco más que un cobertizo" (179); "el bungalow es pequeño y apenas cabe el mobiliario indispensable" (185); "cambiar el adosado por una casa amplia, para mí solo, los libros ordenados en los estantes y no mal metidos en cajas como los tengo ahora" (194).

abrasador, libros desencuadernados a fuerza de pasar de mano en mano, con las hojas amarillentas y arrugadas, discusiones en un lenguaje sólo comprensible para los miembros de la secta, acidez de estómago a causa de las comidas escasas y mal cocinadas [...], de los litros de café y de las cajetillas de tabaco [...] (147-149).

-El Madrid de ahora es a la vez símbolo del fracaso de una generación y del triunfo de parte de ella -los que se «transformaron», los acomodaticios o «posibilistas», que nunca dejaron de ser burgueses, aunque en su juventud se hicieran pasar por revolucionarios-, y símbolo del triunfo de la «nueva guardia». Reproducimos dos pasajes referidos, respectivamente, a Demetrio y Carlos:

> Así que, tres decenios después de su excitante desembarco en la capital del reino, para Demetrio Rull, Madrid, de donde, sin embargo, no quiere irse, ya no es ni arte ni revolución (34).

> Me fui de Madrid porque empezaron a darme miedo el frío, los domingos por la tarde sin dinero en el bolsillo ni para meterse en un cine, la nevera vacía (176).

Madrid, por tanto, como una especie de Moloc ("Madrid devora tiempo", piensa Demetrio, 156), contrapuesto a Denia que -aunque haya sido destrozada por la invasión del cemento y del asfalto-[14] simboliza ahora el nido, el refugio, la vuelta a los orígenes, casi una especie de edén en el que es posible sobrevivir con menor desasosiego. Denia como lugar mítico, como imagen del paraíso que los revolucionarios de antaño buscaron en vano, acudiendo ilusionados a la capital. Denia, en suma, como punto de referencia constante en los pensamientos y en los deseos de quienes incluso, como Carlos y Pedro, se alejaron sólo por breves horas para la velada del encuentro en Madrid:

> Pienso que mientras que, aquí, los dedos del frío nos esperan a la salida del restaurante para pellizcarnos, siguen creciendo las plantas y se abren las flores delante de mi adosado en Denia a pesar de lo avanzado de la estación, mediados de noviembre; o que el aire fue tenue la pasada mañana y me envolvió con su respiración templada y húmeda [...][15] (7).

Denia es también punto de referencia de los que decidieron quedarse -aunque

---

[14] Véanse al respecto las descripciones de las págs. 74-75, 185 y 221.

[15] Y además: "pienso en mi casa, en que he salido esta mañana y ya tengo ganas de volver" (9); "Desde la autopista he podido ver por el retrovisor, allá arriba, en la ladera de la montaña, mi casa. Ha sido sólo un instante. [...] Al final de la cinta de asfalto, después del laberinto de curvas, subidas y bajadas, se abría, desolada y enorme, Madrid" (20).

fuese a regañadientes como Demetrio y Rita- en Madrid:

> Echo de menos el mar, claro que lo echo de menos [...]; me gusta mucho, aunque nunca haya querido volver a Denia para quedarme. No he querido volver. Me quedé aquí, en Madrid, como Rita. También Rita se quedó en Madrid, a pesar de que era la única del grupo que parecía que había venido nada más que a pasar un fin de semana; para acompañar a Carlos[16] (21-22).

4. Argumento: Memoria y fracaso generacional

> [...] mientras él recuerda aquellos años que, cuando discurrían, no tuvo conciencia de que fueran felices (112).

Dos son los temas principales de *Los viejos amigos*: la memoria -que se reconstruye mediante la técnica del monólogo interior de las seis voces narrativas- y la amarga constatación del fracaso generacional. La mayoría de los protagonistas de la novela son personajes que podríamos definir «víctimas de la revolución» ("la ex célula de Unidad de Comunistas", 49), figuras que, tras haber vivido con plena conciencia histórico-política el período de la Transición, hacen en la sexta década de su vida un amargo balance. Son los mismos que antaño constituyeron la «joven guardia» de *La larga marcha*; algunos conocieron las cárceles franquistas, los más se perdieron en la quimera de la revolución, otros lucharon por ella y fueron vencidos. Si al final de *La larga marcha* se vislumbraban rayos de esperanza y el futuro quedaba abierto, en *Los viejos amigos* no se deja espacio a la duda: es un mensaje que rezuma pesimismo, un mensaje nihilista. De la derrota general sólo se salvan los transformistas, los que han sabido apearse a tiempo del barco a la deriva y sin rumbo de los ideales que habían llevado al comunismo real y apostar por medios más seguros y, sobre todo, más cómodos y rápidos para alcanzar la meta.

---

[16] Y además: "Es verdad que no quiero dejar Madrid, pero también es que vuelvo a Denia cada vez con más frecuencia" (34); "En cualquier caso, voy a Denia más de lo que he ido nunca. `Los viejos elefantes olemos el fin, buscamos el cementerio'" (35); "mandar Madrid a la mierda de una vez, mandarlo a la mierda todo" (161); "Yo pensaba: envejecer juntos, tranquilamente jubilados, en una casita cerca del mar; a lo mejor volver a Denia" (54).

5. Personajes: Los viejos amigos[17]

Rita:

> Encima, hace una semana me llamó Pedrito y, a continuación, Demetrio, y luego Amalia, y un par de días más tarde, Guzmán: me llamó la ex célula de Unidad de Comunistas en pleno, para decirme que acudiera hoy a cenar con ellos a Nicolás, que Carlos y Pedrito se venían de Denia a Madrid, con la intención de reunirse con los viejos camaradas. Para celebrar no sé qué aniversario de la caída. De derrota en derrota hasta la victoria final. Y, encima, deciden celebrar el evento en Madrid (49).
>
> Quedaba [...] con el grupo de viejos amigos,[18] tomábamos copas en Violette, cenábamos en Nicolás, y esa noche yo tenía esa parcela cultivado hasta la saturación, plantada hasta que la simiente me salía por las orejas y me daban ganas de vomitar con tanto rollo ideológico, cuando, ahí, quien más y quien menos había dejado la ideología de lado cuando le había convenido (60).

Demetrio:

> `Me hace ilusión volver a ver la vieja carroña´ [...] `una última ojeada a esos muertos a medio enterrar en que nos hemos convertido. No me parece mal echarles una ojeada a los cadáveres que hace tiempo que no veo´ [...] Es noche de Walpurgis. El placer de verlo convertido en muerto viviente, ¿no te excita? (20-21).

Amalia:

> No ha venido Narciso, no ha venido Ana (la veo de vez en cuando, no la echo de menos), no han venido Magda, ni Mauricio (116).

Por lo que se refiere a los personajes, y para una mejor comprensión de la novela y de su hechura, se deberá tener en cuenta que:

a) Todas las voces narrativas pertenecen al grupo de los "viejos amigos".

---

[17] Por razones de espacio nos limitamos al análisis de los personajes que integraron la vieja guardia, e. d., a los viejos amigos. Ocasión habrá para el análisis de los demás.

[18] Como cabe esperar, las alusiones a los «viejos amigos» abundan. Entre las más significativas figuran: "Que no haya venido Magda sí que me duele, mi vieja amiga. Guzmán me pregunta por ella y por Mauricio, los dos camaradas que no han venido y a quienes él esperaba ver" (116-117); "Os nombraba a los compañeros de lo que él llamaba `la lucha´" (119); "Entre tanto, leer para decir que he leído, para no perder comba en la conversación con los viejos amigos" (194); "Leer para, en la cena de los ex militantes, haber podido hablar durante tres o cuatro horas y caminar también yo durante esas horas sobre el lago de la desolación" (195).

b) No todos los "viejos amigos" asisten a la cena (entre las voces narrativas ausentes figuran las de Rita y Narciso; tampoco están las voces de quienes, por haber fallecido u otras razones, han desaparecido).

c) No todos los que asisten a la cena tienen estatuto de personaje con voz narrativa (Guzmán, Lalo, Juanjo, Taboada y Elvira).

d) Los "viejos amigos" configuran ahora dos grupos: los fracasados y los "vencedores" (es decir, los tránsfugas o «transformistas», los acomodaticios o camaleones), los que han sabido adaptarse a los tiempos y que (como Narciso, Guzmán, Ana o Alcóllar y, con las debidas reservas y precisiones, Taboada) acaso nunca fueron verdaderos revolucionarios.

Los cuadros sinópticos que siguen recogen los datos que acabamos de mencionar. En negrita indicamos los nombres de todos los que integraron, directa o indirectamente, el grupo de los «viejos amigos». Los nombres de quienes no participan en la cena llevan asterisco; entre corchetes indicamos a las ex parejas de hecho o potenciales:

Viejos amigos	Voces narrativas	Pareja	Hijos
Carlos	Carlos	[Rita]	*Pau (†), *Irene, *Josian
Demetrio Rull	Demetrio	*Jorge [Alcóllar] [Pablo]	
Pedro Vidal	Pedro	*Antonia [Elisa (†)] [Amalia]	*Norma
*Rita	*Rita	[Carlos] *Juan	*Pau (†), *Irene, *Josian
*Narciso	*Narciso	[Amalia] *Laura	*1 hija

Viejos amigos	Voces narrativas	Pareja	Hijos
Amalia	Amalia	[Narciso] [Pedro] [Magda/Lola]	*1 hija
Antolín Guzmán Montañés		*Ana Malta de Thalit	Lalo, Juanjo
Taboada		Elvira	
*Elisa Redol (†)		[Pedro] [Agustín]	
*Magda		*Lola [Amalia]	
*Mauricio (†)			
*José Manuel			

Los fracasados o que se consideran tales:[19]	Los que no se consideran fracasados o no lo son:[20]
Carlos y Pau	Guzmán, Ana, Lalo y Juanjo
Demetrio y Jorge	Taboada y Elvira
Pedro	**Narciso** y Laura
Amalia	Alcóllar
Rita y Juan	Juan Bartos y Ada Dutruel (156)
Elisa (†)	
Magda y Lola	
Mauricio (†) (209)	
José Manuel (172)	

---

[19] "Los que no tenemos nada" (33), según Demetrio.

[20] Los que Demetrio define como "la clase alta" (27).

5.1 Los fracasados

Carlos:

Carlos es un escritor fracasado ("ya no escribo, [...] hace años que no escribo", 208) que vive de la venta de pisos y casas a alemanes ("no he vendido nada que no fueran pisos", 11):

> A gentes como Elisa, como Ana o como Narciso a lo mejor lo que no les perdoné fue que me dieran como caballo perdedor antes de que concluyese la primera vuelta de la carrera. Elisa me animaba a escribir como se anima a un minusválido a practicar determinados ejercicios, para darle una razón para existir, a sabiendas de que, en cualquier caso, esa existencia dará poco de sí. Es verdad que acertaron, pero se dieron demasiada prisa. Debían haber esperado el final de la carrera para hacerme la foto, ese instante en el que entro en la meta sudoroso, en último lugar, o en el que tiro la toalla y sollozo, y me golpeo los ojos con los puños, y gimo: ME RINDO. Ahora ya lo soporto todo, porque no soy un perdedor, sino que me he perdido y estoy en otro sitio [...][21] (193).

Su ex mujer Rita plasma un retrato despiadado y transido de atributos poco halagüeños ("vendedor de aire", 45, 58-59; "cabrón", 48; "coñazo", 52; "bobo", 55; "tonto", 56):

> Se lo ha montado de la hostia, ahí en Denia, mirando el mar; por la mañana, a ver si engaño a algún alemán y le vendo alguna de esas mierdas que construye Andreu; y, por la tarde, a ver si pongo el huevo literario [...]. Como siempre, en las nubes. Sacando la cartera para invitar en la barra y sin enterarse de que estábamos a mediados de mes y ya no teníamos ni para el pelargón de los niños. [...] siempre estaba atormentado, reconcomiéndose, ahora no me sale lo que estoy escribiendo, así que estoy jodido; ahora me sale, me está saliendo, así que no me molestéis, largo los niños y tú por ahí unos días, o estaos quietos en la cocina, lo que sea, pero dejadme solo. Un coñazo. [...] Carlos era, sobre todo, un coñazo. [...] ya sabes que te quiero, tampoco se trata de repetirlo a todas horas, mi forma de quererte es no querer a nadie más, y la tuya tiene que ser dejar que me concentre, que escriba, que lea, que duerma la siesta,

---

[21] La opinión de Pedro tampoco deja espacio al optimismo: "'nunca llegarás a ser un revolucionario, te gusta demasiado la literatura [...] ni serás un buen amante. La literatura está reñida con el amor y con la revolución'" (9); "'no, Carlos, no se puede confiar en ti. Venderías a Lenin por una buena novela, por escribir una buena novela; a tu padre, si viviera, venderías'" (11); "Eres un jodido pequeñoburgués que lo que quiere es ser escritor" (95).

porque no es que esté exactamente durmiendo, sino que estoy pensando, concentrándome en un capítulo. [...] escribió tres o cuatro [novelas], pero, que yo sepa, sólo ha publicado una en una editorialucha de mierda [...] alguien que quería ser novelista. No sé si el trabajo de vendedor de pisos le habrá abierto los ojos a Carlos. Me da la impresión de que no; de que para él lo de los pisos es una cruz que lleva encima y de la que se cura por las redes, ante el ordenador, que es donde vive lo que él cree su verdadera vida. Su gran proyecto vital, su aventura intelectual. En el fondo, siempre ha sido un bobo (50-55).

Por lo demás, Carlos ha fracasado también como padre y marido: su hijo Pau ha muerto de sobredosis; Rita lo ha abandonado y ha elegido a un compañero muy distinto.[22]

Demetrio:

Demetro, pintor fracasado -la galerista Ana de Thalit lo tildó en más de una ocasión y con ánimo de ofenderlo, de "autodidacta"- (26, 158), sobrevive como guarda nocturno en el Eurobuilding:

> No acababa de darme cuenta [...] de que los cuadros de Demetrio Rull estaban bien para colgar entre una boca de marrajo disecada y pegada a una de esas maderas de teca que hacen pensar en el interior de un camarote de yate y una caja panoplia de nudos marineros, elementos ambos que solían ser obligada decoración en el comedor de los chalets de los burgueses que se las daban de tener espíritu náutico. [...] Él [Román Alcóllar] ha acabado siendo el artista que yo no he llegado a ser[23] (25-26).
>
> [...] de mi obra hace veinte años que se ha desentendido Ana. Le llevo los cuadros a la galería, los almacena en algún lugar y, meses más tarde, me los devuelve diciéndome lo mal que está la situación [...]. Sigo llevándole mis trabajos porque, de vez en cuando, vende alguna cosa menor [...]. Coloco cosas un poco donde puedo (algún amigo viene al estudio y se lleva algo), y no me quejo de mi trabajo como guarda de

---

[22] "Con Juan he descubierto que Carlos era, sobre todo, un coñazo" (52); "Estoy convencida de que a ellos Juan le parece un bruto. No lo es, ni mucho menos. Lo único que pasa es que sabe que tenemos una vida por delante, y sólo una, de la que hemos consumido dos tercios, y le gusta disfrutar lo que nos va quedando" (54); "ellos y Juan son agua y aceite, él los considera unos gilipollas y ellos lo consideran a él un hortera" (61); "Juan no reza, ni cree, ni hace cálculos de cualquier futuro que se extienda más allá de las paredes de la casa. Carlos, en cambio, sólo se ocupaba del futuro de lo que estaba fuera" (147).

[23] Véase más adelante -y a modo de contrapunto- el retrato de Román Alcóllar.

noche en el Eurobuilding[24] (34).

Estoy con ellos y pienso en Pablo, en Joaquín, el hermano de Carlos, mi amigo de infancia; en mi propia obra, en lo que no ha podido ser. [...] Como si no hubiera aprendido a estas alturas que saber y vivir son incompatibles; que saber te destroza la vida, te la hace polvo. Confesarle a Pablo que si no he llegado a ser un pintor es porque me he perdido en los pasillos de mí mismo, en el brillo de los espejos que he ido encontrando junto al camino (160).

Homosexual, enfermo de sida como Jorge (su pareja agonizante), Demetrio está enamorado platónicamente de Pablo (36), un joven obrero casado. De ahí que, como subraya Rita, resulte el más "patético" de todos ("aunque lo suyo sea aún más patético que lo de los demás. También lleva su desgracia a cuestas Demetrio", 59).

Pedro:

Pedro es el organizador de la velada ("la cena convocada por Pedrito", 31). Su iniciativa concuerda con su modo de ser y sus funciones en el grupo: fue siempre el más activo y, en su día, el revolucionario más convencido y decidido propugnador de la acción directa. Sin embargo, la decepción y la sensación de fracaso han diezmado su entusiasmo revolucionario (para Carlos es un "revolucionario malherido", 18; para Amalia, un "ideólogo pueblerino", 114, "un pesimista de clase", 168).

Ex promotor de productos varios ("eso quería decir que me ganaba la vida con lo que podía", 140; "alguien que ha mentido a lo largo del día", "yo no era más que humo, palabras"[25], 142), es entre tanto "un importante promotor inmobiliario" (pág. 114) que construye casas y compra solares, alguien que "ya no vendía aire": "vendía cemento, hierro, ladrillos" (142). Enriquecido gracias al *boom* de la construcción que había destrozado la costa, no puede, sin embargo, liberarse ni de sus orígenes ni de su pasado: vive en su propia piel la imposibilidad de conciliar antiguos ideales y práctica laboral, por lo que se siente profundamente insatisfecho. Sin embargo, aunque su autoestima sea baja (se considera "un

---

[24] "Esquema es mi galería, a pesar de que sólo en una ocasión -y de eso hace ya media docena de años- hayan expuesto algunas obras mías en una colectiva; ni siquiera me han vendido más allá de media docena de cuadros en los últimos cinco o seis años, y todos ellos a precio de ganga, por razones de política de prestigio. [...] Al fin y al cabo, el trabajo en Eurobuilding me ocupa mucho tiempo" (155-156).

[25] Rita: "la venta del aire, que era la especialidad de Carlos, de Pedrito" (45).

palurdo", 80), se sabe muy leído:

> [...] yo hago casas para turistas, pero leí a Le Corbusier, los textos de Gropius, de la Bauhaus leí, aprendí sobre Loos y sobre Otto Wagner, sobre Schinkel y también sobre la arquitectura que Speer inventó para Hitler; estudié las experiencias de la ciudad lineal de Arturo Soria y su intento de aplicación por los soviéticos, los trabajos de Perret. Estudié Palladio y Borromini. Leí, miré, estudié, viajé [...], y he comido, y he bebido y he follado y soy el fruto maduro de eso, un fruto de piel rugosa, pero carnoso en su interior [...] lo cual no me evita construir mierda [...] (81).

Acierta Carlos cuando afirma sobre la profesión actual de Pedro que es la "prolongación de la lucha armada por otros medios, el pelotón de ejecución convertido en excavadora, en grúa" (96); y dice bien Demetrio cuando observa: "Le huelen demasiado los dedos a cemento, por más que se esfuerza en parecer trascendente" (32); "También él era, a su manera, un autodidacta, un intruso. Lo sigue siendo aunque la pasta le chorree de los bolsillos. Billetes manchados de cemento. Valen igual que los otros, pero no pueden sacarse en público" (41).

Y el mismo desajuste, una parecida situación de discordancia entre deseo y realidad se da en el campo afectivo: se casó con Antonia, pero siempre estuvo enamorado de Elisa[26] que, sin embargo, lo rechaza porque sus orígenes eran demasiado distintos. Ahí arranca la creciente convicción del personaje de vivir en continuos "estados carenciales" (89; ¿alude Chirbes al título de la novela de Ángela Vallvey, aparecida en Barcelona medio año antes de *Los viejos amigos*?).

Amalia:

Ex esposa de Narciso, fue encarcelada estando embarazada (168-170). Luego trabajó en Bruselas, hasta que su ex marido le quitó el cargo (115-116); desde entonces -"aquellos años en que estuvo arriba" (179)- y como consecuencia de ello, está en tratamiento psiquiátrico por sus depresiones, que la llevan a perder el contacto con la realidad (208-209). Veamos el retrato que de ella trazan Carlos y Pedro:

---

[26] "'La única, ¿sabes?, la única a la que he querido de verdad en mi vida'" (17); "enfermo de Elisa" (89); "Déjame que te lo diga, Elisa, porque, en vida, nunca me hubiera atrevido a decírtelo: mi adorada Elisa. Elisa, vida mía" (215). Hay más: Pedro organiza la cena para recordarla: "[...] si he querido venir aquí, juntarme con esta gente, ha sido porque volver a verlos a ellos era reencontrarme con Elisa, volver a estar con ella, y ese pensamiento me ha asustado. Me aterra pensar eso, pero lo pienso, y me digo escandalizado que no, que no puede haber sido por eso por lo que me he empeñado en esta absurda cena" (94).

'[...] es como si hubiera una distancia entre las cosas y yo y no consiguiera romperla. Voy a un museo a una exposición y pienso, qué bonito es todo esto, pero no lo pienso, no lo siento' [...] nada le llega a Amalia: el mundo entero, un panteón; el auditorio, los minicines con películas subtituladas, iraníes, francesas, las galerías de arte, los museos, los restaurantes (178).

Hoy está a la deriva, a merced del golpe de mar, del golpe de viento que la lleve de acá para allá. Lo que ella dice, desprotegida. Como si en vez de haber aprendido, hubiera desaprendido; como si cada día empezara la vida de nuevo para ella y tuviera que equivocarse en el trayecto del trabajo a casa porque nunca ha pasado por esas calles previamente (206).

Y tú, mi pobre Amalia, desolada, llena de contradicciones, con tu psiquiatra [...] ¿qué coño le importa a ese tío tu vida? ¿No te das pena de ti misma? [...] '¿cuántos siglos llevas con el psiquiatra?', le he preguntado hoy [...], una eternidad psiquiátrica sólo por no aceptar el destino, el destino, el horizonte que es el que nos marca (214-216).

Rita:

No participa en la cena para no encontrar a su ex marido. Trabaja, sin entusiasmo y desde una clara conciencia de su fracaso, en publicidad; es sumamente despiadada en su autocrítica:

Lo jodido es tener que echarle ovarios a la vida: meterse todas las mañanas en la oficina y empezar a recorrer las líneas telefónicas como las putas recorren las aceras al anochecer, emprender, a través de las líneas telefónicas, una desesperada caza de víctimas. [...] Clic. Primer contacto fallido. Sigo ruta. La misma canción repetida desde las diez de la mañana hasta las dos de la tarde. Un día tras otro, sin solución de continuidad. [...] eso es lo difícil: la venta del aire, que era la especialidad de Carlos, de Pedrito, y ha acabado por ser la mía, y vender aire se ha puesto muy difícil en esta época de virtualidades. Demasiada competencia. Tras las carreras telefónicas matutinas, a las dos de la tarde, carrera física: corre que te corre, en busca de un taxi que te lleve a El Amparo. [...] Y, por la tarde, con el postre aún en la garganta, vuelta a la oficina, porque mi jefe quiere que fijemos objetivos para el trimestre que viene. [...] tras la reunión especulativa con el jefe en la que, cuando de entrada le transmito esperanza, si luego falla algo dice que lo he engañado, y si le transmito la verdad de lo que hay, me dice que con ese pesimismo cómo vamos a vender páginas de publicidad, tras ese trago, otra presentación, con más vino, mucho más vino, en el Ritz. [...] Vino, vino, vino y más vino, y, a la una de la madrugada, otro taxi, porque nunca cojo el coche los días en los que sé que voy a volver a casa más cargada de lo habitual (44-47)

> Yo que quería ser maestra, que quería enseñar, Piaget, los cursos de Rosa Sensat, la pedagogía activa, todo eso, y que ahora me dedico a engañar. En vez de que encuentren la verdad, empujarlos para que se pierdan por el camino de las mentiras, taparles los ojos y darles vueltas como peonzas hasta que se desorienten, la gallina ciega, que no otra cosa es la publicidad (58).

De sus tres hijos, uno (Pau) ha muerto de drogadicción. Su nuevo marido, Juan -que es viajante- tiene también sus dificultades para sobrevivir.[27]

5.2   Los desaparecidos (Magda, Elisa y Mauricio)

Antigua dueña de Violette (el pub en el que solían encontrarse los viejos amigos y donde imprimían clandestinamente propaganda e incluso escondían armas, 120),[28] Magda ha desaparecido igual que su novia Lola. Una vida, la suya, también marcada por el fracaso:

> [...] el pub no ha empezado nunca a funcionar, al menos nunca ha funcionado como yo quería, como yo había calculado. He vivido en los otros. Los escucho. La noche que tengo libre me dedico a salir por ahí, a la busca, voy a donde me dicen que hay alguien que hace las cosas bien. [...] Y cuando me quedo a solas, en la cama, me dan ganas de llorar. Me digo que no podía haberlo hecho, o, lo que es peor, me digo que yo no lo he hecho porque no he servido para hacerlo, que una carrera no es un embrión, es un desarrollo (171).

Elisa estudió Historia del Arte, con especialización en el Barroco (13, 101) y fue militante maoísta; murió de cáncer a los 35 años, sin haber logrado «terminar» buena parte de lo comenzado:

> [...] un vino de moda, cubiertos, plato y botella sobre manteles individuales que había comprado en la Compañía de China y el Oriente [...]; y un dragón chino de papel de seda colgado del techo, recuerdo de sus tiempos de militante maoísta, aquel viaje a China que hizo con Guzmán, Ana, Narciso, Amalia y Taboada, la revolución como una delicada operación estética, una levedad de seda envolviendo el mundo, entrando

---

[27] "Ese también lleva lo suyo, el pobre, y yo creo que se lo quita de encima columpiándose cada día un poco más por ahí, dejándose enganchar por los líos, lo que sea con tal de estar fuera de casa la noche que yo no estoy a la hora de cenar" (48). Más detalles sobre Juan como antítesis de Carlos en la nota 22.

[28] "[T]omábamos copas en Violette" (60); "la canción que Magda nos ponía en Violette" (219).

por las ventanas abiertas con la brisa de la tarde de otoño. [...] Dejó sin terminar su artículo para Casa Vogue sobre el proyecto de terminal ferroviaria de Calatrava en el aeropuerto de Lyon-Satolas, dejó sin terminar un ensayo acerca de los trompe-l'oeils en la pintura pompeyana. El mantelito individual ahora le servía para que su madre [...] le pusiera encima el plato que contenía un desvaído puré que ella no se podía ya comer (102-103).

El dragón de seda flotando sobre el comedor vacío y oscuro, solitario dragón inmóvil en el centro del comedor de ventanas cerradas, de persianas bajadas, en una de las cuales, de cara al exterior, alguien ha puesto un cartel en el que aparece escrito: «se vende» [...] (111).

Ex obrero revolucionario, Mauricio trabajó en sus últimos años como chico de los recados para una empresa de repartos, pese a que sufría de reuma (120). Hacía ya dos años que había muerto (de cáncer de pulmón), pero ninguno de sus antiguos compañeros se había enterado de la desgracia ("Quería vernos. Nos nombraba a los viejos camaradas. Cuando su mujer me lo contó, Mauricio ya había muerto.", 118-119; "'Os nombraba a los compañeros de lo que él llamaba 'la lucha'. Quería veros. [...]'", 119).

5.3 Los vencedores

Narciso:

Tras haberse "manchado" -en el sentido sartriano del término- en un atentado con cóctel molotov ideado por Pedro (63-70), Narciso fue -aunque muchos no lo creyeran e intentaran justificarlo- el delator de la célula. A juzgar por las críticas de Pedro (en las que resulta evidente la alusión a su nombre[29]), es más que probable que su pertenencia a la célula no nació de la convicción. La versión de Amalia no deja espacio a la duda:

> Y no me refiero al pacto que Narciso hizo con la policía, su padre mediante, para que lo soltaran inmediatamente a cambio de referirles de pe a pa las actividades del grupo, eso no fue maldad, fue una forma de inocencia, cobardía; quizás sí que puedan detectarse signos de maldad en el hecho de que pusiera a su familia en contacto con la de Laura para conseguir que ella [...] saliera también inmediatamente libre y que sus pa-

---

[29] "Los intelectuales amáis vuestro yo por encima de todas las cosas" (69); "No le conviene a la revolución saber que te quieres más a ti de lo que la quieres a ella" (71).

dres se la llevaran a la casa del Montseny. Lo inquietante fue que, en esa negociación, en ese paquete, no entrara yo y que cuando, unos años después de todo aquello, me enterara de los detalles de la historia, me contaran Magda y Ana que Narciso había aprovechado aquellos días en que yo seguía en la cárcel y él ya había conseguido la libertad, para visitarla en Barcelona (167-168).

Narciso es, por tanto, el «transicionista», el tránsfuga o transformista por excelencia, un personaje que siempre ha sabido elegir la mejor opción para vivir bien. En la actualidad ejerce de político en activo e intelectual a la violeta (según Amalia, es un "supuesto dandy que se mueve con la misma soltura en lo más alto de la escala social y en lo más sórdido", 169). De ahí que la llamada de Pedro para convocarlo a la cena lo halle desprevenido y se alarme; menos porque la invitación interrumpa su tranquilidad burguesa que porque le avive los recuerdos de un pasado que había borrado de su memoria:

Y de repente, vuelve Pedrito Vidal a cruzarse en mi vida. Estoy tranquilamente sentado en la butaca de lona del jardín, suena el móvil, yo me creo que es Anamari, la secretaria, que ha quedado en llamarme para que preparemos el documento que tengo que leer sobre la red de contenedores europeos de cultura [...]. Y yo no sé si me alegro de haberlo reconocido o no. La verdad es que me pongo en prevengan, porque Pedrito nunca echaba una puntada sin hilo, y no sé qué hilo quiere coserme ahora. «Claro, claro que me acuerdo», le digo, mientras me pasan por la cabeza un montón de cosas [...]. Y todo eso es lo que se me cae encima en cuanto reconozco la voz de Pedrito al teléfono (62-63/70).

Román Alcóllar:

Román Alcóllar es -amén de un "niño caprichoso"- un burgués auténtico, gracias también al dinero que le abre todas las puertas; incluidas las de la galería de Ana,[30] a quien había conocido por mediación de Demetrio: "e inmediatamente se atrajeron (las afinidades de la clase)" (26). De Alcóllar ("el artista que yo no he llegado a ser", 26) afirma Demetrio, su contrafigura en el fracaso (que además fue su amante fugaz en sus "escapadas nocturnas por sitios poco recomendables de Valencia y Barcelona", 26):

Román pasó -como yo mismo, pero con otro estatus- a formar parte de la cuadra de Esquema [...]. Mordiéndome los labios le dije a Ana: `Es un farsante, un desastre. No

---

[30] Si bien al principio consideraba que su arte era muy discutible: "la sala en la que exponía sus fotos un tal Alcóllar, una especie de huérfano desvalido o mentalmente poco dotado al que se veía obligada a engañar con una golosina" (28-29).

sabe ni lo que es un color, ni cómo se mezcla con otro´ Ella me respondió: `Par contre, il est charmant´, y entendí que yo había sido condenado al ostracismo artístico. Autodidacta eterno. […] Román siempre ha sabido ser tan dictadorial e impertinente con los de abajo, como dulce con quien puede convenirle para sus intereses. Fue en aquellos días cuando me di cuenta de que Ana nunca decía de él: `es un autodidacta´, porque él era un componente más del grupo […] (158).

Así se explica que pueda cambiar su manera de «hacer arte» según la moda del momento: de sus primeras fotografías ("paisajes crepusculares, sí, mucha puesta de sol, y sillas thonet, florecitas secas, cosas como de Sisí Emperatriz o, mejor aún, como de la familia Trapp", 27) pasa a la pintura ("disfrazado de virulento expresionista abstracto", 158); y, tras haberse sumado a la euforia de la movida, de nuevo a la fotografía, entre tanto abstracta, vanguardista y macabra.[31] En uno de los pasajes más significativos leemos:

> Dejó las fotos familia Trapp para retratar paisajes desolados, corrales, muros destrozados, roñosos suburbios, morgues. Detrás de esos saltos, vacío, nada, sólo su egoísmo, su yo, su ego, lo que ve en París, en Nueva York, en Londres, nada más que esto lo quiero yo, me lo compro, y, de repente, en vez de rosas, flores, lirios (le gustaban mucho los lirios, a todos los maricones les gustan los lirios, fálicos lirios, qué sé yo, las calas, las calas también les gustan, con su elegante verticalidad, digamos que les gustan las flores verticales, priápicas), nos regala la decrepitud; de la noche a la mañana abandona las flores, los matices de la delicada y sensible naturaleza, por las ruinas, los cadáveres; el embriagador perfume de los nardos y galanes de noche, por el formol, la materia en descomposición, la humedad de las morgues (159)

Guzmán:

Esposo de Ana ("galerista comprometida", 25, y propietaria de Esquema, 30), pertenece también al grupo de los tránsfugas, de los «camaleones» o «transicionistas», de los que saben mimetizarse para explotar lo mejor posible las situaciones (Pedro: "sigue acumulando relaciones para su imaginaria biografía política", 72; "él, a quien, en nombre del antidogma, se le siguen poniendo los ojos igual de sanguinolentos que entonces se le ponían cuando defendía el dogma", 77):

> Él sigue convencido de que no hace negocios, sino que crea cultura con su produc-

---

[31] "[A]hora, en vez de florecitas y paisajes fotografía derribos que tienen una textura de lúgubres cuadros abstractos y que luego pinta a mano, los llena de pinceladas nerviosas: lo vivo y lo inmóvil, fotografía camillas de morgue, sábanas manchadas de sangre, cadáveres" (44).

tora, con la galería de Ana, con las canciones de Lalo, que son como un certificado de algo. […] Nadie podría imaginar que es el marido de una galerista que lleva treinta años en la vanguardia de todo. Ése es su juguete, su doble juego, su mareante baile de disfraces, la cuidadosa construcción de la tosquedad como un proyecto o un disfraz (114).

Como cabe esperar, tiene éxito en su papel de padre: se muestra orgulloso de sus hijos gemelos Lalo y Juanjo, que también acuden a la cena. Desde una perspectiva muy posmoderna, ambos parecen haber hecho realidad los cometidos de los revolucionarios de antaño. El primero con sus canciones "comprometidas":[32]

> Su padre lo mira y se le cae la baba. Está dispuesto a entonar la consigna que el pequeño dirigente decida. Y si hace falta matar por ella a quien haga falta, matará. O, al menos, intentará quitarle la cartera al enemigo, que es la primera fase. Si no puedes matar a su enemigo, róbale la cartera. A lo mejor, le entran ganas de suicidarse. Es el mismo Guzmán, no puede negarlo (78).

> Guzmán se hincha aún más, un poco más, escuchando a su niño. Él ha colaborado en el proyecto, le ha ayudado a escribir algunas partes de la Cantata y Lalo le ha dedicado uno de los cortes más emocionantes: se titula «No te detengas (homenaje a mi padre)». El disco incluye otros homenajes (a Silvio, a Víctor Jara, a Violeta Parra), y también a Serrat. AltaSierra, de Lalo Guzmán, una especie de summa teológica y civil de la canción protesta que su padre bebió (él, lógicamente, dice «mi padre bebió») en la juventud, y cuya memoria le ha transmitido («cuya memoria me ha transmitido») (83).

El segundo trabaja en una ONG y "cumple en la práctica lo que su hermano canta" (85).

Ese éxito, la facilidad con la que la nueva generación –rica– sabe moverse para alcanzar sus objetivos y la verborrea de los tres desencadenan la visible irritación de Pedro, que tuvo que ganárselo todo a pulso:

> Ya no me acordaba muy bien de cuánto llegaba a irritarme, de quién era Guzmán; de cómo soporté por disciplina proletaria a Guzmán, por si fuera poco, ahora repetido

---

[32] Muy significativos son también los retratos de los dos: Lalo, "cabello un poco largo y rizado, como Dylan en el sesenta y ocho, gafas metálicas redondas, como Lenon [sic], y el cuello del jersey, de cisne, redondo, cerrado, levantado hasta la nuez. Justo como lo llevaba Dylan hace treinta y tantos años, ahora es un signo de recuperación, la recuperación de la revolución" (81); Juanjo, "lleva esta noche un pañuelo de bucanero atado a la cabeza, quizás como signo de que acaba de volver de su selvático viaje trasatlántico" (87).

como en un par de calcomanías, en sus dos hijos gemelos, Lalo y Juanjo, el trío de los guzmanes: verlos a los tres me irrita (ellos son como él era entonces); y no sólo verlos: tener que escuchar que están en el centro del mundo, que los guzmanes son el centro -el correcto centro- de todo [...] (73).

Pero además, y a diferencia de Pedro, Carlos, Demetrio, Amalia y Rita (que prefieren olvidar el pasado), Guzmán es de los que, al igual que se labran el futuro, se lo construyen. De ahí el significado del texto epigráfico de la carátula del CD de Lalo ("'cuya memoria me ha transmitido'", 83) y del título de su entrevista publicada en un periódico ("'El tesoro de la memoria'", 84).

Taboada:

Ex defensor de los compañeros de la ex célula y lector apasionado, el abogado Taboada sabe muy bien moverse y dónde colocarse: "Amalia me habla de sus sutiles acercamientos al pepé citando al toro derechón desde la extrema izquierda" (88). Acude a la cena con su novia Elvira, novelista, otra transformista. Sobre su presencia observa Pedro: "no sé qué pintan aquí. Los ha convocado por su cuenta Guzmán, que sigue acumulando relaciones para su imaginaria biografía política" (72).

En resumidas cuentas, como comenta Carlos, la barrera de las clases es una realidad difícil de superar:

La maquinita te avisa de que te ronda la delgada mujer baudeleriana que, en apariencia, todo lo iguala, y digo en apariencia porque ni siquiera ella consigue la igualdad absoluta entre los humanos: algunos tienen mausoleos, sus nombres aparecen grabados en piedras, escritos en hojas de papel [...] y otros, en cambio, no tienen nada de nada: esos desarraigados, refugiados, las multitudes migratorias, las fosas comunes cubiertas por lechadas de cal, empapadas con gasolina. En fin, hay una resistencia de la clase aún más allá de la muerte. [...] La correosa resistencia de la clase a borrar sus fronteras. [...] Yo, además, prohibiría los retratos si pensara en algún momento en conseguir un mundo igualitario, y no sólo porque la forma de vestir que se descubre en los retratos revela la clase, sino porque hay una flexibilidad especial en los gestos, en la mirada, que sólo la gimnasia de la clase repetida durante generaciones transmite (129-130).

En otro pasaje observa:

Y llegaron estos listos (Narciso, sus amigos, la propia Amalia, aunque ahora ya no lo quiera reconocer) y empezaron con sus hotelitos con encanto, y que si el otoño en Venecia y el Martini en el Harry's bar y un Vega Sicilia y un Pesquera, y Glenmorangie y Glenfidish y Gengilish, y, entonces, los otros dijeron, si eso es lo que hay que hacer, si ahí es donde hay que estar, si eso es lo que hay que beber y comer, nosotros estaremos, comeremos, beberemos y haremos todo lo que hay que hacer los primeros [...] Ellos van y vienen y hablan y saben y presentan sus proyectos y los cobran, y tienen sus agentes que les mueven los libros, los cuadros, las instalaciones, las series de televisión, y las relaciones; y salen en las listas de éstos y de aquellos otros, las cincuenta novelas del siglo, las veinticinco obras de arte de la transición, las tres plásticas del año, las cuarenta instalaciones del día de hoy, salen y los citan en la tele, en la radio, tienen paraguas que los cubren de cien en cien, si llueve y si hace sol, en todo tiempo los cubren (180-182).

También Demetrio había apuntado, al considerar su fracaso y el éxito de Alcóllar ("la clase alta no entra nunca por la puerta de servicio", 27):

Los presenté [a Ana y Román], e inmediatamente se atrajeron (las afinidades de la clase). O sea, que lo de llamarme autodidacta era una forma de ponerme límites, de ponerme en mi clase; de decirme que yo podía ser encantador, divertido como Rousseau el Aduanero, pero nunca grande como Monet (26).

Acomodarse es, en suma, más rentable, como subraya Rita con amargura:

[...] quien más y quien menos había dejado la ideología de lado cuando le había convenido. ¿O es que Amalia no perdió el culo por amarrar la plaza de Bruselas en cuanto Narciso se la consiguió? Luego ha renegado de la plaza, del socialismo y de Narciso. Hay gente capaz de estirar la ideología como si fuera un chicle (60).

6. Coda

La brecha abierta entre la antigua ilusión de cambiar el mundo y la constatación del fracaso constituyen el móvil temático y el argumento capital de la novela. Frente a un pasado que se rechaza se sitúan un futuro temido (por ausencia de ideales, y desde la conciencia que el tiempo pasa y la muerte acecha) y un presente poco satisfactorio. Se trata, en suma, del ejercicio de la memoria y de su contraposición a la desmemoria, del parangón con los estragos del olvido programado. He aquí los temas que propone Chirbes en esta novela de madurez y balance existencial. La cena de los viejos amigos como ocasión para revisitar el pasado y reflexionar sobre el presente, sobre 'lo que va de ayer a hoy'[33] y sobre

---

[33] Aludimos a los conocidos versos de Calderón: "Aprended flores de mí / lo que va de ayer a hoy / ayer maravilla fui / hoy sombra mía no soy."

nosotros mismos. Un balance con poco en el haber y un mensaje sumamente pesimista frente al futuro y la vida en general (el "hielo de la vida" del que habla Carlos, 136):

Pedro:

> Mierda el futuro. Eso no es nada, es una idea que tenemos en la cabeza los que pensamos. El futuro no existe. Es sólo pensamiento [...]. `Lo peor del futuro es eso; que, sin existir, nos pesa más que el pasado, que también se ha esfumado ya. Una vida provisional, una vida en la sala de espera, ¿tú no tienes la impresión de que estamos esperando a que pase algo, a que nos llegue una nueva vida?, ¿que ésta es sólo una pausa y que, si nos dieran una excusa, mandaríamos todo lo que hemos conseguido a la mierda?'[34] (33).

Carlos:

> Lo ha repetido Pedrito eso de que el futuro no forma parte del tiempo, no es una cualidad que tiene el tiempo, es sólo una forma de aceptar sin angustia el tiempo sin dirección, como una inmensa y solitaria explanada en torno a nosotros (127).
>
> [...] maldecirás la hora en que se te ocurrió tener vocación de escritor y llamarás a la muerte a voces [...] (208).

Mauricio:

> Las cosas no acaban bien, nunca acaban bien, no acaban de una manera ordenada (119).

Un discurso, en fin, que rememora casi de continuo los famosos versos calderonianos de *La vida es sueño*: "el mayor delito es / del hombre el haber nacido" (Demetrio: "No haber nacido"; Carlos: "Para no morir, no vivir, no haber vivido, no haber nacido", 129). El mensaje final es, por tanto, radicalmente antitético al compromiso de su juventud:

Pedro:

> A los cincuenta y nueve años puedo permitirme mandarlo todo a la mierda, ¿entiendes? Mandarlo todo a mamar.[35] He pasado ya lo mejor. La borrachera buena ya la he

---

[34] Véase también más adelante: "el futuro no es nada, mierda el futuro [...]. Y lo peor es eso, que sin existir te pesa más que el pasado que también se ha esfumado ya. La vida, un soplo: un golpe de brisa; a veces, un huracán. Y ya está. Eso fuimos" (212).

[35] Véase también más adelante: "`Ya no necesito aparentar. A los cincuenta y nueve años puedo permitirme mandarlo todo a la mierda, ¿entiendes? Mandarlo todo a mamar'" (144).

pasado. El amor, la capacidad de enamorarme, de entontecerme, todo eso ya lo he pasado. ¿Qué me queda?, ¿qué nos queda?, ¿la resaca?, ¿la lucidez alucinada de la resaca? (126).

Demetrio:

[…] mandar Madrid a la mierda de una vez, mandarlo a la mierda todo […] (161).

Tras tamaño fracaso, Pedro ve el principal sentido en el viejo adagio del *carpe diem*: "Captura el instante, el futuro no es nada, mierda el futuro" (212). Una actitud cuyo principal cometido es exorcizar el miedo que nos insuflan el futuro y el pasado, e. d., la vida misma. Miedo a lo que fueron, rememorado una y otra vez a despecho de la memoria abolida, y a lo que les queda (sufrimientos, enfermedades, vejez y muerte[36]), fruto de la "apisonadora del tiempo" (92), que todo lo destruye (no olvidemos el lema -una especie de *memento mori*- del trabajo de Elisa: "'Eres lo que yo fui una vez y serás lo que yo soy ahora'"[37], 13), incluido el miedo al amor y, por consiguiente, a la soledad.[38] Miedo, en suma, que se resume en pocas palabras: "qué miedo la oscuridad de dentro" (216).

En el último apartado de la novela Pedro nos recuerda -tanto por su función de cierre como por ambiente y contenidos- el capítulo final del *Ulises* de Joyce, centrado en el monólogo interior de Molly Bloom. En ambas obras los personajes están en la cama (Pedro, solo y borracho, en un hotel de Madrid) sumidos en un duermevela en el que se desgrana una larga introspección cuajada de fantasías sensuales. Sin embargo, en el caso de Pedro, las imágenes eróticas se

---

[36] Rita dice bien cuando observa: "gente durmiendo encima de un banco, en el hueco de un portal, tapados con cartones, envueltos en papel de periódico. Eso sí que me da miedo y no el olor que pueda o no tener mi cuerpo cuando sea vieja" (57).

[37] El mismo lema es retomado por Amalia ("'Eres lo que yo fui un día, soy lo que serás'", 101) y Demetrio ("contarle que soy lo que él es y también lo que será un día", 152).

[38] Entre Pedro y Amalia: 89, 114; entre Amalia y Narciso: "También a ti te da miedo que el amor te haga daño. Le tienes miedo a Narciso" (122); entre Demetrio y Pablo: "Pienso, no verlo más, y me entristezco, y, sin embargo, tengo miedo de volverlo a ver el lunes que viene, de seguir conociéndolo, de conocerlo aún más, porque ese conocimiento hace crecer la tristeza de saber que tengo que perderlo, perder un libro que habías empezado a leer y te gustaba. Hablar con él, deseo de hablar con él y miedo de hablar con él. Deseo de leerlo y miedo de leerlo" (152); José Manuel: "tengo miedo de la noche, de las luces apagadas de la habitación cuando nadie respira a mi lado en la cama" (174).

mezclan con imágenes agónicas (generadas por la fría noche madrileña y la constatación del fracaso de la velada):

> Madrid, la noche, el frío, la depresión [...], el destino, el horizonte que es el que nos marca Elisa, ella, cota cero que muestra el silencio, el no ser [...]. Ella es la que marca el horizonte que está ahí enfrente: un invisible telón de microscópicas partículas perdidas, mudas partículas, solitarias partículas. Cota cero. [...] qué miedo da la oscuridad de dentro [...]. También yo tengo depresión, Amalia, cómo no voy a tenerla, y, sin embargo, me aguanto [...]. Voy de putas, juego en bolsa, levanto casas, doy órdenes a albañiles, a maestros de obra, a arquitectos y fontaneros y soladores y encofradores y alicatadores. Cuento dinero. Me despidió Elisa y tuve depresión, me aparcó mi suegro [...] y tuve depresión, le he dicho adiós a la negrita y tengo depresión, les digo adiós a las rusas, a las brasileñas, a las jamaicanas, y tengo depresión, como todo quisque, en cuanto me quedo solo sin nada que hacer, la maldita depresión, una buena depresión [...]. Todos a la espera de la explosión terrorista, de la gran explosión nuclear, del big bang. Apocalipse now. [...] notas un cosquilleo, placer que se abre paso a través de la oscura depresión. Piensas en la negra, sus muslos; piensas [...] piensas en la muerta, no puedes impedirlo (Elisa, la llamas, Elisa), piensas en ella. Pienso en los muslos que no lameré, que no morderé, en la boca que no besaré: se han convertido en polvo. [...] Pena de mí siento. Cierro los ojos e intento ver la carne de la que murió [...] como si lo más importante fuera la vida [...] hojas muertas, la canción que Magda nos ponía en Violette, les feuilles mortes se ramassent à la pelle, y qué se hizo de nuestros veinte años, como si seguir con vida fuera lo más importante [...]. También yo empiezo a pensar como el trasplantado australiano, al abrazar, al besar, al penetrar. Pienso que abrazo cadáveres que han salido de fin de semana. Hay unos cuantos cuerpos que he abrazado y besado y penetrado y que han terminado su permiso y vuelven a ser muertos. Me abrazaron y son muertos. Beso ahora bocas que pronto estarán muertas, y hoy están invadidas por las bacterias (216-220).

En la imagen última, el recuerdo de Denia, refugio y lugar mítico, brota de la soledad y del desamor. Nada se salva: el pesimismo es cósmico (leopardiano, podríamos decir). Ni siquiera la ciudad, cuyas hermosas playas aparecen también marcadas por el sello de la precariedad: el mar engulle la arena cada invierno (¿cómo no recordar la clepsidra del príncipe de Salinas en *El gatopardo*): *tempus (tempus edax rerum) fugit*:

> Mi boca llena de bacterias dice, «te quiero, Elisa», y la voz pone un hosco eco en el vacío de la habitación del hotel. Entre tanto, el mar rompe en los acantilados de Denia, lame las doradas playas que, desde hace veinte años, no tienen más arena que la

que traen los camiones desde no se sabe dónde para reponer la que cada invierno el temporal engulle. Paisajes portátiles, dientes de quita y pon [39] (221).

El círculo se cierra: Pedro halla al final respuesta al vago presentimiento del comienzo de la velada: "A lo mejor ha estado bien venir a Madrid. «Puede que haya sido un acierto venir a Madrid», pienso […]. La noche dirá al final si valió la pena o no este viaje" (91). Efectivamente, no ha valido la pena. Para los lectores, sin embargo, sí ha merecido la pena: *Los viejos amigos* se revela una novela sumamente humana y de gran calado y actualidad; una obra pegada, como la uña a la carne, a las debilidades de los individuos.

---

[39] Véanse las reflexiones sobre Denia de Pedro en las págs. 74-75.

Bibliografía

Chirbes, Rafael (2002): El novelista perplejo. Barcelona: Anagrama.

Chirbes, Rafael (2003): Los viejos amigos. Barcelona: Anagrama.

Jacobs, Helmut C. (1999): "Entrevista con Rafael Chirbes". En: Iberoamericana, 75/76, pp. 18-187.

Licona, Sandra (2000): "Rafael Chirbes: En la literatura, nadie acierta al escoger el balcón desde el cual se aprecia la realidad". En: *La Crónica de Hoy* (México), 2-6-2000.

López Bernasocchi, Augusta (2001): "Un apunte sobre la recepción de *La larga marcha*, de Rafael Chirbes, en el ámbito lingüístico alemán". En: López de Abiada, José Manuel/ Neuschäfer, Hans-Jörg/ López Bernasocchi, Augusta (eds.): *Entre el ocio y el negocio: Industria editorial y literatura en la España de los 90*. Madrid: Verbum, pp. 119-123.

López Bernasocchi, Augusta/ López de Abiada, José Manuel (2002): "Para una primera lectura de *La larga marcha*, de Rafael Chirbes". En: *Versants*, 41, pp. 159-204.

PILAR MONTERO CURIEL: La ambientación lingüística en *Mimoun*, de Rafael Chirbes[1]

Desde que en 1988 saliera a la luz la novela *Mimoun*, de Rafael Chirbes, no es mucho lo que se ha escrito sobre la personalidad y la obra de este narrador, por desgracia poco conocido en su país. Y no porque este relato constituya un suceso aislado en la trayectoria literaria del autor, sino todo lo contrario: con su título exótico y la perfección de su arquitectura (para ser la primera creación de Chirbes), *Mimoun* abre el camino y da continuidad a una amplia serie de novelas que, desde entonces y hasta hoy casi sin pausa, ha venido ofreciendo el escritor valenciano a un público incapaz de llevar sus textos a los primeros puestos en las listas de ventas. Pese a ello (y afortunadamente), obras como *La caída de Madrid*, *La larga marcha* o *La buena letra*, por mencionar sólo algunas de las narraciones más elogiadas por la crítica, alcanzan una calidad que no es frecuente en la novela española actual.

Mimoun, cuyo título evoca el nombre del lugar en el que transcurre la acción del relato, cuenta la llegada a Marruecos de un profesor de español que se propone encontrar en el país norteafricano el marco adecuado para rematar una novela. El narrador echa mano de la primera persona encarnada en Manuel, visto así como el protagonista de una historia llena de complejidades e intrigas acentuadas por la confusa malla de relaciones que envuelve a sus personajes.

El protagonista explica, en las páginas iniciales de la obra, que la decisión de trasladarse a vivir a Marruecos ha sido "precipitada" (7).[2] Su llegada a Fez le ayuda a constatar que el exotismo soñado para la ciudad no se corresponde con la sordidez que por todas partes encuentra. Pese a su dilatada experiencia viajera por el país, se sumerge en un pueblo descuidado y polvoriento en el que llueve sin cesar. La propia ciudad de Fez se hunde "sucia en un paisaje de matorrales resecos" (9). Y este marco despierta en su ánimo una sensación de pesimismo que arrastra a lo largo de toda la novela, acomodado siempre a los vaivenes emo-

---

[1] Este estudio ha sido redactado en la Philipps Universität Marburg (Alemania), gracias a una ayuda para la movilidad del personal investigador concedida por la Consejería de Educación, Ciencia y Tecnología de la Junta de Extremadura y el Fondo Social Europeo (convocatoria de 2004), en el marco del II Plan Regional de Investigación, Desarrollo Tecnológico e Innovación de Extremadura (2001-2004).

[2] Las citas se refieren a la edición de Anagrama: Barcelona, 1988.

cionales del clima y del paso de las estaciones, y a su condición de "individuo cansado y deprimido", como él mismo se define en el comienzo del segundo capítulo (9).

La búsqueda de un trabajo como profesor de español introduce a Manuel en un mundo asfixiante en el que no le resulta fácil dar pasos firmes. Pero el pretexto de su viaje y huida se ve colmado con las experiencias que comparte en los nuevos lugares, primero en la ciudad de Fez y, más tarde, en el reducido espacio de Mimoun. Lo que nunca se aclara es el contenido de la narración que trae entre manos ni el proceso de escritura de la misma, salvo en dos o tres momentos en los que el narrador se refiere a la lentitud con la que afronta su labor de novelista, en un sistema de referencias que permite mantener la conexión entre los objetivos iniciales del viaje a Marruecos y los fines reales de la estancia. Tampoco puede haber mejor materia narrativa que la de sus vivencias en el país norteafricano; de hecho, la novela original carece de interés para el personaje y también para el lector. No es casual que el mismo Rafael Chirbes conociera la experiencia de instalarse varios años en Marruecos para dar clases de español y publicara *Mimoun* a su regreso a España, detalle biográfico que apoyaría los posibles vínculos entre la realidad y la ficción derivados, al menos para el receptor, del uso de la primera persona, que, como es obvio, no tiene por qué coincidir con el *yo* autobiográfico, pese a la voluntad catártica de la novela, subrayada en varias ocasiones por la crítica (Fernández 2002).

Mimoun cuenta el proceso de asimilación de una nueva cultura desde la mirada de un personaje que ha alcanzado la plenitud de su vida. La obra acude con frecuencia al contraste como procedimiento retórico que sostiene el avance de los hechos narrados y ayuda a conocer el universo narrativo en el que se sumergen los protagonistas. La novela se abre con una antítesis sugerente que cobra mayor importancia a medida que avanza en sus acontecimientos centrales: cuenta Manuel hasta qué punto un país que siempre le había parecido desértico se le muestra ahora como el lugar más lluvioso que podría imaginar; este detalle, tan insignificante en apariencia, aviva una reflexión personal que cierra el primer párrafo-capítulo de la historia con una confidencia interesante, si se la examina desde la perspectiva global del relato: los rugidos del aire y de la lluvia consiguen trastornar sus sentimientos y arrastrarle "a estados de ánimo más propios de un adolescente que del hombre que, ya por entonces, era" (7). Es la antítesis una técnica rentable en el armazón de la novela, que justifica también las diferencias entre Fez y Mimoun, o entre el lirismo con el que se describe la Creuse du Bon Dieu (la casa que habita Francisco, otro de los personajes de la obra) y la propia descripción que Manuel hace de su morador, reducido a veces a la imagen de un pájaro delgado y famélico que se viste con los atuendos propios de los marroquíes y ha absorbido una cultura y unas costumbres que, al tiempo que lo identifican físicamente con el lugar, consiguen distanciarlo al reconocer que "este país te quema" (19) o que la "indolencia marroquí" es un virus del que nadie se libra (19). Son detalles que, debidamente enlazados, contribuyen a dibujar el ambiente en el que transcurre la ficción con todas sus contradicciones. Estas pinceladas permiten afirmar que *Mimoun* es una novela rica en recursos estilísticos capaces de traducir el peculiar modo que tiene Chirbes de ver la realidad y de sentirla. Bastaría con analizar en la obra las bellas metáforas e imágenes relacionadas con la luna para ver de qué modo el escritor hace hincapié en la forma del mensaje y en la belleza de las palabras y las imágenes que esas palabras esconden, y cómo esa percepción estética puede describirse con un lirismo que, desde luego, es poco usual en la novela española contemporánea.

Por eso no resulta exagerado decir que el autor maneja el lenguaje con la destreza propia de un maestro que conoce a la perfección los entresijos del idioma y del arte de narrar. La obra, redactada en un castellano cabal, se beneficia de la riqueza expresiva que le otorga la inclusión de elementos procedentes de otras lenguas que se hablan o se han hablado en Marruecos, con el fin de perfilar la ambientación local del relato, caracterizar a los personajes y dotar de verosimilitud a la historia. Así, en los diversos capítulos, el castellano alterna con el francés y con vocablos y expresiones propios de una modalidad del árabe que bien podría ser el bereber o alguno de sus dialectos hablados por los marroquíes desde hace siglos. La generalización contenida en el término *bereber* la resuelve la misma novela cuando, en unas palabras de Manuel sobre su integración en el universo marroquí, ofrece las claves para identificar esta variedad lingüística con el *derijah*, nombre específico que recibe el árabe hablado en Marruecos:[3]

> Frecuentaba la medina de Mimoun y sus viejos cafés. Vagabundeaba por los miserables callejones, visitaba los prostíbulos del mellah y pasaba horas junto a la mesa en que Hassan jugaba a las cartas con sus amigos, envuelto en una nube de humo. El sonido de la música árabe traducía sentimientos que yo recuperaba en algún lugar de mí mismo y empezaba a distinguir algunas palabras en las conversaciones. Hacía mis

---

[3] El *derijah* se caracteriza por ser un idioma sin estructuras gramaticales fijas. Carece de soporte escrito, dada su transmisión oral. En él concurre una mezcla de dialectos e idiomas con múltiples variedades. Según parece, los hablantes de este dialecto tienen dificultades para comprender tanto el árabe culto o literal, como el árabe dialectal marroquí (véase Jordi Aguadé y Mohammad Elyaacoubi 1995 y P. Bos 1995).

compras en derijah y fumaba kif con los tenderos (77).

Sirva este extenso preámbulo para entender que una novela como *Mimoun* puede recibir varias lecturas y, para su análisis, ofrece múltiples orientaciones y asideros. La mezcla de elementos lingüísticos es un factor que, desde el plano de la lengua, incita a la reflexión sobre el contenido de la novela. Para un lector familiarizado con el francés, los abundantes términos y expresiones procedentes de esta lengua no son un obstáculo a la hora de entender la historia en su conjunto. Incluso algunas de las palabras insertadas en el relato a partir de la lengua árabe, pese a su extrañeza, pueden entenderse si se las analiza dentro de su contexto. Otra cosa es la imposibilidad de matizar los significados si se carece de las herramientas adecuadas. Así, cuando el narrador habla del "mellah de Fez", por las circunstancias en las que se produce la alusión, no cuesta comprender que se refiere a un barrio de la ciudad marroquí situado en su zona histórica. Los diccionarios (Kaplanian 2004) ayudan a concretar que se trata del barrio judío, y otras fuentes especializadas en la descripción de la ciudad permiten conocer que el término está lexicalizado, desde el punto de vista semántico, y adquiere la consistencia de un topónimo menor dentro de la geografía urbana de Fez. En el texto la palabra se inserta sin enlaces adicionales, ocupa el lugar que le corresponde en la frase y mantiene su singularidad ortográfica al transcribirse con esa *h* final ajena a los hábitos del castellano común. Pero esas circunstancias no restan claridad al discurso narrativo, sino que lo adornan y afinan con el léxico natural del lugar en el que transcurre la acción. Con ello, la finalidad estética de las palabras queda plenamente justificada y la historia se ve enriquecida con referencias a objetos y situaciones que, fuera de su contexto, podrían nombrarse de un modo más prosaico.

La mezcla de lenguas es, además, una estrategia que sirve para la caracterización de los personajes; como recurso compositivo, permite hacer reflexiones sociolingüísticas que ayudan a asimilar aspectos de la reciente historia de Marruecos a través del dominio o la falta de dominio de los diferentes idiomas por parte de los seres que pueblan este enredado cosmos. Algunos de los marroquíes retratados por Chirbes conocen y manejan el francés y el árabe (en su variedad marroquí), independientemente de su estrato social. Los españoles, además del castellano (como es evidente), hablan francés y, a medida que se asientan en las ciudades norteafricanas, comienzan a asimilar elementos del *derijah*, sobre todo en el nivel del vocabulario. Entre la población autóctona, el francés es la lengua de prestigio, el idioma que concede el privilegio de la comunicación con los extranjeros. Pese a las connotaciones de pueblo e idioma dominador que puede tener el francés, no es raro leer afirmaciones en las que se insiste en la estima social de la que goza esta lengua entre la población de Fez y sus alrededores. Así se deduce de la descripción que Manuel hace de Ahmed, joven marroquí al que conoce poco antes de trasladarse a Mimoun y que le acompaña en el estreno de la inmensa bañera redonda del hotel Jeanne d'Arc de Fez, a la que el protagonista se refiere en más de una ocasión:

> Pertenecía al sector de los marroquíes fascinados por los automóviles europeos y los pantalones vaqueros. Pedía el café en francés y manejaba, con lo que él consideraba buen gusto, todos los tópicos que circulaban en la administración de la ciudad, y que no eran sino una caricatura detestable de las peores estupideces dejadas caer por los cooperantes franceses.
>
> -À Fès, le meilleur café c'est au Zanzi-Bar. Moi, j'adore le café du Zanzi-Bar. Je le prends toujours là (14).

En el marco global de la historia cumple la misma función un fragmento que narra cómo Rachida, la criada de Francisco y Manuel, descubre el cadáver de Charpent, el poeta francés que proporciona a Manuel las claves de su angustia existencial cuando le cita unas palabras de Rilke que dicen: "Ô Seigneur, donne à chacun sa propre mort" (45). La mujer marroquí halla el cuerpo colgado de una cuerda en medio del salón de la casa y este incidente provoca un cambio en su comportamiento, que en su condición idiomática le lleva a eliminar del coloquio cotidiano la lengua francesa:

> Rachida había llamado a gritos a Francisco y, luego, se negó a acompañarlo a la comisaría de policía: "Nous, les marocains, on a toujours des emmerdements", dijo antes de convertirse en un misterioso camaleón, que deseaba borrarse entre las multitudes anónimas que poblaban los zocos del país. Rachida no volvió a pronunciar una sola palabra en francés. Abandonó los privilegios que le había proporcionado la lengua extranjera, y se quedó en silencio hasta el momento en que los policías entraron en la Creuse para interrogarla. Habló con ellos en árabe y después cogió sus cosas y se marchó (113).

Esta combinación entre el árabe y el francés es recurrente en la novela, y el narrador se refiere a ella con cierta insistencia, por ejemplo cuando relata su relación con Hassan, uno de los hombres a los que se acerca amistosa y amorosamente, y Aixa, la mujer con la que el marroquí vive una relación secreta para los ojos de sus familiares. El encuentro de los tres personajes se describe en el capítulo XVII y en esta descripción se da importancia a las lenguas que sostienen la comunicación entre ellos y a las diferencias reales derivadas del uso de las mismas, sobre todo en situaciones de intimidad y de trato entre compatriotas de Marruecos, o de hombres con mujeres marroquíes que ignoran la lengua francesa. Es aquí donde aflora con mayor predilección el árabe como vehículo de comunicación entre los marroquíes:

> C'est Aixa -dijo Hassan, presentándomela; y luego se puso a hablar con ella en bereber (96).

> Aixa me empujaba para que volviera a tumbarme sobre la colchoneta, y Hassan mezclaba el árabe con el francés, indignado (98).

Parece claro que, en medio de la relación entre los tres personajes, Aixa no domina el idioma francés; así se deduce de las observaciones y los comentarios del policía Driss, que, antes y sobre todo después de la muerte de Charpent, se convierte en la sombra de Manuel. En su discurso irónico, alude al aprendizaje del árabe por parte del profesor español como muestra de sus progresos y su adaptación al ambiente marroquí. Gracias a un procedimiento metonímico, en el que el dominio del idioma representa la totalidad del acomodo a la vida en el extranjero, el cínico policía insinúa que conoce muchos detalles sobre la vida y las andanzas del profesor español en Mimoun:

> -Vous progressez au Maroc -me dijo-. Vous commencez à parler l'arabe et vous débrouillez bien chez les marocains (97).

Las tres citas proceden de distintos pasajes de *Mimoun*, pero todas ellas tienen en común el hecho de ilustrar sobre la situación lingüística de las ciudades marroquíes elegidas por Rafael Chirbes para dibujar los espacios de su novela. El uso de una u otra no responde a un impulso de improvisación por parte del narrador, sino que está perfectamente calculado y medido. En Fez y en Mimoun permanecen las huellas de la ocupación francesa, pese al estado ruinoso de sus edificios emblemáticos y sus barrios coloniales (Martínez Carreras 1987). La nomenclatura de los lugares públicos refleja a la perfección ese bilingüismo impuesto por las circunstancias políticas: en Fez, Manuel se hospeda en el hotel Jeanne d'Arc y frecuenta los cafés del *bulevar*, sobre todo el Zanzi-Bar, Le Maroc, Le Marignan y el *Café de la Poste* (53); cuando pasea por la *medina*, cruza la fastuosa puerta del *Bab Boujouloud*; en Mimoun se instala en la *Creuse du Bon Dieu* (nótese la intención de este apelativo, en referencia al Dios Cristiano), casona "que había sido construida junto a un barranco con la finalidad de servir como iglesia católica y vivienda de un misionero francés" (17). Desde esta casa divisa "la mole fantástica del *Bou Iblan*" (18) cubierta por las primeras nieves del invierno, viaja en taxi hasta el jardín de *Bab Marwan* (37) o escucha en las emisoras de radio locales la retransmisión, cada domingo, de las carreras de caballos de Longchamp. Las denominaciones de los lugares no se agotan en esta breve relación: atraviesan toda la novela y su familiaridad para el lector crece a medida que se avanza en el desarrollo de la trama. *Medina* y *bulevar*, préstamos del árabe y del francés, respectivamente, se nos muestran como sustantivos adaptados por completo a las características ortográficas, fónicas y sintácticas del castellano. Las dos palabras, que designan espacios urbanos, tienen una larga trayectoria de uso en el idioma y han perdido el exotismo propio de otras voces foráneas presentes en la novela y escasamente aclimatadas a las peculiaridades del castellano.

En la misma situación se encuentran otros sustantivos como *adelfa, alcuzcuz, alminar* ('torre desde la que el almuédano llama a los musulmanes a la plegaria'), *almuédano* ('el que llama a los musulmanes a la plegaria desde el alminar'), *azogue* ('mercurio'), *babucha* ('calzado ligero o casero'),[4] *bereber, chilaba* ('prenda de vestir con capucha'), *dirham* ('moneda de plata usada por los árabes desde la Edad Media'; en la novela de Chirbes designa la unidad monetaria actual de Marruecos),[5] *hachís, kif, medina* ('barrio antiguo de una ciudad árabe'), *morabito* ('acantonado en un bastión para defender una frontera'; pero también 'musulmán que profesa cierto estado religioso parecido en su forma exterior al de los anacoretas o ermitaños cristianos' y 'especie de ermita, situada en despoblado, en que vive un morabito') y *zoco* ('mercado'). Son vocablos derivados del árabe y acomodados a las particularidades del castellano desde hace siglos,[6] por lo que hoy en día son de uso común, como indica la inclusión de muchos de ellos en el *Diccionario de la Lengua Española* de la Real

---

[4] El sustantivo *babuchas*, en alusión al calzado norteafricano de andar por casa, se documenta hacia 1773-1774 en las *Cartas marruecas* de José Cadalso (Madrid: Cátedra, 1993), en la n.º LXIV de Gazel a Ben-Beley, en el que el primero pide a su interlocutor que tenga a bien "dirigirnos un juego completo de botas, botines, zapatos, babuchas, chinelas, alpargatas y toda cualesquiera otra especie de calzamenta africana, para saber de ellas las innovaciones que nos parezcan adoptables al piso de las calles de Madrid" (p. 231).

[5] Ambas acepciones son registradas por el DRAE desde la 19ª edición de 1970.

[6] Todos ellos se encuentran documentados por Federico Corriente (1999): *Diccionario de arabismos*. Madrid: Gredos. Así, *adelfa* (Corriente 1999: 95), *alcuzcuz* (145-146), *alminar* (193-194), *almuédano* (203), *azogue* (248), *babucha* (251, a través del francés *babouche*), *bereber* (261), *chilaba* (admitida por la Real Academia desde la edición de 1899 del Diccionario), *dirham* (301), *hachís* (339), *kif* (atestiguado por la Academia Española desde 1970), *medina* (38, presente en el DRAE 2001), *morabito* (396, también en el DRAE 2001) y *zoco* (479, con el sentido de 'mercado', admitido por el Diccionario de la RAE desde 1884).

Academia desde sus primeras ediciones.[7] En la novela se repiten para caracterizar determinados enclaves de la topografía de Fez y Marruecos cuya identificación no precisa de mayores explicaciones (*medina, morabito, zoco*), para designar objetos arquitectónicos (*alminar*), cargos religiosos (*almuédano*), elementos de la naturaleza (*adelfa, azogue, hachís, kif*), productos de la gastronomía autóctona (*alcuzcuz*) o la moneda del país (*dirham*). Otras veces funcionan como claves que retratan a los personajes y dibujan el espacio en el que se mueven. Son palabras que no necesitan traducción, dada su larga trayectoria y su uso común en nuestra lengua. Pero no por ello resultan menos interesantes que otras en el conjunto de la novela. Su función de contribuir a la ambientación de la historia justifica con creces su presencia y reiteración en las páginas de *Mimoun*.

En otras ocasiones, el autor acude a términos nuevos que él mismo se encarga de glosar o cuyo significado se deduce por el contexto. En sus primeros escarceos por los cafés de la ciudad de Fez, Manuel aprende dos palabras que representan por sí solas el ambiente profundo de la ciudad y su idiosincrasia:

> Fue por entonces cuando empecé a comprender que la mayor parte de las charlas de café entre marroquíes de la clase media se referían al dinero. Aprendí la palabra flus y me enteré de que era de buen tono jugar al tiercé (14-15).

El narrador aclara que *flus* es la adaptación castellana del vocablo que usan los marroquíes para designar el dinero. Por su parte *tiercé* es una voz francesa que hace referencia a un juego de naipes cuyo representante español podría ser el de la *escalerilla*, que consiste en reunir en una mano tres cartas consecutivas del mismo palo (DRAE 2001). Las dos voces extranjeras, unidas en este episodio, se intercalan directamente en la narración, sin recursos tipográficos particulares, sin quebrar la estructura de la lengua y sin oscurecer la comprensión del fragmento. Y esta técnica domina en la mayoría de las ocasiones en las que Rafael Chirbes adopta un extranjerismo o incluye en su novela diálogos en francés y discursos salpicados de voces procedentes del árabe, como se verá a continuación.

El francés

El uso de la lengua francesa no se limita a la inclusión de vocablos sueltos en el

---

[7] Véase el *Nuevo Tesoro Lexicográfico de la Lengua Española* en: http://ntlle.rae.es/ntlle//SrvltGUILoginNtlle.

discurso de la novela (como sucede con el árabe), sino a la reproducción de diálogos completos cuya inteligibilidad queda siempre a salvo gracias a la capacidad expresiva de Chirbes y su conciencia idiomática. En esta lengua hablan los hombres marroquíes (también algunas mujeres) con los que se relacionan Manuel y los demás españoles afincados en las ciudades que sirven de escenario a los acontecimientos narrados. También se expresa en francés Charpent, el profesor y poeta galo de vida misteriosa, que tendrá un final trágico y un destino incierto; o el policía Driss, siempre intrigante en sus juicios sobre la presencia de Manuel en Mimoun. Estos diálogos suelen ser cortos y casi siempre aparecen glosados por Chirbes para asegurar su claridad. Sirva de ejemplo el episodio en el que Manuel cuenta que los profesores marroquíes del departamento de español hablaban un castellano más próximo al del general Millán Astray que al de Cervantes, trabajaban poco y se jactaban de su modo de pavonearse en las barras de los cafés, consumir botellas de whisky con las alumnas y contar chistes sucios:

-Tu vois la plus petite? Celle du blue jeans? Je l'ai tapée l'autre nuit. On était six à la chambre et on a bu quatre bouteilles de whisky. Les trois filles, provenantes des meilleures familles de Fès, étaient, toutes les trois, nues (36).

Rachida, la criada de Francisco y Manuel (desde el momento en que éste se instala en la Creuse du Bon Dieu y, más tarde, cuando abandona esta casa para acomodarse en la suya propia) se comunica con los dos españoles en francés; pero la novela no siempre reproduce con fidelidad exacta esta circunstancia, al transcribir en castellano los diálogos que dirige Francisco a la mujer.

-Rachida -trinaba Francisco-, pon las pasas en el alcuzcuz. Y compra flores para darles un poco de alegría al salón y a mi cuarto (41).

Estas palabras siguen en la trama novelesca al encuentro de Rachida con Manuel en la cuesta de la Creuse, cuando la mujer pregunta al profesor, en francés, si no la reconoce por llevar su rostro cubierto con velo. La voz y la palabra son los elementos que permiten identificarla en su singularidad:

-¡Manuel!

A veces casi tropezaba con ella sin reconocerla. Se paraba delante de mí y me sonreía desde detrás del velo.

-Est-ce que tu ne me reconnais pas? (38).

El recurso de introducción de los parlamentos en francés sigue aquí el mismo esquema que en el resto de la novela. En estilo directo, el narrador da paso a la voz de Rachida y le deja hablar, antes o después de que él haya glosado sus palabras.

Así, en este diálogo las palabras "reconocerla" y "reconnais", al lado del adverbio de negación, son suficientes para asegurar la comprensión del razonamiento escrito en francés, incluso para lectores poco habituados a esta lengua.

Cuando las relaciones con Francisco se deterioran, Manuel comienza a integrarse en el ambiente tabernario del pueblo, se codea con los parroquianos de los bares y descubre a su alrededor una especie de tejido invisible que crece "más y más, enredando las palmadas, las sonrisas y los vasos de aquella cerveza que sabía a jabón" (49), confidentes de la policía que, con sus preguntas, adelantan detalles del desenlace mientras buscan explicaciones para entender la presencia de Manuel en el panorama desolador de Mimoun. De nuevo el francés es la lengua que les permite acercarse al individuo extranjero:

> -Ah! L'Espagne! Et c'est Madrid que vous habitiez avant Mimoun? Vous n'avez pas bien choisi, Monsieur (49-50).

Además, Manuel habla en francés con Charpent, el poeta solitario afincado en Mimoun. En sus diálogos, el narrador recupera el estilo directo, y lo hace después de interpretar someramente el contenido de las palabras de su interlocutor:

> En el bar de la judía, mientras tomábamos aquellas cervezas que parecían agua con jabón, me contó que había publicado en Francia un par de libros de poesía:
>
> -Mais, de tout ça, il fait déjà quelque temps. On dirait que tous ces souvenirs appartiennent à une vie antérieure que s'est tout à fait évanouie (44).

En esta clase de diálogos, Manuel incluye sus comentarios detrás de los parlamentos en francés, como paráfrasis de las palabras de Charpent, una vez que el lector conoce el tema de conversación entre ellos; así aclara el sentido de la vida pasada, "évanouie", del poeta:

> Conducía como si lo hipnotizase el vaivén del limpiaparabrisas. Estaba borracho y tartamudeaba aún más que en el bar. Yo también estaba borracho, aunque hubiera podido seguir bebiendo toda la noche. Tenía sed y escuchaba a Charpent muy lejos, como si me hablase exactamente de otra vida anterior, desvanecida. Todo era suave y lejano (44-45).

El contenido de las charlas también es diferente. Los dos conversan sobre sus inclinaciones literarias o sobre sus respectivos estados de ánimo, tal y como cuenta Manuel con palabras que desembocan en una confesión personal de Charpent teñida de pesimismo existencial en la que se habla de literatura y asoman citas librescas interesantes para entender la personalidad del español y de aquellos con quienes comparte su aventura marroquí:

Me sentía fatigado, soñoliento: no sabía si cansado o cobarde -las, ou lâche, acababa de decir Charpent-, viendo pasar el asfalto y sintiendo el tiempo como un río bajo mis pies, una carretera que se escapara hacia un destino tan imprevisible como absurdo.

-Des livres, des mots. Je ne sais pas ce que je suis venu foutre ici, dans ce misérable trou. Je ne sais pas ce qui me retient encore. Maintenant, je suis malade. Vous savez? C'est Rilke qui l'a dit: «Ô Seigneur, donne à chaqu'un sa propre mort». Mais vous le connaissez, bien sûr (45).

Un tono parecido tienen las conversaciones con Abd-el-Jaq, el profesor marroquí interesado por la literatura española, cuyo nombre árabe significa "Esclavo del Verdadero" (36). Con él comparte las orgías del prostíbulo del mellah en Fez y habla en un francés cuidado, pese a que Hassan lo ridiculiza porque, en su opinión, no pronuncia correctamente la palabra *autobús*:

-C'est ridicule, ton ami. Est-ce que tu n'as pas remarqué comment il prononce le mot autobus? Toubous. C'est ridicule (64).

Comentario que les lleva a motejar al profesor con el apelativo ingenioso de "monsieur Toubous" (64), con la ironía de la fórmula de tratamiento respetuoso del francés y la parodia de su mala pronunciación de esta lengua, al articular la vocal *u* como si se tratara del diptongo *ou*.

La amistad con Charpent acelera el enfrentamiento de Manuel con Francisco y su huida en busca de una casa propia. Su refugio en la pensión, la primera noche, le permite conocer a una prostituta que solo entiende la lengua árabe y con la que el protagonista de *Mimoun* logra entenderse a duras penas. Después entra en contacto con Hassan, y con él vive nuevas sensaciones, otra vez con el francés como vehículo de comunicación. Hassan es uno de sus incondicionales compañeros de barra, trabaja como técnico en una explotación rural en las cercanías de Mimoun y bebe alcohol sin freno. Él se encarga de ayudar a Manuel en su mudanza desde la Creuse hasta la casa que alquila para vivir lejos de Francisco, y su presencia en la vida de Manuel está marcada por la alternancia entre las huidas y las reapariciones espontáneas. La casa de Hassan y su familia se convierte en un nuevo escenario en la vida del profesor español; el narrador cuenta que Manuel, tras abandonar la Creuse du Bon Dieu, es buscado por Francisco en la comisaría de policía y, desde allí, los agentes consiguen dar con él en la casa familiar de Hassan y aumentar las sospechas sobre la extrañeza de su presencia en Mimoun. A partir de ese momento empieza a frecuentar la casa y entabla gran amistad con Sidi Mohamed, el patriarca de la familia, que "había servido en el ejército francés y era un excelente cocinero" (77). Son detalles argumentales de la novela que dan paso a un nuevo tipo de comunicación entre

Manuel, integrado ahora en el ambiente doméstico de la familia de Hassan, y los marroquíes, como reflejan estas palabras de Sidi Mohamed:

> Monsieur Manuel -me dijo-, Hassan n'est pas bon. Il vous a laissé trop seul. Il faut que vous reveniez à notre maison. Là on vous aime bien. Vous êtes pour moi le meilleur fils qu'Allah aît voulu me donner (127).

Esta muestra de ejemplos puede servir para comprender la importancia que el uso de la lengua francesa tiene en la novela de Chirbes como procedimiento que sirve para crear ambientes y para conocer las herramientas comunicativas con las que cuentan los personajes en una atmósfera ajena a la de su país natal. La propia lengua francesa, aquí reproducida, se adapta a la ideología del país que la acoge y se beneficia de sus términos autóctonos. Pensemos en las invocaciones a "Allah" intercaladas en distintos parlamentos y en la presencia de palabras árabes que adornan y matizan los discursos en francés, como el saludo de bienvenida árabe, puesto en los labios de Sidi Mohamed:

> - Marhababik, monsieur Manuel -me dijo-. Bienvenido (129).

Además, la lengua francesa presta voces sueltas al castellano en determinados contextos. Así ocurre cuando Manuel describe la casa de Francisco y explica que la mayoría de los muebles que la adornan habían sido adquiridos en el "miserable bric-à-brac del funduk" (31-32), es decir, en el batiburrillo o el galimatías del antiguo hotel u hostal de Fez, que son las expresiones con las que ese galicismo puede traducir al castellano (García Pelayo 2004). El mismo procedimiento sigue el sintagma "maison de campagne" (35) como máxima aspiración que tienen los profesores franceses encargados de enseñar español en la Universidad de Fez, o la costumbre que tienen los "fasíes" (gentilicio de los naturales o los habitantes de Fez) de jugar al "tiercé" en los bares de la ciudad (15). Son términos que, en una lectura rápida, no necesitan aclaraciones. Su inclusión en el discurso es directa, establecen las oportunas concordancias con los demás elementos del texto y no resultan exóticos ni siquiera desde el punto de vista formal. Ninguno de ellos oscurece la comprensión de la secuencia en la que se hallan, y todos podrían traducirse. Pero la expresividad del "bric-à-brac", por poner un ejemplo, no sería fácil de calcar con el correspondiente vocablo castellano; de ahí su valor estético y su importancia como elemento de ambientación que otorga otro tipo de vitalidad a la novela.

Otras veces los galicismos se acomodan con mínimos retoques para castellanizarlos; así ocurre con *pastís*, término que se adapta a partir del francés *pastis* para designar una bebida alcohólica similar al anís (García Pelayo 2004) y que forma parte de los gustos primaverales de Manuel en Mimoun: "esperaba ansioso el momento en que se abrían los bares y, desde media mañana, mezclaba las cervezas con vino y pastís (75). El procedimiento es similar al de un vocablo como *jardín*, del francés *jardin* (Corominas y Pascual 1980-1990), asentado en castellano desde la época medieval.

El árabe

Junto al francés, el árabe proporciona nuevas palabras al discurso narrativo de *Mimoun*. El dominio del vocabulario árabe sirve como barómetro del grado de adaptación a la nueva realidad por parte de los extranjeros y su asimilación de la cultura y el ambiente marroquíes. El autor introduce palabras sueltas o expresiones algo más extensas, casi siempre relacionadas con la invocación a Alá. Muchas de estas palabras aparecen mezcladas dentro de los discursos en francés, como se observa en un episodio en el que, tras su primera escapada de la Creuse du Bon Dieu, Manuel se refugia en una pensión y busca la compañía de una prostituta para hacer más soportable la soledad de la noche. En la borrachera que comparten se muestran detalles que perfilan ese ambiente de ambigüedad en el que se desenvuelve el español (las relaciones sexuales con mujeres y hombres, el consumo de alcohol o el tocino, dentro de la cultura árabe). La prostituta, como él, está borracha; ambos acuden a la habitación para alimentar más aún su ebriedad con nuevas botellas de vino y un juego erótico en el que la mujer se propone enseñarle costumbres marroquíes que Manuel rechaza sin que ella, que no sabe hablar francés, logre entenderlo:

> La puta, que estaba más borracha que yo, se pasó la noche ofreciéndose a depilarme el pubis, según la tradición marroquí, y suplicándome que la invitase a comer jaluf en mi casa, como si el tocino fuese un adminículo imprescindible en el juego sicalíptico.
>
> -Laisse-moi tranquille. Je n'ai pas de maison -dije.
>
> Ella se puso a llorar con el último vaso de vino, y siguió hasta el amanecer. No sabía francés y no podía entender ninguna de las explicaciones que yo intentaba darle. Al final se quedó dormida, acurrucada como una niña pequeña, con la cabeza pegada a mi ombligo.
>
> -Il faut attendre à demain –me puse a canturrearle, como si fuese una nana. Demain, inch Allah, tu auras ton petit bout de jalouf, et moi, j'aurais une grosse et belle maison. Est-ce que tu veux aussi un beau jardin, ma princesse? (51).

El fragmento resulta interesante para conocer la mezcla lingüística que ambienta la narración, y puede servir para ilustrar situaciones similares dispersas a lo largo de la novela.

De las palabras de la mujer resalta el narrador su deseo de comer *jalouf*, especialidad gastronómica marroquí que él mismo trata de aclarar cuando plantea, con escepticismo, sus dudas sobre el papel del tocino en la picardía erótica que la prostituta le ofrece.[8] En su respuesta, ininteligible para la mujer (no solo porque no sabe francés, sino, sobre todo, porque está dormida), Manuel invoca a Dios con la expresión marroquí "inch Allah", algo así como el "Dios mediante" de los católicos, que muestra la asimilación por parte del profesor español de términos habituales en el discurso hablado y de expresiones fijas, pertenecientes al credo musulmán, que funcionan como invocaciones fáciles de comprender para los lectores.

Estos vocablos pueden entenderse como términos que surgen del árabe hablado en Marruecos y que el escritor se encarga de transcribir con signos alfabéticos para que su integración en la trama narrativa sea plena. Muchos de ellos, pese a su exotismo, se documentan en otros textos de la literatura castellana, incluso en algunos anteriores a *Mimoun*, como muestran las bases de datos léxicos de la Real Academia Española.[9]

Los arabismos nuevos consignados en *Mimoun* pertenecen a varios campos semánticos. Ninguno de ellos se registra en los diccionarios de la Real Academia Española; por eso los tratamos aparte. Entre otros, destacan los referentes a la gastronomía local, que presta voces como *jaluf, jarira* y *keftá*, además de *tajín*, que sí aparece admitida por el diccionario académico en su última edición (DRAE 2001), posterior a la novela de Chirbes. Al campo del vestido corresponden los términos *gandora* y *keftán*. Los vocablos *funduk* y *mellah* aluden a lugares concretos de los escenarios urbanos de Fez y Mimoun. *Chauch* corresponde al campo de los oficios; *flus* es sinónimo de 'dinero', y el tecnicismo *derijah*, como ya se apuntó, hace referencia a la modalidad de la lengua árabe hablada en Marruecos. Esta relación viene a engrosar la lista ya comentada de arabismos asimilados al castellano desde antiguo, como se deduce de la presencia de muchos de ellos en el *Diccionario de la Lengua Española* de la Real Academia y en otros repertorios de léxico (*adelfa, alcuzcuz, alminar, almuédano, azogue, babuchas, bereber, chilaba, dirham, hachís, kif, medina, morabito* y *zoco*, en cuya explicación no es necesario detenerse).

Las especialidades gastronómicas elegidas por Rafael Chirbes en su novela están

---

[8] Nótese cómo en el diálogo en francés Chirbes acude a la variante *jalouf*, adaptada a las peculiaridades fónicas y gráficas de la lengua francesa (51).

[9] Véase www.rae.es (*Corpus Diacrónico del Español* y *Corpus de Referencia del Español Actual*). En lo sucesivo se citarán como CORDE y CREA, respectivamente.

representadas por el *jaluf*, que designa al tocino, la manteca o la carne del cerdo (Kaplanian 2004); aparece en la escena que comparte Manuel con la prostituta de Mimoun, explicada en páginas anteriores, al lado de la variante francesa *jalouf* del mismo sustantivo.

Por su parte, la *jarira* se define como una especie de sopa elaborada con fideos, harina, agua, carne, garbanzos, perejil, apio, cebolla, tomate, pimienta negra y azafrán, aunque también puede referirse a una infusión de té marroquí cebado con hojas de menta que se toma muy dulce (Cortés 1994; Kaplanian 2004). En la novela, el vocablo irrumpe cuando Manuel cuenta las atenciones que le dispensa Francisco una vez que ha abandonado la Creuse para comenzar a vivir en su propia casa:

> Descargó del automóvil varias cajas llenas de objetos; incluso un termo con jarira caliente para que cenara aquella noche (74).

> Una vez se hubo marchado, me tomé un buen tazón de jarira caliente (74).

Este vocablo se integra sin brusquedad en el hilo narrativo; su terminación en *a* átona nos permitiría adscribirlo directamente al femenino (pese a la ausencia de determinantes y al calificativo *caliente*, que es invariable en cuanto al género); su estructura (tres sílabas libres) no plantea problemas para que el término se funda de lleno con el resto de las palabras de la secuencia sin entorpecer el sentido del fragmento. El contexto ayuda a entender que se trata de un caldo o una sopa, gracias a la presencia cercana de sustantivos como *termo* y *tazón*, verbos como *cenar* y *comer*, y el adjetivo *caliente*, que matiza el significado del sustantivo árabe. La palabra *jarira* tiene una trayectoria de uso en castellano que remonta a 1976, año de la publicación de la novela *La vida perra de Juanita Narboni*, cuyo autor, Ángel Vázquez, la emplea en cinco ocasiones a lo largo del libro.[10] Además, la literatura española suministra ejemplos de la variante *harira*, que transcribe con la grafía *h* la aspirada inicial del árabe. El más reciente se

---

[10] Los datos proceden del *Corpus de Referencia del Español Actual* (CREA) de la RAE: Ángel Vázquez, *La vida perra de Juanita Narboni*, 1976, "Ya vi que ni siquiera usaste la cuchara para el consomé, a sorbos, como Hamruch cuando come jarira" (61); "como no le eche a mis muebles jarira" (175); "No, mira, mi bueno, me llevo dos termos, uno para la jarira" (257); "A veces me queda té o jarira hasta el amanecer" (257); "como de lo mejor, la mejor jarira, y lo mejor de todo" (257). Con posterioridad a la novela de Chirbes, el vocablo se encuentra en la obra de Juan José Alonso Millán, *Sólo para parejas. Comedia dividida en dos partes*, de 1993; el autor proporciona, como aposición explicativa, la receta de esta sopa: "hago jarira, una sopa de pollo, verdura y cordero" (36).

encuentra en una columna dominical del diario *El País*, firmada por Manuel Vicent (2004), que evoca de un modo subjetivo sus nostalgias por la ciudad de Casablanca y por la película que le dio celebridad. La misma forma elige en 1993 Julio Feo, en su obra *Aquellos años*, que define el plato como una especie de 'potaje picante'. Lorenzo Silva (2001) se inclina también por la forma *harira* en su libro *Del Rif al Yebala. Viaje al sueño y la pesadilla de Marruecos.*[11]

Otra de las especialidades alimenticias citada en la novela es el *keftá*, especie de pincho elaborado a base de carne picada con hojas de menta fresca, cilantro, comino, canela, pimienta negra, cebolla, aceite de oliva y agua. Es un plato popular que se adquiere en puestos callejeros, como se deduce de las palabras de Manuel:

> Cené en un puesto de keftá junto a la muralla, y después bebí en el bar hasta que echaron el cierre (72).

El vocablo se emplea en dos ocasiones en la obra teatral de Juan José Alonso Millán, *Sólo para parejas. Comedia dividida en dos partes*, de 1993, que lo define así: "ahora se va a tomar un keftá, ya sabe, un pincho de carne picada"[12] (Cortés 1994; Kaplanian 2004).

La tercera especialidad propia de la comida árabe en la novela es el *tajín*, preparado por las hermanas de Hassan, cuando Sidi Mohamed decide enviarlas a la casa de Manuel para que pongan orden en el caos que allí reina, limpien las estancias y cocinen para el español algún alimento:

> Me cogió la mano durante largo rato antes de marcharse y, por la tarde, envió a dos de sus hijas para que limpiasen la casa, lavaran la ropa y me preparasen un tajín (127).

Chirbes opta por la transcripción *tajín*, con la grafía *j* que representa en castellano al fonema velar fricativo sordo. Otros autores eligen *tayín* (con *y* para el fonema palatal central sonoro) como forma castellana de encarnar el nombre de ese típico plato marroquí de carne con verduras y varios condimentos que pueden variar según las zonas. Así se encuentra en un reseña publicada en *El País* sobre la última novela de Juan Goytisolo; el crítico escribe que "como el

---

[11] Según este autor, la *harira* es una sopa "con tomate, apio, perejil, cebolla, algún garbanzo o lenteja, huevo escalfado". Datos tomados de la Real Academia Española: Banco de datos (CREA) [en línea]. *Corpus diacrónico del español*. <http://www.rae.es> [15-10-2004].

[12] Datos procedentes también del CREA de la Real Academia Española.

protagonista de *Telón de boca*, el escritor piensa hoy que la belleza del mundo es más duradera que el dolor de cada cual. Y antes de zamparse un *tayín* de verduras y cordero, conversa [...] en la casa de la medina que es su hogar permanente".[13] El diccionario académico, que da entrada por primera vez a este vocablo en su 22.ª edición, opta por la variante *tajín*, con el significado de 'guiso de carne y verduras del Norte de África' (DRAE 2001).

Al campo de la indumentaria corresponden los términos *gandora* y *keftán*. Ambos designan los tipos de túnicas que usan los marroquíes, al lado de la *chilaba* (Manuel identifica en cierta ocasión el olor del ambiente mojado por la lluvia con el de la "lana de chilaba empapada", 50), aunque con diferencias entre ellos. La *gandora* es una túnica ancha que viste, entre otros personajes, Francisco, como señal de su identificación física con el pueblo de Mimoun y sus hábitos:

> Llevaba su frágil cuerpo de pájaro envuelto en una gandora (19).

> Llevaba el cuerpo cubierto por una gandora y, allí, en el rincón llorando a solas, ofrecía una imagen terrible (60).

En otro episodio de la novela, la imagen de la *gandora* sirve para crear un símil que muestra cómo los árboles, vistos desde la perspectiva de la carretera, se perciben como un cortejo fúnebre de hombres y mujeres ataviados con esta prenda:

> Entonces observé que los árboles que jalonaban la carretera no eran tales, sino gigantescos personajes envueltos en gandoras, hombres y mujeres que escoltaban el automóvil como un cortejo fúnebre (85).

Este sustantivo se lee, años después, en el libro de Lorenzo Silva *Del Rif al Yebala*, para dibujar la vestimenta que lleva un pedigüeño, "una gandora blanca y sucia" (190). La variante *gandura* muestra ejemplos abundantes en la obra *Tuareg*, de Alberto Vázquez Figueroa, publicada en 1980 (Rebollo Ávalos 2003: 360).

Además, en la novela de Chirbes se emplea el sustantivo *keftán* en referencia a la túnica de color marfil que suelen utilizar las mujeres jóvenes de Marruecos, y en el caso de *Mimoun*, Rachida:

> Se cubría el rostro con un velo y llevaba el cuerpo envuelto en un keftán de color crema, idéntico al que utilizaban la mayoría de las mujeres de su edad (38).

El mismo vocablo proporciona, en otros documentos, las variantes *caftán* o *al-*

---

[13] En *Babelia*, suplemento cultural del diario *El País* (15 de febrero de 2003). Referencias proporcionadas también por la base de datos CREA.

qaftán, más fiel esta última al árabe original (DRAE 2001). Puede definirse como "un vestido árabe oriental, que fue asimilado por los *amazigh* "beréberes": habitantes autóctonos del norte de África, que lo extendieron por todo Marruecos. Todas las mujeres marroquíes lo visten ya sean urbanas o campesinas".[14] Según los datos del DRAE (2001), este sustantivo, aunque se origina a partir del árabe o del turco, se remonta al persa, y puede definirse como "vestimenta que cubre el cuerpo desde el pescuezo hasta la mitad de la pierna, sin cuello, abierta por delante, con mangas cortas y usada por hombres y mujeres". Lo acoge la Real Academia Española desde la edición de 1914 de su *Diccionario*. La variante elegida por Chirbes responde, con seguridad, a la pronunciación del término en el árabe marroquí; de ahí sus diferencias vocálicas con respecto a la forma transmitida por los diccionarios.

Los sustantivos *funduk* y *mellah* dibujan ambientes de las ciudades y retratan algunos de sus rincones más conocidos. *Funduk* hace alusión a una fonda, pensión u hostal. En las páginas de *Mimoun* se refiere al patio abandonado de un antiguo hostal, que hoy en día es utilizado por los agricultores y vendedores de poca monta de Fez para realizar sus negocios. Así explica Chirbes cómo y dónde había comprado Francisco (y luego Manuel) los muebles y otros objetos decorativos para la Creuse:

> Francisco había adquirido las carpetas en el funduk de la ciudad: había un almacén destartalado que los campesinos bereberes utilizaban como establo cuando bajaban a Mimoun para el zoco de los jueves (31).
>
> En el miserable bric-à-brac del funduk, había conseguido Francisco su piano, sus partituras y algunos de los escasos muebles repartidos por las habitaciones del caserón (31-32).
>
> [Hassán] comía conmigo, me acompañaba al mercado y me ayudó a adquirir a buen precio, en el inmundo patio del funduk, los muebles (70).

---

[14] Pueden consultarse detalles sobre este túnica en el sitio web http://www.webcciv.org, correspondiente al Centro Cultural Islámico de Valencia (en la sección de "Etnografía" y, dentro de ella, en el apartado correspondiente a la cultura árabe). En cuanto a las variantes léxicas del *keftán* en castellano, la base de datos CREA proporciona once ejemplos distintos del uso de este sustantivo en textos españoles contemporáneos (periodísticos, literarios, guías de viajes). Incluso en el corpus histórico (CORDE) aparecen trece referencias, todas ellas pertenecientes a textos y autores del siglo XIX y las primeras décadas del XX (Luis Coloma, Vicente Blasco Ibáñez, Domingo Faustino Sarmiento, Benito Pérez Galdós, Juan Valera, José Zorrilla y Leoncio Urabayen).

> Las azoteas de Al-Manzel se habían llenado de mujeres y niños que contemplaban el incendio en silencio. La gente levantaba el dedo índice señalando la casa en llamas y luego invocaba a Allah. Nadie hizo un gesto para extinguir el fuego; era jueves, día del zoco, y los animales se movían inquietos en el patio del funduk (131).

El *funduk* se encuentra en el *mellah*, palabra que designa al barrio judío de cualquier ciudad marroquí enclavado normalmente en la medina. En la novela de Chirbes, el *mellah* se presenta como un barrio en decadencia en el que se encuentran los prostíbulos y otros negocios similares, tanto en Fez como en Mimoun:

> En el corazón de la decrépita medina, el que fue floreciente mellah se había ido convirtiendo en el barrio de los prostíbulos, y los soldados borrachos orinaban en sus callejas (25).

> Y luego sonó la voz perfecta de Um Kultum, mientras nosotros nos hundíamos, cogidos de la mano, en las sórdidas calles del mellah (37)

> Al atardecer, bajamos al pueblo y fuimos de nuevo al burdel del mellah (63).

> Frecuentaba la medina de Mimoun y sus viejos cafés. Vagabundeaba por los miserables callejones, visitaba los prostíbulos del mellah y pasaba horas junto a la mesa en que Hassan jugaba a las cartas con sus amigos, envuelto en una nube de humo (77).

Chirbes emplea el vocablo en masculino; otros autores optan por la misma variante masculina cuando la entienden con el sentido de 'barrio judío' (*El Mundo* 1995: 10-05); Lorenzo Silva (*Del Rif al Yabala*, 203) se inclina por la forma femenina, al interpretar el término como sinónimo de 'judería',[15] y apunta una explicación etimológica interesante:

> Mellah o mallah significa literalmente "lugar de sal", y este toponímico, por el que se conocía el lugar donde se emplazó la de Fez, se aplica en todo Marruecos (203).

Al campo de los oficios corresponde el término *chauch*, con el sentido de 'conductor o pastor de ganados'.[16] En *Mimoun* se refiere a determinados tenderos o vendedores ambulantes que llenan los pasillos de la Universidad con sus ventas de comida sencilla:

---

[15] "En todo el Norte de África aún pueden verse los "mellah", los barrios judíos, enclavados en las medinas de Fez, Tánger, Orán..." (*El Mundo* 1995: 10-05) y "muy cerca del palacio está la mellah, la judería de Fez" (Lorenzo Silva 2001: 203).

[16] Sobre las posibles relaciones entre el árabe *chauch gaucho* resulta interesante el trabajo de R. H. Shamsuddín Elía: "El gaucho: su origen y carácter hispanomusulmán", en http://www.asociacionislamica.com.ar

> Charlaba con Abd-el-Jaq después del trabajo y nos acostumbramos a visitar, entre dos clases, los chiringuitos instalados en los pasillos de la Universidad por los chauch, donde vendían huevos cocidos con comino, pan correoso y vasos de té con hierbabuena (36).

Este vocablo es utilizado, en 1976, por Ángel Vázquez en su novela ya citada (190). Aquí muestra un sentido diferente, en tanto en cuanto viene a significar 'acomodador de un teatro' o 'portero de un establecimiento oficial'.

Por último, el vocabulario de la economía viene representado por los sustantivos *flus* y *dirham*. El primero tiene el valor genérico de 'dinero', mientras que el segundo es, en la actualidad, la denominación que recibe la moneda oficial del reino de Marruecos. El narrador explica, en los capítulos iniciales (15), que el dinero es uno de los temas de conversación habituales entre los habitantes de Fez; gracias a su costumbre de frecuentar los bares y las tertulias de los fasíes, conoce enseguida el valor que dan a este concepto y la palabra *flus* con la que lo designan, como se explicó en los preliminares de este estudio.[17] *Dirham* se emplea para indicar de qué forma Rachida cobra o toma ella misma el salario que le corresponde por su trabajo en las casas de Francisco y Manuel:

> Antes de irme le dejé una nota en su habitación y acordé con Rachida que bajase un par de veces por semana a ordenar la nueva casa. Para formalizar el compromiso le puse unos dirhams en la mano. Los recibió con una sonrisa (69).

> Se abonó ella misma los días de trabajo que tenía pendientes de pago, robando algunos dirhams de la caja en la que yo acostumbraba a guardar el dinero (114).

Como fórmula de tratamiento de respeto entre hombres se emplea *sidi*, equivalente a *señor* en castellano. Se aplica en la novela de Rafael Chirbes al padre de Hassan (Sidi Mohamed) y a un santo milagrero venerado por los fieles islámicos (Sidi Ahmed Al-Qarim, 17), y remite a la misma raíz árabe que el medieval *cid*, como sinónimo de 'señor', utilizado por los árabes desde el comienzo de la reconquista.

Reflexión final

El análisis de las palabras y expresiones tomadas del francés y del árabe marro-

---

[17] Ángel Vázquez (1976: 201) emplea la palabra *flus* con idéntico sentido: "Tengo que ir al Consulado. Flus, hija, el flus bendito, que ya llegó. En cuanto se te habla de dinero se te quitan los dolores. Te conozco".

quí en *Mimoun* ha servido para interpretar algunos elementos que contribuyen a perfilar la ambientación de la novela. Cada término analizado ha ayudado a desentrañar los sentidos de algunos párrafos que, sin el auxilio de las oportunas glosas léxicas, podrían haberse leído de un modo equívoco. El análisis de los vocablos podría servir también de base para la elaboración de un texto anotado que ayudara a comprender mejor el vocabulario de la novela y también la gran riqueza léxica que encierra en su brevedad. Queda pendiente la reflexión sobre los mecanismos de introducción en el discurso de estos vocablos, especialmente de aquellos que tienen su origen en la lengua árabe. Acostumbrados como estamos hoy en día a leer en los periódicos y escuchar en los medios de comunicación orales cantidades enormes de palabras tomadas del árabe, no nos resulta extraño leerlas también en los textos literarios que tienen que ver con ese mundo político y religioso. La mayoría de ellas se adapta a las peculiaridades sintácticas del español sin quiebras significativas; lo interesante sería plantear después el estudio de las palabras desde la etimología y las grafías originales de la lengua árabe. Pero estos enfoques necesitan mayor espacio del que permiten las normas de este volumen. Sobre ello volveremos en trabajos futuros.

Bibliografía

Aguardé, Jordi y Elyacooby, Mamad (1995): *Dialecto árabe de Skura*. Madrid: CSIC, p. 154.

Bos, P. (ed.) (1995): *Langues du Maroc. Aspects linguistiques dans un contexte minoritaire*. Tilburg: Tilburg University Press.

Corominas, Joan/ Pascual, José Antonio (1980-1990): *Diccionario Crítico Etimológico Castellano e Hispánico*. Madrid: Gredos.

Corriente, Federico (1999): *Diccionario de arabismos*. Madrid: Gredos.

Cortés, Julio (1994): *Diccionario de árabe culto moderno*. Madrid: Gredos.

Diccionario general español-francés/ francés-español (1993). Barcelona: Larousse.

Dictionnaire français-espagnol/espagnol-français (1994). Barcelona: Haper Collins/ Le Robert, Grijalbo.

Fernández, Santiago (2002): "Rafael Chirbes: los libros siempre saben más que su autor". En: *Babab*, 11. (http://www.babab.com/no11/rafael_ chirbes. htm)

García Pelayo, Ramón/ Testas, Jean (2004): *Gran diccionario español- francés/ francés-español*. Barcelona: Larousse.

Kaplanian, Maurice G. (2004): *Diccionario árabe español/español árabe*. Barcelona: Librería Universitaria.

López Bernasocchi, Augusta/ López de Abiada, José Manuel (2003): "Para una primera lectura de *La larga marcha,* de Rafael Chirbes". (http://www.cx.unibe.ch/rom/Spanisch/Lalargamarcha.pdf).

Luengo, Ana (2004): *La encrucijada de la memoria. La memoria colectiva de la Guerra Civil Española en la novela contemporánea*. Berlin: Tranvía/ Walter Frey.

Maíllo Salgado, Felipe (1983): *Los arabismos del castellano en la baja edad media (consideraciones históricas y filológicas)*. Salamanca: Universidad de Salamanca.

Martínez Carreras, José U. (1987): *Historia de la descolonización (1919-1986). Las independencias de Asia y África*. Madrid: Eds. Istmo.

Moscoso García, Francisco (2003): *Estudio lingüístico del dialecto árabe de Larache (Marruecos): a partir de los textos publicados por Maximiliano*

Alarcón y Santón. Cádiz: Servicio de Publicaciones de la Universidad.

Real Academia Española (2001): *Diccionario de la Lengua Española.* Madrid: Espasa-Calpe, 21ª ed.

Real Academia Española: Corpus Diacrónico del Español, CORDE y Corpus de Referencia del Español Actual, CREA. (www.rae.es).

Rebollo Ávalos, María José (2003): "El elemento árabe en la narrativa española contemporánea". En: *Anuario de Estudios Filológicos*, XXVI, pp. 355-367.

Reda, Yussof M. (1993): *Al-Muín. Diccionario Español-Árabe.* Beirut, Librairie du Liban.

Rodríguez, Emma (2003): "Chirbes culmina su retrato de una "generación derrotada"". En: *ABC*, 5-6-2003.
http://www.literonauta.com/recort/chirbes.html

Abboud-Haggar, Soha (2003): *Introducción a la dialectología árabe.* Granada: Fundación El Legado Andalusí.

Vicent, Manuel (2004): "Casablanca". En: *El País*, 7-11-2004.

LUIS MORALES OLIVAS: El elemento lírico en la narrativa de Rafael Chirbes

El realismo narrativo de Rafael Chirbes no está exento de lirismo sino que, por el contrario y como pretendemos exponer, lo lírico constituye un elemento esencial de su narrativa al aportar el componente subjetivo que compensa la visión descarnada de la realidad de su tiempo. Chirbes, desde *Mimoun* (1988) hasta *Los viejos amigos* (2003), reflexiona, entre la realidad y la ficción, sobre los antecedentes y la evolución de aquellas generaciones que en lucha contra el franquismo llevaron finalmente a cabo la Transición democrática de la que, si no vencedores y vencidos, surgieron acomodados y desencantados. El mismo autor confiesa:

> Nos lo enseñó la transición, que no fue un pacto sino la aplicación de una nueva estrategia en esa guerra de dominio de los menos sobre los más [...] Conviene no olvidar que, de nuevo, los menos trabajan por añadirle a su patrimonio el sufrimiento de los más [...] Veo hoy a quienes apenas han tenido tiempo de cambiarse el uniforme con que mataron a los muertos, homenajearlos, inaugurar fundaciones que llevan el nombre de las víctimas y dar conciertos en su honor, derrotándoles una vez más (*El novelista perplejo*, 108,109).

El punto de vista, por tanto, de Chirbes es el de "el desencanto", el de aquellos que corearon con Lluís Llach el "no era això, companys, no era això / pel que varen morir tantes flors, / pel que varen plorar tans anhels",[1] y, por ello, su visión de los últimos cincuenta años de la vida de España puede ser calificada, como mínimo, de desesperanzada pero, a pesar de ello podemos aventurar que Chirbes alcanza la salvación, su propia salvación, desde el lirismo más poético que, por ejemplo, en contraposición al espectáculo de la decrepitud con que se inicia *Los disparos del cazador* le permite escribir:

> Las gotas de agua se quedan en el mármol del suelo, junto a la bañera, como restos de una belleza destruida (*Los disparos del cazador* 1994: 7).

O en el caos existencial de *Mimoun*:

> Fez era la ciudad más hermosa del mundo, aunque yo no sabía explicar el porqué. Como si un mar de tristeza hubiera inundado aquel laberinto luminoso, y los objetos y

---

[1] Mi traducción: " No era eso, compañeros, no era eso / por lo que murieron tantas flores, / por lo que lloramos tantos anhelos". Lluís Llach (1979: 185).

las gentes hubiesen quedado sumergidos en él, y fueran, poco a poco, derritiéndose y dejando lamentables restos de color (*Mimoun*, 1988: 10-11).

Y es que, como veremos, metáfora y comparación, en un entorno claramente descriptivo, son los recursos esenciales de ese lirismo que pretendemos analizar no sin antes hacer una breve digresión sobre la función de tales figuras retóricas en la narrativa.

Decía José Martínez Ruiz, Azorín, en *La voluntad* (1985: 130):

> Yuste se para y coge un libro del estante. Después añade:
>
> Lo que da la medida de un artista es su sentimiento de la naturaleza, del paisaje [...] Un escritor será tanto más artista cuanto mejor sepa interpretar la *emoción del paisaje* [...] Es una emoción completamente, casi completamente moderna. En Francia sólo data de Rousseau y Bernardino de Saint-Pierre [...] En España, fuera de algún poeta primitivo, yo creo que sólo la ha sentido Fray Luis de León en sus *Nombres de Cristo* [...] Pues bien; para mí el paisaje es el grado más alto del arte literario [...] ¡Y qué pocos llegan a él! [...] Mira este libro; lo he escogido porque a su autor se le ha elogiado como un soberbio descripcionista [...] Y ahora verás, prácticamente, en esta lección de técnica literaria, cuáles son los subterfugios y tranquillos de que te hablaba antes [...] Ante todo la comparación es el más grave de ellos. Comparar es evadir la dificultad [...] es algo primitivo, infantil [...] una superchería que no debe emplear ningún artista [...].

El propio Chirbes parece admitir ese carácter cuando habla de su propia obra en entrevista concedida a A. J. Oviedo (2005) cuando dice: "Puede que en ellas haya alguna frase hortera o hermosa por sí misma, que acaban convirtiéndose en trampas, adornos o grietas que con el tiempo dejan de gustarme".

Sin embargo, y en absoluta contraposición a la opinión del maestro de Monóvar, que elige al novelista Blasco Ibáñez como muestra de lo que no se debe hacer y a Pío Baroja como modelo del que capta el *alma* del paisaje en lo sustantivo y puramente denotativo, el novelista Miguel Espinosa argumenta en la entrevista realizada por Miguel de Francisco (1987):

> Entiendo por arte la expresión estética del mundo a través de la materia. En esta definición la palabra *expresión* equivale a revelación o mostración; la palabra *estética*, a emoción intuitiva y primera, comparecencia que se opone a lo eidético o racional; la palabra *mundo* a lo dado; y la palabra *materia*, a la cosa que modela y usa el artista: la materia de la literatura es la palabra. [...] Una obra de arte ha de ser moderna en cuanto coactual a nosotros, y, a la vez, antigua, en cuanto atemporal o fuera del instante. La modernidad, por así expresarla, ha de encarnarse en lo que la obra

contenga de suceso ajeno a nosotros y nuestras cuitas, y la antigüedad, en lo que tenga de forma o estructura; también cabría afirmar que la modernidad estriba en lo que la obra ofrece de seducción, y la antigüedad, en lo que ofrece de configuración formal; o en otras palabras: la modernidad se muestra en el interés y la antigüedad en la profundidad. Lo efímero permanece en la forma, y como la forma es el lenguaje, sólo en el lenguaje está el arte literario; lo cotidiano se transforma mítico por la palabra, y lo pasajero se acuña en la imagen y la metáfora. [...] (La anécdota novelesca) ha de convertirse, a través de una configuración de palabras, en un ser estético, y, por consiguiente, estático, en una esencia, algo universal y atemporal.

Entre los dos extremos, que podemos sintetizar como *objetivismo denotativo* de Azorín, -tal vez procedente de Stendhal- y *subjetivismo connotativo* de Espinosa, Rafael Chirbes contrapesa la crudeza desencantada de su temática novelesca, lo efímero de Espinosa, la vida en suma, con su *literaturización/metaforización* desde la mirada subjetiva (lírica) del narrador. Así, por ejemplo, frente al desolador panorama de Marruecos bajo la lluvia, la nieve alivia la tensión bajo la metáfora del viejo amigo que visita al enfermo:

La lluvia desplegaba toda la tristeza de Marruecos, sacaba las tripas enfermas del país y las tendía sobre las hortalizas embarradas de los mercados, los caminos intransitables y los cafés que apestaban a lana mojada y suciedad. Después, de repente, la lluvia se convirtió en nieve y pareció que nos justificaba a todos. Un silencio apacible se extendió por los jardines abandonados. Fue como si después de una larga enfermedad, hubiese al fin venido a visitarnos una vieja amiga (*Mimoun*, 53).

Podemos afirmar, en general, que cuanto mayor es la implicación del autor/narrador en la trama novelesca mayor es el nivel de metaforización de la realidad y, por tanto, de lirismo tanto narrativo como descriptivo. Ello no es, por otro lado de extrañar, si tenemos en cuenta la opinión de Ann M. Gill y Karen Whedbee (2000), tomada de Lakoff y Jonson, acerca del papel desempeñado por la metáfora y la comparación como estructuradores de la experiencia humana en la medida en que el entendimiento humano sólo es capaz de comprender una idea nueva y por tanto desconocida por comparación con otra que ya conoce por lo que el proceso de conocimiento sería esencialmente un proceso metafórico. La metáfora no sería así un simple ornamento del discurso sino que "presenta una perspectiva particular de la realidad que estructura la comprensión de una idea en términos de algo que ya comprendió previamente". Es lo que L. Wittgenstein resumió en el famoso aforismo 5.6 de su *Tractatus* (1973): „die Grenzen meiner Sprache bedeuten die Grenzen meiner Welt", al advertirnos de la imposibilidad de conocer nada que vaya más allá de lo que podemos expresar ni de expresar nada que vaya más allá de lo que podemos conocer. Del intento de superación de esa limitación surgiría para Jorge Guillén (1969) el lenguaje metafórico en Bécquer y en San Juan de la Cruz a los que dedica sendos estudios significativamente titulados "Lo inefable poético" y "Lo inefable místico". Por tanto, la metáfora, con todo su componente subjetivo, no haría sino intensificar y facilitar la reflexión y el conocimiento de la realidad, que, después de todo, es lo que Chirbes pretende. Veámoslo aproximándonos desde este punto de vista a cada una de las novelas del autor.

En *Mimoun* (1988), primera novela de Rafael Chirbes, escrita en primera persona, se hace difícil distinguir al narrador del protagonista y, por otra parte, se ha de suponer una fuerte implicación del autor, que fue, él mismo, profesor en Marruecos. La trama es mínima: la estancia de un profesor novelista durante un curso en el país norteafricano constituye un viaje al infierno mediante el alcohol, el sexo y el hachís. Los tipos, paisajes y ambientes marroquíes y los estados de ánimo de los protagonistas, especialmente del profesor y de Francisco, su compañero de vivienda, dominan la novela, por lo que nos encontramos ante una acción esencialmente interior que propicia, por una parte, la descripción psicológica y, por otra, el subjetivismo lírico que interrelaciona percepciones y sentimientos. En efecto, ciertos estados de ánimo se corresponden con una especial percepción del paisaje:

> También la carretera se borraba bajo la noche y la lluvia. Me sentía fatigado, soñoliento: no sabía si cansado o cobarde [...] viendo pasar el asfalto y sintiendo el tiempo como un río bajo mis pies, una carretera que se escapara hacia un destino tan incomprensible como absurdo [...] El campo, en la noche, era como un mar que se levantara alrededor del automóvil (*Mimoun*, 45).

Vemos en este fragmento como a la objetividad del aguacero se opone la subjetividad del *vita flumen* y la visión del campo como un mar, en el tópico clásico metáfora de la muerte.

En otras ocasiones, las comparaciones matizan delicadamente la realidad que se nos presenta no tal como es, sino tal como la percibe el protagonista de la novela:

> La luna vino como una joya exquisita (*Mimoun*, 18) La luz se volvía más frágil, como de vidrio (47) Más allá de la ventana cruzaban el cielo nubes negras y, de vez en cuando, aparecía la luna entre ellas, como una llamarada pálida (60).

La realidad es una y otra vez recreada por el autor a través de la mirada de los personajes y esa mirada es casi siempre lírica, hasta tal punto que no hay objeto apenas que no evoque significados que conviertan lo cotidiano en imágenes de algo más permanente e intemporal:

> Aquellos espejos habían de reflejar, cuando llegase la primavera, las flores azules de las jacarandás, que parecían nacer de la niebla de la mañana, colgadas de los árboles aún desnudos. En Marruecos había de enamorarme de ese árbol que florece antes de echar las hojas (*Mimoun*, 24).

Incluso la tensión de la muerte es aliviada mediante elementos metafóricos:

> Los cadáveres bajo la tierra descomponiéndose entre lágrimas de lluvia (57).

Contribuyen al intenso lirismo de esta novela las numerosas referencias musicales, que propician líneas tan bellas como las que siguen:

> Él aprovechó para hablarme, como ya había hecho en otras ocasiones de la belleza de la música de Satie y del encanto de las noches de invierno en las que cruzan nubes vagabundas como barcos fantasmas, que, a veces, ocultaban la luna y dejan al mundo aún en más silencio (32).

El mismo final de *Mimoun* subraya el carácter eminentemente lírico de toda la obra:

> Se perdió tras la primera curva del camino. Se había sentado en el suelo y lloraba con la cabeza metida entre las piernas. Después, pasamos bajo el tunel negro de los plátanos y vimos las luces de Batij sobre una ladera, como si una ola se las llevara para siempre. La noche estaba clara y, por encima de las sombras de los olivos, había millones de estrellas (134).

En 1991, publica Rafael Chirbes *En la lucha final*, novela con la que se inicia esa reflexión, a la que nos referíamos al principio, sobre la evolución de la sociedad española del posfranquismo, en la que el arribismo de los *vencedores* de la transición a la democracia se convierte en una de las claves del autor. El multiperspectivismo de la obra hace alternar al narrador en primera persona con el narrador objetivo y la presencia de un protagonista escritor permite nuevamente la implicación del autor que, presumiblemente, expone sus propias ideas sobre la literatura a través de sus personajes. Cuando leemos: "Estoy convencido de que existen libros secretos que saldrán un día a la luz y hablarán de nuestros sentimientos a las generaciones futuras. Libros que aún no han encontrado su editor, ni por tanto su mercado" (39-40), tenemos la sensación, vista la trayectoria posterior de Chirbes, de que esos libros son los del propio autor que, obviamente, ya han encontrado su editor y su mercado.

El componente puramente narrativo de esta novela es infinitamente superior al de *Mimoun* pero el elemento lírico, -subjetivo-, continúa siendo pieza fundamental y el recurso a la comparación y a la metáfora lo encontramos ya en el título, extraído de los versos de *La Internacional*, o en la descripción de uno de los personajes centrales:[2]

> En ese tiempo de silencio, acepté de una vez por todas que Amelia es una muñeca rusa que esconde siempre a otra Amelia, no por más pequeña y oculta menos fuerte y peligrosa (13).

Como venimos manteniendo, la realidad, por cruda que sea, es continuamente suavizada mediante su metaforización que consigue el efecto, que apuntaba Miguel Espinosa, de cincelar la palabra hasta conseguir que lo efímero se transforme en arte:

> Entraban los últimos rayos del sol a través de las persianas y los muebles de la casa estaban envueltos en una funda de miel (19).

Con la misma función, las comparaciones resultan a veces sorprendentes cuando no visionarias:

> Siempre hemos estado separados como farolas en el aire, [...] dándonos luz y sombra (19).

A veces, son los propios personajes los que se mueven en el terreno de lo metalingüístico reflexionando ellos mismos sobre sus propias palabras. No olvidemos que, por segunda vez, nos encontramos ante un protagonista que trabaja con el lenguaje:

> A veces, el cielo de Madrid parece un pozo colgado sobre nuestras cabezas [...] Amelia no hubiera aceptado frases así de nadie que no fuese Ricardo. Si las decía él, le parecían, además de originales, verdaderas (24-25).

Pero no solamente el escritor protagonista, todos los personajes parecen contagiarse de esa preocupación por la expresión literaria. Dice José:

> Hay imágenes que se graban para siempre y corroen como termitas las vigas que soportan la madurez (56).

Y Amelia:

---

[2] Sobre la descripción de personajes y la descripción literaria en general, véase García de León 2003.

Al poco tiempo, Silvia se le había convertido en una fruta que había perdido todo su sabor y cuyo destino era acabar secándose, confundiéndose con el polvo (57).

Como ya ocurría en la novela anterior, la radical oscuridad de la muerte es iluminada mediante visiones subjetivas que, de alguna manera, la poetizan:

> Periódicamente, los pájaros cruzaban sobre su cadáver abandonado y, muy cerca, las palmeras movían sus palmas como si quisieran borrar del azul del cielo hasta los últimos temblores de su existencia (109).

También son subjetivas las descripciones del paisaje, que, frecuentemente, se corresponden con estados de ánimo:

> A mediodía ha empezado a llover. Me entristece el paisaje de la playa desierta. Hay días en los que el corazón tiene todas las ventanas abiertas. Son los más peligrosos (120-121).

Y los objetos parecen cobrar vida para así sincronizarse con los sentimientos. En el final de la novela encontramos:

> Los ocupantes del automóvil permanecían en silencio y el tic tac del limpiaparabrisas ya sólo imitaba los latidos de un corazón (190).

Decíamos más arriba que el nivel de metaforización de la realidad estaba en relación directa con la implicación del autor en la historia y comprobamos tal aserción al acercarnos a *La buena letra*, novela que, publicada por primera vez en 1992, tiene su segunda edición en 2002 con la supresión del último capítulo, que el propio autor justifica de la siguiente manera:

> Si cuando escribí *La buena letra* no acababa de sentirme cómodo con esa idea de justicia del tiempo que parecía surgir del libro, hoy, diez años más tarde, me parece una filosofía inaceptable, por engañosa. [...] Por eso, quiero librar al lector de la falacia de esa esperanza [...] (10).

Nos encontramos, en efecto, ante una novela sin esperanza, ante una crónica desnuda de la posguerra, relatada, también en primera persona, por una narradora perteneciente a la generación de la guerra, la de los padres del autor. Tal vez sea la palabra *tristeza* la que con mayor frecuencia aparece en el texto y la crudeza de la situación, presidida por la miseria y el miedo, y, por otra parte, el mayor distanciamiento del autor con respecto al narrador, que deja que la protagonista vaya rememorando su experiencia de la manera más directa, dejan poco lugar al lirismo al que Chirbes nos tenía acostumbrados. Apenas unas pinceladas aunque bien significativas, la interrelación entre el ambiente y los sucesos:

> Fue un día luminoso [...] La guerra había terminado (63-64).

Una vez más la lluvia, que había tenido un valor simbólico tan importante en *Mimoun*:

> Llovió durante toda la noche, y la lluvia, en aquella interminable madrugada, no me dio la impresión de que nos purificase de nada. Era como un llanto de despedida. Aquel agua que caía y que resbalaba en los vidrios de la ventana éramos nosotros mismos, nuestras ilusiones cayendo sobre la tierra y convirtiéndose en un barro del que nunca íbamos a limpiarnos. Ya no nos quedaba juventud (122-123).

Y, también una vez más, la muerte suavizada por los elementos:

> Apareció con la espalda hundida en el barro, como un insecto que hubiese caído boca arriba y el peso del caparazón no le hubiera dejado incorporarse. La bicicleta yacía a su lado y, sobre la bicicleta y sobre él, las manchas blancas de la nieve dibujaban figuras extrañas como signos de algo que nadie supo interpretar; pero que estuvieron allí, explícitos, para quien hubiera poseído el arte de leerlos (136).

Ya vimos al inicio de este trabajo como *Los disparos del cazador* (1994) se inicia con la contraposición decrepitud/belleza. El protagonista rememora su vida escribiéndola hasta llegar al presente en que:

> Mientras escribo, veo de soslayo esas sombras y me preguntó cómo llegará. ¿Vendrá de noche? ¿Lo hará en pleno día? ¿Será rápido, o irá cercándome lentamente, complacida en mi degradación? ¿Llegará aquí, a esta misma cama, o me buscará en una habitación de hospital?.

El tiempo de la novela es un tiempo pasado pero escrito desde el presente y sabemos desde *El Lazarillo* que cuando contamos el pretérito para intentar explicar la situación actual, la memoria se hace selectiva y aunque el protagonista de la novela nos diga: "Vuelve la memoria como un enemigo al que nunca se derrota" (57), la derrota de la memoria se encuentra precisamente en su embellecimiento y es en este caso el narrador el que en numerosas ocasiones metaforiza líricamente la realidad con el fin de suavizar el sentimiento de desolación y de vacuidad de una vida que se acaba ante la insatisfacción y la impotencia del protagonista. No dejan de tener ese papel embellecedor ciertas comparaciones:

> [...] un trombo cuyo recorrido vigilan periódicamente los médicos y que para mí es como la firma de ese certificado que todos recibimos al nacer y que se llama muerte (9). Ya no soy fuerte. Soy simplemente obeso y mi vientre es blanco como el de un recién nacido (23).

La lluvia y la luz reaparecen en esta novela como elementos paralelos a los estados de ánimo de los personajes en líricas descripciones que relajan la tensión y ponen una dosis de paz entre tanto desasosiego:

> [...] ahora que ya se precipitaba sobre la ciudad una tromba de agua que, al golpear sobre las hojas de los árboles del jardín y en los vidrios de las ventanas, me proporcionaba el deseado sedante (37).

> [...] Levantando de vez en cuando la mirada de las páginas del libro para posarla sobre las hojas marchitas de los árboles iluminadas por el suave sol de octubre (39).

> [...] y luego ya no veo a Beltrán: sólo el sol de otoño entrando a través de las cristaleras del cenador (73).

La propia reflexión sobre la memoria da lugar a metáforas que literaturizan la realidad consiguiendo que la recepción del texto vaya mucho más allá de lo puramente anecdótico, -una de tantas vidas de la España franquista-, para instalarse en el terreno de lo plenamente literario:

> Se lo escuché decir en una ocasión a mi suegro: "uno se pasa la primera mitad de la vida vistiéndose, y la segunda desnudándose." Ahora entiendo lo que quería decir, y sé que uno no se desnuda fácil ni ordenadamente, sino que lo hace con brusquedad, dejándose jirones sobre el cuerpo. A esos pedazos que se nos enredan entre las piernas y nos impiden caminar con libertad en la segunda parte de nuestra vida los llamamos memoria. La desnudez deseada sería el olvido (93).

Llegados a este punto, ya tenemos perspectiva suficiente como para calificar a *Mimoun* como novela iniciática y a las tres siguientes, -*En la lucha final, La buena letra y Los disparos del cazador*-, como novelas preparatorias de lo que podemos calificar, hasta el momento, como trilogía mayor de Rafael Chirbes: nos referimos a *La larga marcha* (1996), *La caída de Madrid* (2000) y *Los viejos amigos* (2003). En ellas se reflexiona de manera directa sobre la España de la dictadura, -desde la doble visión de los padres que participaron en la Guerra Civil y los hijos que a partir de los años sesenta se enfrentaron al franquismo-, el momento crucial de la muerte del dictador y la transición a la democracia, y el *desencanto* de los que años después se encontraron ni más ni menos que con otra revolución pendiente.

La larga marcha descansa de principio a fin sobre una metáfora clásica, la del río de la vida, -la familia es el río por el que corre la vida-, pero la novela, dentro de su linealidad narrativa, presenta un desarrollo de los acontecimientos que le da, de alguna manera, una estructura circular ciertamente desesperanzadora. En efecto, en las primeras páginas de su primera parte nos son presentados los personajes que habrán de sobrevivir bajo la dictadura franquista. Manuel Amado tendrá en 1948 (fecha clave para Chirbes que ya la había utilizado en *La buena letra* y en *Los disparos del cazador*) un hijo, Carmelo, cuyo nombre honra la memoria del hermano desaparecido en África; viven en Fiz donde:

> En el jardín del indiano de Fiz crecían plantas extrañas de opulentas flores: glicinias, jacarandás, que hacían pensar en algo carnal y diabólico (15).

En la última página de la novela, a mediados de los sesenta, Carmelo Amado, detenido por su militancia antifranquista en los calabozos de la Dirección General de Seguridad de la Puerta del Sol de Madrid:

> Recordó con viveza el rumor del torrente en las traseras de su casa de Fiz, las camelias y las jacarandás del jardín de la mansión del indiano [...] y quiso echarse a correr hacia atrás, hacia todo aquello que de repente sabía que ya no volvería a ver porque yacía enterrado para siempre bajo el agua de un pantano (391).

El final es el principio en una especie de eterno retorno que ya había sido profetizado por el abuelo en el momento de acompañar a su hijo Manuel para tomar el tren que lo había de llevar al servicio militar:

> `A ti no te puede pasar nada. Me ha costado mucho conseguirlo, pero tú me has de volver´, y con esa forzada construcción gramatical, y esa forma verbal que era, más que un anuncio de futuro, un imperativo ineludible, le expresó con claridad que formaba parte de él, como más adelante formarían parte de él los hijos que tuviera y los hijos de sus hijos, si Dios le daba la suerte de conocerlos y aun en el caso de que no los conociera, porque la familia era el río por el que corría la vida y era uno solo que se perdía hacia atrás en el humo del pasado, y hacia delante en la bruma de lo que fuera a venir (19).

Pero lo que hubiere de venir en ese continuo no llegar a ningún sitio o, por el contrario, en ese llegar siempre al mismo sitio queda rotundamente expresado en la frase final de la novela, que lejos de proponer un auténtico final lo que propone es un continuo comienzo: "Una eternidad llegada después del instante que se había ido" (391). Y es que si la primera generación había sido derrotada por la Guerra Civil, la segunda lo sería por la posguerra y por la represión franquista.

Además de esa gran metáfora, -o más bien alegoría-, en que reposa toda la novela, nos encontramos aquí y allá con los recursos, ya habituales en Chirbes, que relajan la tensión narrativa mediante la descripción lírica de paisajes y ambientes en los que la luz, la añorada luz del Mediterráneo, el otoño, la lluvia y la luna siguen siendo constantes de su narrativa. Veamos algunos ejemplos:

> El oro de las copas relucía al sol como una tentación [...] (19) [...] las nubes estaban ocupando ya todos los resquicios libres del cielo y hasta los lejanos brillos de los edificios se habían apagado, dejando la ciudad sumergida en una charca plomiza (59).

[...] La verdad es que resultaba muy agradable estar ante el tocador de la habitación esta mañana de otoño, mientras el sol entra suave, acariciador, a través de los cristales de la vidriera, y pone esos brillos dorados en las hojas [...] (109). La luz de la luna mojaba el suelo y la cama y los objetos de la habitación. Ya no llovía (242).

Observamos una vez más como, por desesperanzadora que sea la realidad narrada, el narrador dispone espacios que dotan de un entorno lírico a cuanto sucede, compensando el color gris de lo cotidiano con la subjetividad de la mirada.

En *La caída de Madrid* (2000) Rafael Chirbes avanza en el tiempo para llegar a la víspera del momento crucial de la reciente historia de España: la muerte de Franco. La mañana y la tarde del día 19 de noviembre de 1975 articulan la novela en dos partes, igual que la novela anterior, en las que a través de los miedos y las esperanzas de las tres generaciones implicadas, los nacidos en torno a 1900, sus hijos, -hijos de la guerra-, en torno a 1925 y sus nietos, en torno a 1950, se reflexiona sobre el futuro de España, digámoslo otra vez, con tanta desesperanza como viene siendo habitual en nuestro novelista. Y esa desesperanza se hace patente no tanto en la objetividad de los hechos narrados, -que son lo que son: fragmentos de vida-, como en la subjetividad que convierte lo cotidiano en metáforas universales sobre la condición humana. Así ve su vida la primera generación:

Pero eso había sido mucho tiempo después, cuando le había parecido que una lenta lluvia de cenizas caía sobre sus proyectos, tiznándolos, y se apoderaba de él una sensación de quiebra: pensaba en la rueda de un carro que cruje un trecho, y, concluidas varias etapas del viaje, acaba por salirse de su eje, avanza sin rumbo durante un corto trayecto, zigzagueando con movimientos imprevisibles, y a continuación rueda por una cuesta y se estrella al fondo del barranco. La muerte de Josín, el primer crujido de la rueda: Pero él se refería a otra cosa. Porque lo que había ocurrido no tenía que ver exactamente con los avatares de la familia, ni con los de la empresa y los negocios, sino con el conjunto de la vida (16).

Vemos en esta cita como el fondo de la cuestión de la vida durante el franquismo no está en haber servido o no al régimen, en haber sido vencedor o vencido, sino en un sentimiento de vacuidad que ya habíamos encontrado, fuera una u otra la posición, en *La buena letra*, en *Los disparos del cazador* o en *La larga marcha*. Y ese sentimiento viene siempre expresado desde la subjetividad mediante la utilización de la alegoría, la metáfora y la comparación. Pero no es mayor la esperanza para la generación que lucha contra el virulento franquismo tardío, el de los últimos años sesenta y los setenta, y, nuevamente mediante la metaforización, uno de los personajes de la tercera generación, Taboada, profetiza la inutilidad de la lucha:

> Con el tiempo seréis un ejercito de hormigas sobre la superficie de la luna. ¿Has visto esos cuadros de tu ex camarada Genovés? ¿Esas multitudes que son sólo puntos negros que parece que corren en determinada dirección o que se dispersan? Sois vosotros. Vosotros, esa desbandada de silenciosos microbios vistos desde una lente. Nosotros contaremos de qué escapabais y hacia dónde corríais (155).

Por otra parte, *La caída de Madrid* no está exenta de todos aquellos elementos lírico-descriptivos a que Chirbes nos tiene acostumbrados: el paisaje levantino, la lluvia, la luna, etc., siguen cumpliendo en esta entrega su función suavizadora de la cruda realidad. Las descripciones son, en efecto, abundantes y crean ambientes que contribuyen eficazmente a la caracterización de los personajes. Así José Ricart, acomodado franquista, cierra los ojos y:

> vio los días azules y el sol de su infancia en Valencia. Vio el mar, las viejas casas de colores ocres, la palmera que asomaba por encima de los tejados [...] olía a geranios, a albahaca, a humedad, a albañal [...] (10).

Las metáforas, por su parte, matizan la realidad haciendo concreto, visible, lo más o menos abstracto. A veces casi audible:

> Toda esa maquinaria había servido para poner un orden, pero ahora ya no servía para nada. Con eso, se había escrito una partitura con la que había tocado el país su música durante unos cuantos años, pero ahora empezaba otro concierto. El director de orquesta pedía otros instrumentistas para emprenderla con otra partitura (24).

En esta novela y a pesar de su densidad narrativa el narrador omnisciente se permite digresiones como la anterior en las que a la objetividad de los hechos se superpone una reinterpretación alegórica que resume de manera rotunda toda una situación. Aquí vemos como la complejidad de la situación político-social resultante del final de la dictadura se resume con la alegoría de la orquesta que tras interpretar durante décadas la misma partitura es reemplazada por nuevos instrumentistas capaces de enfrentarse a una nueva partitura.

También la vida y el matrimonio de la esposa de Ricart son resumidos en términos metafóricos como un tobogán, que, obviamente, sólo tiene una dirección: hacia abajo, lo que produce en Olga una sensación que acaba siéndo reducida a otra alegoría:

> Se sintió como esos niños a los que se les obsequia con juguetes y caramelos envueltos en papeles de colores vivos para distraerlos de que van a sufrir una operación y cuando empiezan a sospechar el engaño ya están atados con correas al quirófano y una mano les pone implacable una mascarilla ante el rostro para narcotizarlos (251).

Hemos de admitir, no obstante, en la línea de lo que llevamos escrito, que al ser menor la implicación del autor en la medida en que en esta novela delega en un narrador cuasi objetivo aunque omnisciente, el componente propiamente lírico de *La caída de Madrid* es considerablemente menor que aquél al que nos tenía acostumbrados en anteriores novelas sin que por eso deje de percibirse en la órbita estilística del autor que mediante sutiles comparaciones consigue que las palabras vayan mucho más allá de lo que inicialmente dicen:

> Amor para hacerle daño [...] La gente solitaria cuando encontraba compañía se convertía en un animal sin piel al que cualquier caricia le hacía daño (317-318).

Finalmente, en el año 2003, Chirbes publica *Los viejos amigos*, novela, si no-continuación de la anterior, -reaparecen algunos personajes y nombres-, sí consecuencia narrativa que nos presenta la consumación del desencanto al que venimos haciendo referencia a lo largo de todo este trabajo. Si hasta el momento todos los títulos, excepto *Mimoun*, habían tenido un valor simbólico, en este caso no puede ser más denotativo pues, en efecto, nos encontramos ante una reunión de viejos amigos que, ya en nuestros días, casi treinta años después de las acciones de las anteriores novelas, van a reflexionar en primera persona y con el multiperspectivismo que las diferentes voces narrativas proporcionan en sus monólogos interiores, sobre el fracaso que ya tempranamente advirtió Lluís Llach en los versos que más arriba transcribíamos. La novela se inicia, sin embargo, en ese tono lírico que ha sido objeto de nuestro trabajo y al que Chirbes nos tiene habituados. Una vez más los paisajes mediterráneos en paralela complicidad con los estados de ánimo de los personajes o, en otras ocasiones, en aclarador contraste:

> Pienso que mientras que, aquí, los dedos del frío nos esperan a la salida del restaurante para pellizcarnos, siguen creciendo las plantas y se abren las flores delante de mi adosado de Denia a pesar de lo avanzado de la estación, a mediados de noviembre (7).

Ese inicio, por otra parte, nos sitúa temporalmente en una fecha concreta que tendrá a lo largo de la novela un valor simbólico ya que nos lleva casi exactamente al vigésimo quinto aniversario de la muerte del dictador. ¿Qué ha pasado desde entonces? ¿Cómo han evolucionado las vidas de aquellos jóvenes que creyeron en la revolución? Los puntos de vista de cada uno de los invitados a la cena ponen de manifiesto el fracaso existencial de una generación. La gran metáfora de la desesperanza la podríamos encontrar precisamente al final de la novela con un recurso a la circularidad que nos deja la sensación de que, finalmente, nada ha ocurrido sino el deterioro consustancial al paso del tiempo. Leemos en la última página de la novela:

> Entre tanto, el mar rompe en los acantilados de Denia, lame las doradas playas que, desde hace veinte años, no tienen más arena que la que traen los camiones desde no se sabe dónde para reponer la que cada invierno el temporal engulle. Paisajes portátiles, dientes de quita y pon (221).

Desde el principio de la obra el descripcionista que habíamos conocido en *Mimoun* sigue dando muestras de su gusto por el paisaje que casi siempre relaja a los personajes, y al lector, frente a la tensión de la acción:

> [...] ese cielo azul intenso recorrido por nubes, como si hubiera un filtro en el paisaje y todo compusiera una secuencia de película: las ramas de los pinos pasando junto a la ventanilla del coche, la sierra pedregosa, pero en la que las primeras lluvias de otoño han puesto manchas verdes [...] (7).

El recurso a la alegoría, a la metáfora y a la comparación sigue estando presente con esa clara finalidad de aprehender en lo más concreto y cotidiano lo que por abstracto podría escapársenos:

> En la historia no hay pausas, no se baja y se sube el telón. No hay entreactos. Es una sesión continua (8).

> La verdad es que me pongo en prevengan, porque Pedrito nunca echaba una puntada sin hilo, y no sé que hilo quiere coserme ahora (63).

> [...] un buen poema de San Juan, de Quevedo contiene todo el mundo, como las píldoras de los astronautas contienen un banquete, una orgía de proteínas, vitaminas, hidratos de carbono, lo que sea, el mundo entero en unas cuantas palabras que uno se puede aprender de memoria [...] (67).

Más íntima que las dos anteriores, reaparece en *Los viejos amigos* el personaje escritor, la narración en primera persona y el estilo indirecto libre y, con todo ello, el nivel de subjetividad aumenta tanto en cuanto, -esa tesis venimos manteniendo-, los límites entre autor y narrador se tornan borrosos. Y no puede ser de otra forma si nos encontramos con un personaje que tiene la edad del autor, que recorre los mismos escenarios que recorrió el autor, que vive los mismos acontecimientos y que además tiene la misma profesión. La *ficcionalidad* de la novela se nos muestra aquí tan convencional como en *Mimoun* y se acerca más a ese memorialismo sociológico que practica Martínez Sarrión,[3] quien al escribir sus memorias escribe las de toda una generación. Chirbes nos plantea una *ficción* tan

---
[3] Véase Martínez Sarrión 1993, 1997 y 2002.

real que al leer *Los viejos amigos* se nos hace difícil no recordar nuestras propias cenas de viejos amigos. Esa absoluta implicación en lo narrado eleva el grado de lirismo y la visión subjetiva de la realidad aunque esa visión sea una vez más una visión desencantada:

> Hay lo que hay y con lo que hay tenemos que jugar, no con lo que querríamos que hubiese. Nosotros, en aquellos años, aprendimos que lo que hay es una mierda, y eso fue una putada, porque ya no hemos podido olvidarnos de la lección que aprendimos. Cuando se sabe eso, estás definitivamente condenado porque no esperas nada (18).

Conclusión.

Los paisajes de su Valencia natal y la luz del Mediterráneo ponen final a un ciclo en el que Chirbes ha buceado con crudeza en la evolución de su propia generación desde el ímpetu revolucionario de la lucha antifranquista hasta el desencanto posterior de unos o el acomodo socialdemócrata de otros. La crítica postura del novelista, que no deja resquicio a la esperanza ni al optimismo, es suavizada por un subjetivismo embellecedor que, basado en la metáfora y en la comparación, atenúa la crudeza con que la realidad se nos presenta. Por otra parte, estos recursos tienen también una función concretizadora de la realidad al aproximar lo que pudiera resultar impreciso por abstracto a un plano más fácilmente tangible. Doble función, por tanto, que en unas ocasiones universaliza inductivamente lo que por recurrente deja de ser individual para pasar a referirse a la vida en su conjunto y en otras ejemplifica deductivamente lo que por general atañe a cada uno de nosotros. El nivel de metaforización de la realidad está en proporción directa con la implicación del autor, de tal manera que en la medida en que se deja al narrador relatar los acontecimientos, sea en primera o en tercera persona, el subjetivismo disminuye, como ocurre en el caso de *La buena letra* o de *La caída de Madrid* mientras que aumenta cuando los límites entre autor y narrador se tornan confusos, como ocurre en *Mimoun* o en algunos pasajes de *Los viejos amigos*. Entre esos dos extremos y en general, toda la novelística de Chirbes está presidida por una tendencia a la descripción de *climas*, tanto externos como internos, estableciéndose con frecuencia un paralelismo entre ambos. Para ello se utilizan una serie de elementos que acaban siendo recurrentes en la obra y que constituyen ese componente lírico que, aun en las páginas más duras, literaturiza la realidad, consiguiendo que lo cotidiano y efímero, lo que no sería sino vulgar crónica de la España contemporánea, se convierta en algo más intemporal: en literatura.

Bibliografía

Chirbes, Rafael (1988) *Mimoun*. Barcelona: Anagrama, 2ª ed.

Chirbes, Rafael (1991) *En la lucha final*. Barcelona: Anagrama.

Chirbes, Rafael (1992) *La buena letra*. Madrid: Debate, reed. de 2002, Barcelona: Anagrama.

Chirbes, Rafael (1994) *Los disparos del cazador*. Barcelona: Anagrama.

Chirbes, Rafael (1996) *La larga marcha*. Barcelona: Anagrama.

Chirbes, Rafael (2000) *La caída de Madrid*. Barcelona: Anagrama, 2ª ed.

Chirbes, Rafael (2002) *El novelista perplejo*, Barcelona: Anagrama.

Chirbes, Rafael (2003) *Los viejos amigos*. Barcelona: Anagrama.

Francisco, Miguel de (1987): "De la novela a la teología". En: *Quimera*, n° 64, pp. 40-41.

García de León, Encarnación (2003): *Un espacio propio para la descripción literaria*. Barcelona: Ediciones Octaedro.

Gill, Ann M. y Whedbee, Karen (2000): "¿Retórica?". En: van Dijk, T.A. (ed.): *El discurso como estructura y proceso*. Barcelona: Gedisa, pp. 233-270.

Guillén, Jorge (1969): *Lenguaje y poesía*. Madrid: Alianza.

Llach, Lluís (1979): *Poemes i cançons*. Valencia: Tres i quatre.

Martínez Ruiz, José, (Azorín) (1985): *La voluntad*. Madrid: Castalia.

Martínez Sarrión, Antonio (1993): *Infancia y corrupciones*. Madrid: Alfaguara.

Martínez Sarrión, Antonio (1997): *Una juventud*. Madrid: Alfaguara.

Martínez Sarrión, Antonio (2002): *Jazz y días de lluvia*. Madrid: Alfaguara.

Oviedo, A. J. (2005): "Rafael Chirbes, escritor". En: www.pergola.com

Wittgenstein, Ludwig (1973): *Tractatus Logico-Philosophicus*. Introducción de Bertrand Russell; versión española de Enrique Tierno Galbán. Madrid: Alianza Editorial.

CHRISTIANE MUSKETA: Contra el "miedo a no ser": la determinación y creación de una existencia digna ante la derrota personal y el descontrol político en *La larga marcha*

> Era el suyo el aire inequívoco del derrotado antes de la batalla;
> de quien cada día abre los ojos y se despierta vencido.
> (Arturo Pérez-Reverte: *La tabla de Flandes*)

Fracaso. Derrota. Capitulación. Las vidas de los personajes de *La larga marcha* no se merecen otra palabra denominadora, y el propio Chirbes admite que en su obra literaria nada le ha interesado tanto como la descripción del fracaso (cf. Spengler 1998: 234). La capitulación de los personajes ya aparece antes de que empiece el primer capítulo con el título de la primera parte de la novela. La generación de los padres se denomina "El ejército del Ebro", lo que alude a una batalla significativa durante la Guerra Civil española entre los falangistas y los republicanos en 1938, una batalla cerca del río Ebro que obligó a los republicanos a la retirada e introdujo así su derrota final. El título es simbólico por el fracaso de toda una generación de padres, no importa en qué lado hayan luchado durante la guerra. En la generación siguiente, la rebelión de los hijos, de la "Joven guardia", añadiría otro capítulo a la historia del fracaso. El propio Chirbes comentó en una entrevista que le "gustaba el título porque estaba dentro de estas grandes frases que habían definido una época y para poner el referente que se llama *La jóven* [sic] *guardia* y *El ejército del Ebro*, que son unos fracasados absolutos" (Wichmann 2001: 134).

Las novelas de Chirbes dirigen la mirada

> auf die Individuen der spanischen Gesellschaft, um deren Version der Geschichte zu erzählen. Somit geht es letztendlich immer um die Konflikte zwischen Individuum und Gesellschaft sowie zwischen privatem Leben und öffentlich-politischem Leben. Chirbes zeigt dem Leser mit seinen Geschichten, wo Geschichte stattfindet, nämlich im Leben eines jeden Menschen, jeden Tag (Wichmann 2001: 10).[1]

---

[1] Mi traducción: hacia los individuos de la sociedad española para contar su propia versión de la historia. Finalmente, así se trata siempre de los conflictos tanto entre el individuo y la sociedad como entre la vida privada y la vida pública y política. Con sus historias, Chirbes le muestra al lector dónde tiene lugar la historia, o sea en la vida de cada persona, cada día (Wichmann 2001: 10).

De esa manera, Chirbes contribuye a la Historia a través de historias pequeñas sobre personas marginadas: "Me gusta esa idea de la novela como narración de la vida privada en relación con la pública. La novela es el arte de contar las formas íntimas de un tiempo y su relación con las formas sociales. Lo individual ante lo colectivo" (Wichmann 2001: 109). Las novelas de Chirbes forman un retrato gigantesco de la sociedad española de aquel entonces. Lo nuevo de *La larga marcha* es la historia de dos generaciones, una unidad que no existía antes en la literatura española: "son novelas de hoy. De por qué estamos como estamos. De quiénes somos, pero no nuestros padres, sino nosotros, hoy" (Wichmann 2001: 22).

La larga marcha cuenta en la primera parte la historia del sufrimiento y de la resignación de una generación de padres durante la posguerra y en la segunda parte la revolución de sus hijos contra los padres y contra el sistema político bajo la dictadura de Franco. Todos los personajes se ven al margen de su existencia y sus problemas son cuestión de vida o muerte. El campesino gallego Manuel Amado pierde toda su propiedad por culpa de un proyecto de anegación en Galicia; el ferroviario republicano Raúl Vidal se aliena de su hermano franquista y el limpiabotas Pedro del Moral se da cuenta de que las promesas de la guerra no se cumplen. El cirujano republicano Vicente Tabarca ya no puede trabajar en puestos de responsabilidad, así que trabaja *nolens volens* como generalista y todavía tiene pesadillas de las torturas durante la guerra. A Luis Coronado le ayudan a sobrevivir en la calle las etiquetas que ha aprendido y perfeccionado durante la guerra; Gloria Seseña representa el orden burgués que intenta reestablecer, y el extremeño José Pulido, cuya vida sólo conoce la humillación, sigue viviendo en impotencia y pobreza.

Los personajes sufren sus pérdidas materiales con las que vienen también las ideológicas. Las circunstancias indignas de la posguerra en las que han de vivir las familias y la completa ausencia de esperanza tienen como consecuencia la soledad y otros fracasos siguientes.

En la misma medida en que los personajes sufren la derrota política y social pierden también su dignidad personal. ¿Qué ha de entenderse por 'dignidad del hombre'? En el artículo 10.1 de la Constitución española de 1978 se ofrece una definición de la dignidad como fundamento del orden político y de la paz social. En el plano personal, la "dignidad debe traducirse en la libre capacidad de autodeterminación personal", es decir, que "el hombre, como ente ético-espiritual, puede por su propia naturaleza, consciente y libremente, autodeterminarse, formarse y actuar sobre el mundo que le rodea" (Fernández Segado 2003: 201, 205). Los personajes de *La larga marcha* en sus circunstancias políticas y sociales distintas carecen todos de esa forma de autodeterminación personal. Si la dignidad es la fuente de todos los derechos inviolables de la persona y así manifiesta un núcleo de la existencia humana, las familias descritas por Chirbes no ejercen ninguno de sus derechos fundamentales. A continuación veremos en qué sentido los personajes de *La larga marcha* intentan construirse una existencia digna durante la Guerra Civil y la dictadura de Franco.

"Llegamos al mundo como seres puramente físicos; y así lo dejamos también. Entretanto, nos pasamos toda la vida empeñados en definir unas *identidades*, unas *personalidades*, separadas de nuestros cuerpos. No *lo que* somos, sino *quienes* somos. Esa es la esencia de nuestra humanidad" (Oates 1999: 39). Rafael Chirbes traslada a siete familias del margen de la sociedad y de pueblos distintos del país al centro de España -a Madrid- y así al centro de su novela. Cada familia y cada generación tienen su manera de definir su propia identidad. Mientras que la generación de los padres se define a través de factores concretos como la propiedad o el trabajo, la generación de los hijos da sentido a su existencia, como todos los hijos, por medio de la oposición a las convicciones de sus padres y mediante objetivos políticos y valores ideales. Chirbes dice que *La larga marcha* "es una novela de generaciones sobre todo. Como cada generación se construye contra la anterior, como incluso la que cumple lo que la anterior decidía cumplir acaba confrontándose a los padres" (Wichmann 2001: 132). En el caso de Luis Coronado, la alienación de sus padres parece incluso el único remedio para mantener su dignidad.[2] Sin embargo, el problema se plantea en el momento en que ni los padres ni los hijos disponen de una autodeterminación personal, lo que desemboca en una situación completamente indigna para los dos. Aunque hayan seguido otro rumbo, los hijos, casi sin darse cuenta, al final de la novela han seguido las huellas destructivas de sus padres y consecuentemente tienen que contar con seguridad absoluta también con un fracaso político y -lo que es peor- personal.

No obstante, los personajes pierden su dignidad no sólo por culpa de las circunstancias políticas sino también por su sistema de valores. "Dignidad' (*Würde*) es un abstracto del adjetivo 'valor' (*Wert*) y significa, originariamente, la materialización de un valor" (Fernández Segado 2003: 205). Atribuyendo valores sola-

---

[2] Luis Coronado obliga a su amigo Carmelo a callar sobre la pobreza que ha visto en su casa natal: "Oye, Carmelo, de cara a esta gente, tú no has estado nunca en mi casa, ni sabes dónde vivo" (246).

mente a cosas externas y no a personas o caracteres, muchos personajes sienten una inseguridad acerca de su sistema de valores y pierden su identidad por culpa de él. Si el foco de la existencia no estuviese en la orientación hacia lo exterior - hacia la posesión- sino más bien hacia lo interior -es decir, hacia el ser-, los personajes no perderían su identidad por culpa de circunstancias exteriores: „Der am Haben orientierte Mensch bedient sich immer einer Krücke statt der eigenen Füße. Er bedient sich eines Gegenstandes außerhalb von ihm, um zu sein, selbst und etwas zu sein. Er ist nur er selbst, insofern er etwas hat"[3] (Funk 2002: 14). Las fuerzas internas del hombre se reducen bajo un sistema dictatorial y si no son activadas, el hombre sufre psicológicamente una alienación. Para luchar contra este sentimiento hay que reducir la simbiosis entre la dependencia y la autoridad y promover el pensamiento propio a través de la rebelión, la confrontación y la protesta (cf. Funk 2002: 21-22).

Así la derrota personal de la generación de los padres es la consecuencia directa del descontrol político, aunque la política no desempeña casi ningún papel en la primera parte de la novela. En la mayoría de los casos, la autoestima resulta de lo que las personas hacen o tienen, no de lo que son o quienes son. Esa actitud junto al fracaso se lega como una enfermedad a la joven generación y la condena al fracaso.

La generación de los padres está marcada por el silencio y la resignación. La esperanza -o una chispa de ella- nace en las familias con los hijos, y se muere con ellos al final de la novela en los sótanos de la Dirección General de Seguridad. Entretanto, los personajes intentan definir sus identidades a través de estrategias diferentes.

La novela se abre con una descripción de la vida del gallego Manuel Amado y se cierra con la de su hijo Carmelo. Así la familia Amado constituye el marco de la historia, un hecho que se nota también en otras ocasiones dentro de la novela.[4] Al principio, se establece cierto sentido de continuidad y estabilidad. En la descripción de las caras de las tres generaciones -abuelo, padre e hijo- se da una imagen de la familia como unidad protectora y protegida:

---

[3] Mi traducción: "El hombre que se orienta por la posesión utiliza siempre una muleta en vez de sus propios pies. Utiliza un objeto fuera de sí mismo para existir, para ser algo y él mismo. Él es solamente él mismo en tanto que esté en posesión de algo" (Funk 2002: 14).

[4] Las implicaciones de los Amado como marco de la historia las trataré más tarde en detalle.

> Duplicaba en edad al que estaba junto a él, aunque el dibujo de sus caras -aparte de las diferencias impuestas por los años- era casi idéntico: los rostros de los dos […] podrían servir como modelo para componer uno de esos grabados morales […] que simbolizan las edades de la vida, el paso del tiempo sobre el cuerpo de los hombres (9-10).[5]

Además, en la descripción de las posesiones de la familia se da una sensación de seguridad completa que es consecuencia de la propiedad, y parte de ésta son también las personas

> […] porque la familia era el río por el que corría la vida […] Manuel comprendió aquella mañana que su padre había invertido en él, igual que invertía para reparar los tejados o para construir el nuevo establo. Había metido dinero en él, como se mete en una propiedad durante años, a la espera de que produzca un día (19-20).

Sin embargo, esta seguridad familiar casi materialista se ve amenazada desde el principio. El río como símbolo de la familia también aparece en la primera página como símbolo e indicio de la destrucción: "se oía el ruido del torrente a espaldas de la casa". Más tarde, este río amenazará y por fin destruirá la casa y toda la propiedad de la familia Amado. Chirbes alude aquí a un acontecimiento histórico de la posguerra. De hecho, en la España de aquel entonces, Franco dejó inundar muchos minifundios agrícolas tradicionales y pueblos enteros para producir con la fuerza del agua la energía suficiente para las centrales eléctricas y así promover un auge de la industria del país. La consecuencia fue la ruina de muchas familias apátridas.

A causa de su sistema de valores, es decir la definición de su identidad a través de la propiedad, la familia Amado no pierde solamente sus posesiones en la inundación, sino también parte de su identidad. Como las "ramas secas y piedras que, al ser transportadas, producían un tremendo fragor" (9), también la familia Amado pierde sus raíces en el torrente que deja su patria destruida y se traslada a Madrid. La metáfora del agua siempre acompaña los capítulos que tratan de la familia Amado. La vida de la generación de los padres termina al final de la primera parte con la inundación del pueblo, y el agua del río aparece desde el principio como símbolo de la inundación en sentido literal y figurado.

Los Amado pierden gran parte de su propiedad en la inundación y su fuerte

---

[5] Mientras que las referencias bibliográficas se incorporan en el texto y se marcan según el sistema autor-fecha, las citas procedentes de *La larga marcha* se indican sólo mediante el número de la página entre paréntesis.

unión familiar se ve amenazada por segunda vez cuando Eloísa, la hermana de Manuel y hasta aquel momento un vínculo importante dentro de la familia, se casa con Martín Pulido, un Guardia Civil, empequeñeciendo así incluso más la propiedad de la familia: "El fuego de la repentina pasión de Eloísa arrasaba lo poco que les había dejado el agua del pantano. Con la casa, los prados, la huerta y los animales condenados a desaparecer, Manuel se sentía convertido en una triste sombra[6] de sí mismo" (169). Se olvida también de la melodía que siempre ha tocado su hermano Carmelo, un olvido que simboliza la ruptura definitiva con el pasado feliz de la familia. Esta incapacidad de recordar se manifiesta además en el espejo del agua del pantano que refleja pero que no deja ver al fondo: "un lago que el crepúsculo encendía en numerosos puntos dándole el aspecto de una lámina metálica que uno no podría traspasar aunque quisiera"[7] (171).

La tercera derrota personal la vive Manuel Amado cuando su hijo Carmelo se va a vivir con sus compañeros. Apenas acostumbrado difícilmente a su nueva vida en Madrid, el padre sufre una nueva crisis de identidad al ver a su familia otra vez empequeñecida: "'Nosotros. Rosa, cada vez queda menos dentro de esa palabra. Nosotros. Antes nosotros éramos el abuelo, Eloísa, Lolo, Carmelo, la casa, el huerto, los animales, los prados, y ahora nosotros no somos más que tú y yo. Y a veces, [...] pienso que nosotros a lo mejor no soy más que yo solo'" (253).

Manuel siente que le han robado la mitad de su vida y que le han dejado en una carretera cortada. Sin raíces tiene que "empezar de nuevo, cuando a él apenas le quedaban ganas ni fuerzas" (207) Rosa, su mujer, sospecha que la explicación de esta depresión se halla en la actitud de su marido:

> Y fue ese día cuando Rosa se dio cuenta de que no hablaba del hijo, sino de ella, de los dos, y de que estaba acobardado y celoso, porque antes se

---

[6] La *triste sombra* -con el adjetivo antepuesto para evocar piedad en el lector- aparece aquí como primer símbolo de la muerte pasiva que también marcará a Vicente Tabarca.

[7] El metal del agua y el deseo de traspasar el reflejo hasta el fondo podría ser también un símbolo de lo que Chirbes quiere reivindicar con sus novelas: la verdad sobre *la transición* y la resistencia de la memoria contra el olvido colectivo sin recurrir al pacto de silencio: "[E]n los últimos veinticinco años se habría practicado por todos un ejercicio de huida y desmemoria ante el trauma colectivo de la guerra civil y del régimen que, hasta la última hora, en ella fundó su pretensión de legitimidad. Lo que hubo, por motivos tan obvios como circunstanciales, fue un inequívoco pacto de silencio entre quienes protagonizaron, desde los partidos y las instituciones, la hazaña de la transición" (Jiménez Campo 1999:125).

sentía dueño de todo, y ahora tenía la impresión de que todo estaba como en alquiler, mantenido con un contrato inestable, y que ese contrato que había en la cabeza de Manuel se extendía también a ella, su mujer [...] (252-253).

El ejemplo de Rosa y Manuel muestra que, dentro de la novela, sobre todo los hombres parecen definirse por la propiedad y su estatus, mientras que las mujeres se identifican con lo que hacen. Algunos personajes también se definen a través de otras personas. Las actividades, las relaciones personales y la propiedad parecen dar la única firmeza dentro del caos político y personal: "Todo aquello que nos incomoda es lo que nos permite definirnos. Sin incomodidades, la identidad no existe" (Huston 2000: 60). Como las otras familias de la novela, después de sus derrotas personales y la pérdida de su firmeza, también los padres Amado ponen toda su esperanza en su hijo recién nacido: "Su segundo hijo [...] iba a ser una nueva pieza que venía a añadirse a la obra familiar, como él mismo había sido una pieza de la obra que continuó su padre, prosiguiendo el trabajo de los abuelos; y el futuro, aunque no era más que una bruma, se coloreó con nuevas esperanzas" (12).

La familia del ferroviario Raúl Vidal ocupa poco espacio en la historia de la novela posiblemente porque aparece ya en forma semejante en una novela anterior de Chirbes, en *La buena letra*,[8] o bien porque el autor cuenta en ella parte de su propia biografía.[9] Raúl Vidal es republicano y por lo tanto pertenece al grupo de

---

[8] Las novelas de Rafael Chirbes se centran todas en la historia joven de España: la Guerra Civil (1936-1939), la dictadura de Franco (hasta 1975) y la Transición. *La larga marcha* reúne todas las novelas anteriores y así constituye el núcleo de la obra de Chirbes. Las relaciones entre los personajes dentro de la novela se extienden también a otras novelas, bien en forma de aparición de un personaje en más de una novela o bien de semejanza del destino de dos familias o en los nombres de los personajes, por ejemplo Raúl Vidal que tiene su equivalente en Tomás Císcar de *La buena letra* o Sole Beleta que también aparece en *La caída de Madrid*. Los nombres Coronado, Císcar, Beltrán, Manuel u Ort se dan a personajes de novelas diferentes. Estos enlaces dentro de y entre las novelas ponen énfasis en la impresión de que se trate de representantes de la nación española entera, cuyo estado Chirbes describe.

[9] La semejanza de la biografía de Chirbes con la de Raúl Vidal (hijo) llama la atención. Rafael Chirbes nació el 27 de junio de 1949 en Tabernes de Valldigna. La fecha del nacimiento de Carmelo Amado, el año 1948, es un indicio de que Chirbes cuenta en la novela la historia de su propia generación. A los cuatro años pierde a su padre, un ferroviario republicano, y vive en un orfanato. Como estudiante le detienen más de una vez a causa de sus actividades políticas. Su decepción ante la transición que fue comprada con el silencio se expresa en las vidas de sus personajes. En una entrevista

los perdedores después de la Guerra Civil. Peor todavía, su hermano se hace franquista[10] y él mismo queda honrado pero pobre, sin traicionar sus ideales pero con la mancha de ser un rojo y sin la posibilidad de acceder a una carrera profesional: "Y eso era lo que pagaba ahora en el trabajo. [...] Porque su hermano había empezado a relacionarse enseguida con quienes lo habían delatado y mantenido encerrado, y él se había distanciado, y esa actitud de distanciamiento le había procurado un aura reciente de rojo" (27). Unida a la pérdida del trabajo y de parte de su familia está siempre la pérdida de su dignidad porque "sus compañeros del ferrocarril se escapaban hacia puestos de mayor dignidad laboral[11] y mejor remunerados, se veía a sí mismo como un pobre hombre" (30). El pobre hombre -otra vez con el adjetivo antepuesto lo que evoca la imagen de un hombre por el que hay que sentir piedad- que no tiene ni dinero, ni esperanza, ni futuro es lo que le interesa a Chirbes para contar sus historias dentro de la historia: "Es que quienes tienen el lenguaje nos cuentan la historia a su medida. Yo siento una especial piedad por estos personajes que tanto sufrieron durante todos aquellos años del franquismo y para los que no hay ní [sic] una solo [sic] palabra en estos días" (Wichmann 2001: 136).

En uno de los primeros episodios sobre la familia Vidal aparece además el símbolo del perdedor sin dignidad que acompañará a los personajes por toda la novela: la metáfora del perro miserable. Es principalmente la dignidad la que distingue al animal del ser humano: „Die Menschheit in der eigenen Person zu achten, bezeichnete Immanuel Kant als einen Ausdruck von Würde -ein Begriff, der geradezu den Grundtext seiner Philosophie bildet. Würde hat ihm zufolge keinen Preis, weil sie das benennt, was die Menschen in ihrer Gattungsgeschichte von den Tieren unterscheidet"[12] (Negt 2001: 10). Esa diferencia entre el ser humano

---

dice: "Cuando dicen que la transición española fue modélica, pues yo creo que intento contar que no fue modélica, que fue algo corrupto y traidor, un pacto entre el viejo poder, para mantenerse, lo de siempre: hace falta que algo cambie para que todo siga igual" (Wichmann 2001: 136).

[10] En sus novelas Chirbes presenta a menudo a revolucionarios que se hacen oportunistas durante la posguerra y la transición, traicionando los ideales de su juventud. La alienación de los dos hermanos se simboliza por ejemplo en el estadio de fútbol donde están en los dos lados opuestos (26-27), una escena que también aparece en semejante forma en *La buena letra* (110).

[11] El problema de la dignidad laboral lo trataré más detalladamente en el análisis de las estrategias de Vicente Tabarca y Pedro del Moral.

[12] Mi traducción: "Apreciar a la humanidad en la propia persona: este acto lo denominaba Emanuel Kant como una expresión de la dignidad -un término que constituye

y el animal desaparece en la novela por la igualación del perro y del hombre. A pesar del asco que Raúl Vidal siente por su hermano, comprende que él mismo es el perdedor y simbólicamente el desdichado perro: "y llegaba a pensar que el perro que se agachaba a coger con la boca el pedazo de pan que le tiraban no era su hermano, vestido con trajes de alpaca, [...], sino él, sucio de grasa y carbón" (30). El republicano llega incluso a una identificación completa con un perro indigno cuando piensa en la posibilidad del suicidio: "Entonces deseaba liarse una soga alrededor del cuello, igual que se les ata a los perros (¿qué era él?)" (30). Con el nacimiento de su hijo también renace en Raúl Vidal una nueva chispa de esperanza, pero ya poco después, cuando el pequeño Raúl aprende a hablar, el narrador nos cuenta que el pequeño ya sabe pronunciar perfectamente la palabra *perro*, un aviso de que el hijo probablemente no será capaz de escapar de la miseria en la que vive su padre:

> Pero, de un tiempo a esta parte, además de sus dos mujeres, estaba el niño. Raúl ya empezaba a pedir las cosas por su nombre y manchaba con lápices de colores los cuadernos que Ana le ponía delante, y señalaba con el dedo y decía casa, árbol, agua, y perro: ya decía con unas erres estropajosas la palabra perro (30).

Durante la Guerra Civil, la identidad del limpiabotas Pedro del Moral se define a través de su actitud política y su trabajo. Aunque franquista y teóricamente vencedor, Pedro del Moral también pertenece al grupo de los perdedores porque las promesas de la guerra no se cumplieron:

> Él, desde el lejano mirador de su pobreza, había soñado en cosas hermosas que había creído rozar con la punta de los dedos cuando volvió como vencedor de una guerra (así los habían llamado: 'Vencedores'). [...] Así se lo prometían los altos mandos que visitaban las trincheras y les hablaban después de haberlos puesto en formación. [...] como tenía que ser hermosa esa España que él había pensado que estaba a punto de llegar (34).

Su mujer murió en el parto de su segundo hijo, un acontecimiento que le dejó mutilado y que causaría al final también la amputación real de sus piernas: "Él había perdido los muslos entreabiertos de Asunción. Y los ha perdido como otros perdieron un miembro en el frente, que incluso mucho tiempo después de cortado y enterrado dicen que sigue doliendo" (39-40). Después de su accidente o intento de suicidio "fue él quien notó algo bajo las sábanas, o no, fue que hubo

---

realmente el texto básico de su filosofía-. Según él, la dignidad no tiene precio porque denomina lo que separa a los hombres de los animales en su historia genérica" (Negt 2001: 10).

algo bajo las sábanas que no notó, pero tenía sueño y no era momento de preguntarse por qué las piernas no estaban allí. Porque a él no se le hubiera ocurrido nunca en la vida tirarse a la vía del tren" (107). Ahora le faltan las piernas, los símbolos del movimiento, de la libertad e independencia, lo que causa una completa pérdida de su identidad y se siente como un payaso (101-102). Aunque el trabajo como limpiabotas en sí no constituye ninguna indignidad -pues ni tan siquiera una actuación indigna priva a la persona de su dignidad- el estado de Pedro después de perder sus piernas sí lo hace. Esa falta de estima de la persona, la falta completa de la autodeterminación, desarrolla - como en el caso de Raúl Vidal y Manuel Amado- una sensación de muerte ya existente en la vida. El ser humano que se conocía antes ha dejado de ser aunque sigue vivo. "¿Dónde se había quedado aquel muchacho? ¿Dónde había caído? [...] ¿Ahí murió el muchacho que Pedro fue? ¿O ya se había muerto antes?" (102).

Los personajes de *La larga marcha* atribuyen mucha importancia a los nombres de sus hijos. A su segundo hijo Pedro le llama José Luis porque, según él, este nombre suena a esperanza y debe influir de manera positiva en su destino. El apellido *del Moral* debe ser un indicador de buen origen: "Pedro siempre había tenido fe en los nombres, pensaba que marcaban de algún modo, y que, si no era así, siempre se podía llegar a cualquier parte con mayor facilidad si uno tenía un nombre sonoro -[...]- y no uno de esos nombres vulgares que se prestaban a chanza y que dejaban escapar, sólo con ser pronunciados, un triste aire de miseria" (32). En un monólogo interior Pedro expresa la esperanza pero al mismo tiempo el miedo tremendo que le causa el nacimiento de José Luis: "Eso le daba miedo. Tanta fragilidad. Era como si, en mitad de una batalla, le hubiesen mandado transportar un jarro de vidrio muy frágil a través de las trincheras, entre las explosiones. ¿Hasta dónde sería capaz de llegar en su recorrido? ¿En qué momento estallaría el jarro en mil pedazos? ¿Le alcanzaría la explosión también a él?" (37-38). La última frase indica ya que el padre también tiene miedo de que su hijo un día refleje su propia fragilidad e indignidad. La profesión de limpiabotas no contribuye al orgullo del padre, y el nombre del hijo no parece ayudarle a salir de la situación indigna del padre cuando un día Pedro pilla a José Luis jugando con los cepillos y le pega "porque no soportaba ver a su hijo haciendo las tonterías que hacía él" (101). Ángel, el primogénito de Pedro, que al principio tiene como boxeador el éxito que su padre desea tanto para sus hijos, pertenece al final a una organización de militantes de extrema derecha, siente una inseguridad inmensa acerca de su propia identidad y sabe perfectamente que otra vez la miseria ha sido legada del padre a los hijos: "'¿Ves al viejo? [...] ¿Sigue creyendo que soy rico? [...] Entonces, ¿soy un cabrón?, ¿soy un cabrón por no ser nadie?" (357-358).

Primordialmente la incapacidad de autodeterminarse en el ámbito laboral tiene como consecuencia la indignidad personal del cirujano republicano Vicente Tabarca. Mientras que durante la Edad Media el trabajo no representaba nada honrado ni digno de esfuerzo, sino más bien un castigo como consecuencia del pecado original, y la identidad de la persona se definía más por el estatus o la propiedad de la persona, más tarde se desarrolló una relación fuerte entre la identidad de la persona y su trabajo: "Arbeit wird zum unverwechselbaren Baustein der geistigen, seelischen und körperlichen Subjektbildung -unabhängig von Stand und Privilegien-. Sie wird, dem tierischen Dasein entrückt, zu einem prägenden Persönlichkeitsmerkmal"[13] (Negt 2001: 294-296). Sobre todo los médicos "haben die Voraussetzung, den Arbeitszusammenhang in die persönliche Identitätsbildung einzubeziehen und die Subjektkonstitution zu verstärken"[14] (cf. Negt 2001: 562). En resumen, se puede decir que los seres humanos han venido instrumentalizando el trabajo remunerado para el desarrollo de su identidad personal (cf. Negt 2001: 564):

> Nur wenn die Wirklichkeitsbedingungen des individuellen Lebensvollzugs nicht mehr angetastet werden -diese Gefahr ist nur durch eine Veränderung der Arbeitsverhältnisse zu bannen-, können Autonomie, Selbstbestimmung, Selbstverwirklichung, kurz: menschliche Würde realisiert werden. Menschliche Würde muß heute [...] nicht mehr als Unverfügbarkeit des Menschen selbst, sondern als Unverfügbarkeit von dessen Wirklichkeitsteilnahme definiert werden (Fietz 2002:118).[15]

Un trabajo útil le da a la persona una dignidad y un punto de orientación. La pri-

---

[13] Mi traducción: "El trabajo se hace un componente inconfundible de la constitución mental, espiritual y corporal del sujeto -independientemente de la posición y de los privilegios-. Éste se convierte en un rasgo marcador de la personalidad, lejos de la existencia animal" (Negt 2001: 294-296).

[14] Mi traducción: "tienen la condición previa de incluir el contexto laboral en la constitución de la identidad personal y de reforzar la constitución del sujeto" (Negt 2001: 562).

[15] Mi traducción: "Sólo cuando las condiciones reales de la vida individual ya no sean usurpadas -este peligro sólo se puede conjurar a través de un cambio de las condiciones laborales-, pueden realizarse la autonomía, la autodeterminación, la autorrealización, en resumen: la dignidad. Hoy en día, hay que definir la dignidad humana [...] ya no como la intangibilidad del propio ser humano sino como la intangibilidad de su participación en la realidad" (Fietz 2002: 118).

vación del trabajo causa una dinámica depresiva en los individuos que termina con una pérdida del sentido de la realidad. El miedo a esta pérdida suscita a su vez una gran adaptabilidad, lo que más tarde provocará la discusión política entre Helena y su padre. Negt (2001: 243-244) distingue dos niveles de realidad: en el primer nivel la persona se halla en un mundo bien organizado en el que tiene su sitio adecuado. En el segundo nivel cambia la lógica específica de la auto-percepción. El hombre se aliena de su vida cotidiana y le sobran el tiempo y el espacio: "Zeitplanung wird zu einer leeren Beschäftigung, der Ortswechsel zu einer leeren Bewegung"[16] (Negt 2001: 243). Vicente Tabarca padece esta forma de indignidad esperando algo que nunca llega a ocurrir: "Sin duda, lo peor era la inactividad. Pasarse las horas en el despachito de la consulta con un libro entre las manos, notando cómo evolucionaba el grado de cocción de la comida por el modo en que crecían o se matizaban y volvían más complejos los aromas que invadían la casa entera y que procedían de la cocina" (91).

> Es ist der Abstieg in eine andere Welt, die ganz eigene Realitätsdefinitionen hat, vergleichbar mit der Schattenwelt in Platos Höhlengleichnis. Wahrheit und Vernunft, Licht und Sonne dringen von außen die Höhle, aber die darin Gefangenen können sich selbst nur als Schattenexistenzen wahrnehmen und bewegen sich in einer Art rangniedrigeren Wirklichkeit (Negt 2001:241-242).[17]

Estas consecuencias psicológicas de la auto-percepción como fantasma se parecen a la sombra en la que se ha convertido Manuel Amado. Y como Pedro del Moral, también el fantasma de Vicente Tabarca siente el dolor imaginario de una amputación: "y entonces le dolía con un dolor punzante saber que él mismo había pasado a ser sólo un cadáver[18] que ni siquiera podía señalar con el índice su foco de dolor, porque ya ni sentía ni padecía [...] Morir poco a poco y en la nada, ser nada más que un amargo fantasma, para quien todo ha concluido" (92).

---

[16] Mi traducción: "La planificación del tiempo se convierte en una ocupación vacía; el cambio de lugar en un movimiento vacío" (Negt 2001: 243).

[17] Mi traducción: Es el descenso a otro mundo que tiene su propia definición de la realidad, comparable al mundo de las sombras en la parábola de la cueva de Platón. La verdad y la razón, la luz y el sol entran en la cueva desde fuera, pero los prisioneros sólo pueden percibirse a sí mismos como sombras y se mueven en una realidad menos legítima (Negt 2001: 241-242).

[18] He aquí una alusión intertextual. "Madrid era una ciudad de un millón de cadáveres [...]" (50). Vicente Tabarca se percibe como un cadáver, lo que alude a las primeras líneas del poema *Insomnio* de Dámaso Alonso. ("Madrid es una ciudad de más de un millón de cadáveres", en: *Hijos de la ira*, 1944)

El médico pierde su yo intelectual que sobrevivió a la guerra y las torturas pero pagó un precio muy alto:

> Esas mañanas de espera convencían a don Vicente de que había canjeado la supervivencia por -así lo decía él- una resignada 'muerte civil'. 'Vivir para dejar de ser uno mismo' [...] sentía que hay vidas que son peor que la muerte. 'Vivir a cambio de dejar de ser uno mismo': ése era el trato que los supervivientes habían hecho con el vencedor, pero no sólo él, sino la mitad de un país (91).

La inactividad en espera, la soledad y la pérdida del reconocimiento internacional no sólo producen sentimientos de indignidad en el cirujano republicano, sino que también simbolizan el aislamiento de la España de la posguerra en el ámbito de la ciencia. La actitud política del "joven y brillante doctor Tabarca" (92) se describe como una enfermedad con vocabulario médico: "[...] él sigue contagiado por una forma de pensar que los vencedores calificaron de epidemia [...]" (46) El hecho de que un primo le haya salvado de la cárcel pese a su actitud política lo deja peor que antes: como hombre humillado y sin dignidad (44-45). En su estado de pasividad total, para Vicente Tabarca el tiempo ya no avanza. Su principal ocupación es hacer tiempo hasta la siguiente comida. Él está paralizado en un momento de miseria sin salida. Chirbes deja reflejar esa sensación en las formas verbales: "Ahora *lee*, *pasea* por el pasillo de la casa [...], *receta* un emético [...]. Su mujer y él se *reúnen* por la tarde [...]" (93, la cursiva es mía). Este cambio al presente parece petrificar el momento para siempre en una sensación del sinsentido y de la futilidad. Todo parece suceder en este mismo momento y vuelve a suceder cada día. Este énfasis en el presente inútil también lo siente el hijo de José Pulido: "Gregorio volvió a pensar que la vida siempre te ofrece lo que ya no necesitas y que, siempre, misteriosamente, lo que uno tiene entre las manos no vale nada" (334). Los personajes de *La larga marcha* viven un presente miserable y siempre les parecen mucho más significativos el pasado y el futuro, pero los han perdido durante la guerra. En todas las familias se destaca el contraste entre un pasado feliz y el presente miserable, sin mencionar el futuro inexistente. Vicente Tabarca sabe que tener un pasado y un futuro puede marcar ya la diferencia entre un ser humano y un animal: "Ahora, como él mismo, ya eran todos cadáveres, mendigos de una caridad que tendrían tiempo de aprender que no iba a llegarles. [...] En aquel momento fue cuando empezó a sentir que, mutilado de su pasado, un hombre no era nada: una miserable bestia" (95). El pasado y el futuro reflejan el anhelo del hombre de que quede algo de él después de su muerte:

> [...] pensaron que condenando a otros iban a salvarse ellos, y no, les cayó la misma

muerte, pero cargada de indignidad; y Vicente Tabarca pensaba también que, si le hubiera llegado la muerte en las trincheras, hubiera sido héroe, petrificado en el tiempo, su imagen en la memoria de alguien (¿quién podría acordarse de tantos muertos?), pero no: ni siquiera esa posibilidad. A quienes habían resistido hasta el final les había tocado lo peor, la indignidad como un caos (96-97).

Petrificado está, pero no -como él había soñado- en el momento de la fama sino en el de la indecencia: "Ahora, años después, lo sabía con certeza: sobre los muertos caía, en el recuerdo, un manto de dignidad, y, sin embargo, sobre quienes habían conseguido sobrevivir se había derrumbado la miseria de una suerte mezquina" (97). La memoria parece el único remedio contra el olvido[19] y hacia la liberación: "[...] qué afán por no olvidar, no olvidar la forma de los virus, la textura de las bacterias, el peso del miedo, todo era una lucha contra el olvido: no olvidar el que uno mismo fue antes de que le rompieran la columna vertebral y lo convirtieran en un pelele asustado [...] que fue médico" (99).

Para Vicente Tabarca ese "pensamiento de la indignidad era casi peor que el miedo; o no, era lo mismo que el miedo, componente de ese calidoscopio del miedo, que era también la degradación de cuanto uno había querido ser, había empezado a ser y ya ni lo era ni iba a serlo jamás. Miedo a no ser" (98).

> Nadie vive porque quiere. Pero, después de que se vive, hay que querer seguir viviendo. Y hay que seguir fiel a ello, si se quiere llegar a algo. No solo [sic] en el sentido de trabajar; también muchos que no trabajan se las arreglan bien, incluso especialmente bien. Son los que se embolsan lo que los otros han trabajado (Bloch 1980: 4).

Después de que hubiese perdido con el trabajo la base de su identidad y dignidad, el nacimiento de su hija crea una nueva esperanza en Vicente Tabarca. Su existencia se vuelve a definir a partir de la segunda generación que ha de vivir la vida que sus padres no han podido vivir. De esa manera, los hijos son las manos o más bien los puños prolongados de sus padres y -como en los casos anteriores- es el nombre el que tiene que designar un futuro más feliz:

> Lo bueno había sido expulsado, o permanecía maniatado, y, en el país de los ciegos, se peleaban entre sí las legiones de tuertos [...] Todo estaba corrompido y, para sobrevivir, no quedaba más remedio que mancharse en tareas indignas [...] Por eso, se le ocurrió el nombre de Helena. La mujer que enfrentó a aqueos y troyanos, la que destruyó una ciudad y tantas vidas, porque su belleza era una venganza de los dioses,

---

[19] He aquí en el plano metatextual otra referencia a la opinión del propio Chirbes que intenta luchar con sus novelas contra el olvido de la posguerra durante la transición.

una justiciera maldición por un delito cometido de antemano. 'Si es mujer, al menos que sirva a la venganza', pensó [...] 'Con hache, por favor', le dijo al secretario del juzgado cuando fue a inscribir a su segunda hija en el registro, y con la hache quería expresar esa fuerza clásica, trágica, que deseaba contagiarle a la recién nacida. La venganza por mano interpuesta (50-51).

Sin embargo, también en la familia Tabarca la miseria es hereditaria. Mientras que Pedro del Moral pega a su hijo por aceptar la indignidad de destino laboral, Vicente Tabarca le prohíbe a Helena todas sus actividades políticas peligrosas, traicionando al mismo tiempo sus propios ideales. Por un lado, se siente orgulloso de que su hija haya heredado su carácter pero por otro lado tiene que prohibir todo lo que la puede poner en peligro. Consecuentemente el conflicto se agudiza cuando Vicente Tabarca se reconoce a sí mismo en su hija Helena:

> Le parecía descubrir en ella restos de la ambición y la rebeldía que él tuvo en su juventud. Y, sin embargo, había empezado a asustarse un poco. [...] Se sentía incómodo cuando se veía obligado a explicarle a su propia hija que había que desconfiar de la libertad porque su ejercicio suponía un riesgo para toda la familia, pero no le quedaba otro remedio [...] De nuevo le tocaba elegir la supervivencia a costa de la indignidad (274-275, 280).

"Él no la había salvado y alimentado y vestido y educado para que fuese el segundo capítulo de su derrota" (278). Pese a esas reflexiones del padre será efectivamente Helena quien cierre el círculo de la derrota en los sótanos de la Dirección General de Seguridad.

Luis Coronado vive en una pobreza indigna, y su única estrategia para mantener su dignidad son sus formas de conducta y su aspecto físico. Durante la Guerra Civil ha aprendido que

> [Lo] importante era el aspecto [...] Un hombre se distingue de otro hombre por cómo habla, por cómo se mueve, por lo que dice, por cómo se viste [...] Era la lección que Luis se había traído de la guerra. El capitán Varela tenía gracia. Decía: 'Yo no vengo del mono, como los comunistas, que dicen que vienen del mono y a veces pienso que tienen razón, que ellos sí que vienen del mono.[20] A mí me hizo Dios, y me hizo hom-

---

[20] Esa cuestión del origen del hombre también aparece en *La caída de Madrid*: "'¿Es verdad que el hombre viene del mono?', preguntó una vez un niño; y el profesor dijo: 'Usted, sin duda, sí; nosotros está claro que no', [...] Cerdos, perros, monos, hombres. Se parecían entre sí. El paso del tiempo se lo había confirmado. Los ojos tristes e inteligentes del perro al que el dueño amonesta, [...] Con el paso del tiempo, a él [Maximino Arroyo] le había tocado ver demasiadas veces la semejanza, por no decir

bre y español, y por eso, además de dos cojones, tengo alma y patria y bandera e ideales' [...] Coronado había aprendido que la misión principal de todo hombre era alejarse del mono. Marcar la diferencia (52).

He aquí otra vez la diferencia que hay que marcar entre el animal y el hombre, suponiendo que el animal -sea mono o perro- tiene una existencia menos digna que el ser humano. Precisamente en esta oposición se basa la construcción de la dignidad humana. Sin embargo, como Pedro del Moral, que también había pertenecido al lado franquista y que ahora trabaja como limpiabotas y vive en pobreza, también Luis Coronado lucha por sobrevivir en el Madrid de la posguerra. La familia es pobre y el trabajo en la calle es humillante:

> [...] estaba cada día más delgado, pero no se lo podía decir, porque si le decía 'estás cada día más flaco', él se enfadaba y se ponía a gritarle y a decirle que estaba flaco porque se lo comía la mala leche, la mierda, y que si ella se creía que era un gusto ir ofreciendo un producto con educación para que la gente lo mirara con cara de asco, o se apartara de él como si fuera a pedir limosna (116).

Aunque Luis Coronado se esfuerza mucho, es amable y siempre va correctamente vestido, su lenguaje de la calle a menudo le traiciona y revela su identidad: "un lenguaje que no usaba más que en los momentos de enfado, los días malos en que se tomaba cuatro vasos de vino y se le agriaban. [...] Es una cabronada joder a un desgraciado que lleva veinte duros en la cartera, pero es más jodido no llevar nada a casa para comer" (56-57). La situación de Luis no se mejora cuando Elvira Rejón, su mujer, se queda embarazada por cuarta vez y es la única familia que no pone toda su esperanza en un niño recién nacido porque ni siquiera puede permitirse el lujo de criar a otro hijo. El único remedio para Luis es ganar el dinero suficiente para el aborto:[21] "No era moco de pavo llenar cinco bocas en Madrid. [...] Los paletos se quejaban que la vida en los pueblos

---

la identidad, de animales y personas: había visto personas acuchilladas que sangraban y gritaban como cerdos en la agonía. [...] le había confirmado la necesidad de una religión [...] de normas que domesticaran a ese animal salvaje llamado hombre" (Chirbes 2000: 60-61). También en otros puntos *La caída de Madrid* se parece a *La larga marcha* en cuanto al contenido y a la estructura: en la diversidad y las características de los personajes que se hallan todos dentro de un caos político, en su conciencia del paso del tiempo frágil, en la mezcla entre lo público y lo privado o en el oportunismo de los personajes.

[21] Aquí Chirbes entrecruza los hilos de dos familias: es el médico Vicente Tabarca quien efectúa el aborto. Estos enlaces se hacen más y más frecuentes dentro de la novela hasta que los hijos de las siete familias se encuentran todos en Madrid.

era difícil, y venían a la capital. [...] Luis les echaba la culpa de todo a los paletos, a esa gentuza que había llegado a Madrid de fuera, y que estaba `tirando el mercado'" (55, 116). Cada persona tiene como prójimo a sí mismo. Según Luis Coronado, la guerra es la razón de la pérdida de la dignidad del hombre, de la pérdida de la distinción entre el animal y el ser humano: "La guerra, incluso la más noble, la más justa, sacaba la bestia que el hombre lleva dentro, pero, una vez concluida, había que meter esos animales en la jaula, y empezar a actuar como seres civilizados. Las formas, esas formas a las que se refería el capitán Varela, y que eran las que distinguían a lo largo de la historia del mundo al hombre del mono" (117).

En cuanto a las apariencias, no hay ninguna distinción en lo que concierne a la capa social: tanto Gloria Seseña, que pertenece a la burguesía, como el obrero Luis Coronado utilizan el orden exterior, las formas de conducta y el estilo como refugio, es decir, los dos tienen la misma estrategia para reconstruir su dignidad. Gloria se esfuerza por mantener las apariencias para corresponder a la imagen que la sociedad tiene de ella: "Su refugio era el estilo: saber llevar un escote con elegancia, moverse con suavidad, empuñar los cubiertos, elegir los vinos apropiados, hacer bailar con ligereza la conversación" (151-152). Estuvo a punto de perder toda su propiedad durante la Guerra Civil en los bombardeos y asaltos de los republicanos que recuerda como una "orgía de odio y destrucción" (66), pero, para ella, si la guerra ha estropeado el orden, la posguerra sirve para reestablecerlo:

> [...] todo estaría de nuevo -o por primera vez en mucho años- en orden. Sí, eso pensó aquella madrugada, cuando Roberto volvió. Que reinaba de nuevo el orden en la casa, en el jardín. Las sombras de los árboles estaban en orden, la luna que entraba por las ventanas ponía en orden en los muebles, en las alfombras, en la plata que brillaba por fin ordenadamente (109).

Así la posguerra le devuelve a Gloria el orden y con ello también su dinero y poder. Para ello, ha tenido que ser oportunista en el sentido político y sobre todo social y mantener relaciones con Ramón Giner, un antiguo empleado, que se hizo rico durante la guerra y puede restituir la propiedad de la familia Seseña. Como su amiga Sole Beleta, Gloria sueña con una nueva clase de oportunistas como ellas y sabe justificarlo:

> `La verdadera clase está en saber cambiar y adaptarse a los tiempos, igual que los vegetales se adaptan a las estaciones' [...] `los viejos árboles de los jardines pierden las hojas en otoño y reverdecen en primavera. Pero son viejos y nobles árboles, Sole, que no te quepa la menor duda. El país, y las mejores familias, hemos pasado nuestro lar-

go invierno durante la guerra, y ahora vivimos una hermosa primavera, que se afianza poco a poco. ¿Hemos de avergonzarnos de eso? ¿Vamos a dejar, por eso, de constituir el viejo tronco de siempre? No, cielo, no´ (126).

Sin embargo, la vencedora Gloria también tiene una gran desventaja: es mujer. Las tareas domésticas son su única ocupación como madre y mujer casada, lejos de las tertulias intelectuales a las que le gustaría tanto acudir. Esta situación algo indigna la deja impotente, sin la posibilidad de cambiar su papel. El orden y control que deseaba tanto durante la guerra, ahora le pesan como a todas las mujeres

> [...] siempre condenadas a mantenerse alejadas de cualquier lugar en que floreciera la inteligencia (130). [...] Quería diferenciarse de sus amigas, que discutían con los maridos cuando llegaban tarde, que se quejaban y se hacían confidencias convirtiendo en públicos el temor y las sospechas que las asfixiaban (153) [...] se sentía prisionera de algo que cobraba cuerpo por las mañanas cuando Ramón se iba a la oficina y ella le registraba los bolsillos de su chaqueta en busca de certezas [...] sintió que empezaba a aceptar la misma derrota que las demás, y no pudo soportarlo (154).

Al parecer, las vidas de los personajes de *La larga marcha* siempre se mueven entre la victoria y la derrota: no existe nada entre los dos extremos. La identidad de la persona se define a través de la propiedad, pero en el caso de las mujeres primordialmente a través de su sexo:

> De modo que en ciertas coyunturas de la experiencia, las mujeres, queramos o no, nos vemos obligadas a reconocer, lo que en modo alguno han de hacer los hombres, que nuestras identidades como sujetos son provisionales. Las profesionales [...] creen que, por el hecho de haber destacado del resto de su categoría (es decir, de su sexo), podrían haber conseguido una identidad propia, en virtud de la cual estarían en posesión de cierto poder. (Porque ¿qué es la `identidad´ sino el poder de controlar cómo nos definen los otros?) (Oates 1999: 54).

Como Vicente Tabarca, Gloria vive también en el presente, pero para ella no es un presente eterno y petrificado, sino la combinación del pasado y del futuro a los que tiene acceso gracias a su estatus social: "lo clásico y lo moderno, el tronco y las hojas. Ella, Gloria Seseña. Y él, Ramón Giner. Sus viejas y rancias amigas de toda la vida, y los vigorosos y atrevidos amigos de él, ruidosos, vulgares, pero muy, muy ricos. El ayer y el mañana reunidos en el urgente hoy que ella posibilita" (129-130). En oposición a los destinos de las otras familias, el nacimiento de su hija al principio no representa necesariamente un futuro mejor para Gloria: al contrario. Su papel como madre la ata al hogar. Sin embargo, años más tarde, cuando su hija Gloria empieza a encontrarse con sus compañeros para intercambiar ideas y preparar acciones políticas, también la madre participa en las tertulias que la libran de su papel conservador aunque aquellas reuniones las llevan a cabo los antiguos y actuales enemigos: los republicanos.

El jornalero José Pulido no conoce otra vida que la de la humillación e indignidad total. Desde el principio se reflejan en él simultáneamente la esperanza y el fracaso: "A José Pulido le *gustaría* tener un mulo para cargar los sacos, *pero* sólo se tiene a sí mismo (77). [...] A José Pulido le *gustaría* tener un mulo, y también un cerdo que se alimentara en el corral de su casa para cuando llegase el invierno, y gallinas y ovejas y cabras, y hasta una vaca, *pero* no tiene nada" (78, la cursiva es mía).

Su pobreza y su analfabetismo desembocan en una falta total de autodeterminación y así le despojan de su dignidad. Aunque la inmediata amenaza no tiene un plazo concreto porque José no conoce la cantidad de la deuda, se siente completamente impotente ante las demandas de la tendera Andrea "porque crece la cuenta en la tienda de Andrea y ocupa varias páginas de signos ininteligibles, y que causan una ansiedad suplementaria, porque ni José ni su mujer saben leer y no tienen ni idea de cuántos sacos de bellotas [...] harán falta para ir tachando todos esos dibujos que ya llenan en el cuaderno de Andrea varias hojas" (78). Una humillación mucho más infame la causa el chantaje por parte del panadero. La independencia y autodeterminación de la madre desaparecen por completo cuando se tiene que vender al panadero para pagar las facturas: "habrá que buscar alguna solución porque hace dos meses que su mujer no paga ni el pan ni la harina" (79).

El destino de la indignidad y de la pobreza parece heredarse también en la familia Pulido del padre al hijo. Como los otros padres, José intenta desesperadamente convertir el destino de su hijo a la hora de elegir el nombre y le da no el suyo sino el del santo del día en que nació: "El mayor se llamaba Gregorio, porque nació ese día, el de San Gregorio, cuando son las fiestas de La Atalaya, y porque, además José no creía que el nombre que él mismo llevaba diera mucho de sí: de momento, su vida había sido levantar sacos de bellotas y llevarlos a cuestas como un burro de carga" (137). Sin embargo, muy pronto el nombre Gregorio pierde su significado porque en el pueblo lo llaman todos El Panaderino, una alusión humillante a su origen bastante probable. José Pulido se dará cuenta de que no puede romper el círculo de la servidumbre y pobreza, cuando manda a su hijo a trabajar a una edad bastante joven: "Allí, en la madrugada, pensó que había traído al mundo un criado para los criados"[22] (140-141). El

---

[22] Este concepto de la servidumbre se hace aún más evidente en la metáfora del perro in-

miedo del padre a que su hijo haya nacido como criado se afirma cuando éste empieza a trabajar para Sole Beleta. La metáfora de la enfermedad hereditaria simboliza –como también en otras familias- lo inevitable de su destino: "y se preguntaba por qué sus padres habían tenido que transmitirles a ellos una enfermedad cuyos síntomas aparecían periódicamente como los de las tercianas" (201).

La dependencia y la pobreza destruyen al final la dignidad de la familia. La seguridad de la unión familiar se rompe; la casa -que Manuel Amado y su familia han perdido- en el caso de los Pulido está abierta a todas las personas que quieran entrar y romper la intimidad de la familia. Lo privado se vende:

> [...] le daba la impresión de que la casa tenía las puertas abiertas de par en par, y que aquel comedor de sillas dispares en el que se sentaban a mediodía estaba poblado por invitados que habían llegado de fuera, y que los gestos de cariño que hacía su madre cuando le pasaba el peine por la cabeza, para agacharle el mechón de cabellos rebeldes, era un gesto que estaba en venta, [...] y que alguien, si pagaba, podía tener acceso a aquellas prendas (157).

Gregorio pierde sus raíces en el momento en que se da cuenta de que las tiene no porque sí, sino que se pueden comprar en el mercado, y se distancia mentalmente de la actitud de su padre: "no entendía cómo no era capaz de defender lo que tenía en casa, y no era capaz de evitar que su mujer [...] abriera la boca para besar los labios gruesos y vulgares del panadero, y se abriera toda ella para recibirlo dentro. No podía creerlo" (156). Este sentimiento de pérdida completa, de su familia, de su vida, de su dignidad al final lleva a Gregorio a identificarse con el animal de la indignidad, con el perro: "Gregorio les dijo al final de aquella tarde a sus amigos Helena y Carmelo que él era un poco podenco y que olía la desgracia antes de que se produjera. `Desde el principio, me olía mal´, dijo, [...] Sí, pensó que era un perro que llevaba muchos días olfateando algo extraño" (371).

A todos los personajes de *La larga marcha* les falta el derecho a la autodeterminación, lo que desemboca inevitablemente en la pérdida de su dignidad. Si bien antes y durante la guerra han instrumentalizado su propiedad, el trabajo, sus relaciones públicas o las etiquetas para definir su identidad, con su fracaso personal

---

digno que se atribuye a Gregorio: "ladridos de los perros" (267), "Julián le enseñó a cuidar a los perros" (267), "Gregorio veía los perros esconderse [...]" (269) "Gregorio sacaba los perros a pasear [...]" (270) "'¿Por qué tienes que irte?´, le preguntaba, '¿qué te he hecho?' Los perros ladraban entre asustados y furiosos [...].Y al día siguiente lo siguió hasta la estación, como si fuera un perro [...]" (271-272).

perdieron esta base y se hallan en una situación que les obliga a vivir una existencia pobre, aislada e indigna. De tal manera, la generación de los padres -el *ejército del Ebro*- perdió también la última batalla: la batalla contra sí misma. Sin embargo, algo tienen en común: la esperanza en la generación siguiente, recién nacida, y esa esperanza se expresa primordialmente en los nombres de los hijos, determinando de esa forma ya su futuro, bien para representar la continuidad feliz de la familia o bien para romper con el pasado deteriorado de los padres.[23] Esta responsabilidad pesa sobre las espaldas de la nueva generación. Por lo tanto, la división estructural de la novela refleja asimismo su mensaje: las dos generaciones defienden ideas diferentes y casi no hay comunicación entre ellos. Los hijos ven los sueños de sus padres en cataclismo y este fracaso les lleva a construir su propia identidad en oposición a la de sus padres. Sin embargo, la historia política deforma la vida cotidiana de los personajes, destruyendo sus ideales y casi convirtiéndolos en animales. No es coincidencia que el perro y sus ladridos, aullidos y gruñidos aparezcan como leitmotiv, simbolizando la situación desesperada de los protagonistas. En el capítulo 25,[24] que une la primera parte de la novela con la segunda, incluso el personaje principal es un perro aunque las primeras líneas no lo revelan inmediatamente. En teoría la dignidad es lo que distingue al ser humano del ser animal:

> La dignidad exige, pues, dar a todo ser humano lo que es adecuado a su naturaleza misma de hombre como ser personal distinto y superior a todo ser animal, en cuanto dotado de razón, de libertad y de responsabilidad. Justamente por ello, la dignidad debe traducirse en la libre capacidad de autodeterminación de toda persona [...] (Fernández Segado 2003: 212-213).

Sin embargo, esa diferencia entre hombre y animal desaparece. El hambre, la lucha infructuosa, el miedo, el dolor y el frío,[25] en resumen, todas las

---

[23] Este nombramiento para evitar un mal presagio se describe también en *La buena letra*: "A pesar de que, cuando naciste, [Tomás] estaba lleno de ilusión, no había querido que te pusiéramos su nombre. Te habíamos llamado Manuel. No soportaba que su historia volviera a repetirse y temía el poder de las palabras" (Chirbes 2002: 140).

[24] Chirbes aplica aquí una técnica narrativa interesante. En el capítulo 24, el camión de Manuel Amado casi había atropellado a un perro. En el capítulo 25, el mismo incidente se describe desde la perspectiva del perro.

[25] Muchas descripciones se pueden aplicar a una persona o a un perro: "sensación de hambre" (173), "trotado por las callejuelas abandonadas" (173), "estaba asustado y

circunstancias de la miseria e indignidad, se describen desde la perspectiva de un hombre y a la vez de la de un animal porque las características que tienen en común el hombre durante la posguerra y el perro se parecen primordialmente en un punto: en su capacidad de sufrimiento: "Un caballo adulto o un perro pueden razonar y comunicarse mejor que un infante de un día o de una semana o incluso de un mes. Pero la cuestión no es ¿pueden razonar?, sino ¿pueden sufrir?".[26]

De tal manera el perro representa la desolación de la generación de los padres que se va trasmitiendo a la de sus hijos, un presentimiento de que los hijos, aunque hayan escapado del campo de acción de los padres, siguen sus huellas y volverán a terminar donde han empezado: en la indignidad. La novela empieza con el nacimiento de Carmelo Amado el 16 de febrero de 1948 y se cierra en los últimos días del año 1970 con su detención. Carmelo escucha, bajo una bombilla que no se apaga nunca, desde la cárcel de la Dirección General de Seguridad los gruñidos y jadeos de los perros que buscan en la basura algo para comer (391).

Mientras que al principio Chirbes cuenta los destinos de las familias en capítulos aislados, los hilos narrativos empiezan a conectarse casi imperceptiblemente,[27] y Chirbes va uniéndolos como lazos de su historia para ir tejiendo como en un tapiz el retrato de la sociedad española de la posguerra, de sus distintas regiones y capas sociales, con todas sus facetas, colores y -primordialmente- nudos. El núcleo de este tapiz es Madrid, donde la generación de los hijos se encuentra y empieza su revolución contra todo lo que ha destruido el destino de sus familias.

Carmelo parece ser el único personaje que no sólo existe dentro de la novela sino también fuera o por lo menos al margen de ésta. Su nacimiento y los días en la cárcel forman el marco de la narración, y él es consciente de que su vida tiene

---

trotaba a pesar del agotamiento, con la lengua fuera y las heridas ardiéndole" (175), "Caminaba con la lengua hinchada, el cuerpo cubierto de barro y sangre, sediento a pesar del hielo que le quemaba la lengua [...] Tenía tanto miedo y dolor y hambre, que ya ni siquiera pensaba en comer. Caminaba con paso vacilante, pero uniforme" (175), "La luna brillaba sobre el asfalto y, en algunos tramos, las fatigadas patas del perro dejaban imperceptibles huellas de sangre" (175).

[26] Jesús Mosterín (1789): *The Principles of Moral*. Cit. en: Gómez Pin 2002: 109.

[27] *La larga marcha* es una novela de montaje: el primer contacto entre las distintas tramas se establece en el quinto capítulo cuando Luis Coronado menciona sus negocios con un tal Roberto -posiblemente el hermano de Gloria-. A causa de un aborto, se conectan las vidas de Elvira Rejón y Vicente Tabarca. También las anticipaciones temporales del autor -por ejemplo la indicación de que más tarde José Luis le contará algo a Raúl- enlazan los destinos de los personajes.

más dimensiones de las que conoce y de que posiblemente forma parte de una realidad extra-novelesca aunque no puede comprobarlo desde fuera: "Carmelo sabía que cada uno de los movimientos que ejecutaba tenía una finalidad que iba más allá de lo pequeño y concreto que los ocupaba -eran los hilos de un gigantesco tapiz [...] mientras que José Luis [...] daba golpes de ciego porque carecía de la certeza de adónde conducían sus actos (hilos sin hilván)-" (341). Esa referencia metatextual facilita la identificación del lector con el destino de Carmelo.

Los hilos del gran tapiz se extienden en la primera parte de la novela hacia el pasado de la historia española y en la segunda parte hacia el futuro. Tales estrategias caracterizan en parte la técnica narrativa chirbesca. El narrador omnipresente ya conoce el destino de sus protagonistas. A través de insinuaciones teje relaciones de suspense. Además, Chirbes recurre a otras técnicas narrativas modernas como el cambio entre la perspectiva externa e interna y el monólogo interior.

La larga marcha no sólo es un libro sobre dos generaciones de capas sociales distintas durante la posguerra sino que también es una novela de iniciación. El propio Chirbes dijo en una entrevista:

> Yo creo que la esperanza que hay es en el propio ser humano. En esa especie de anhelo permanente que hay en todo indiviuo [sic!], al menos en su juventud, de justicia y libertad y que luego las circunstancias van cortando. Eso iba a contar en *La larga marcha* precisamente. Como una generación intenta cumplir las esperanzas que la otra ya ha perdido. [...] terminan madurando. ¿Y cual [sic!] es la madurez? La madurez es saber que los actos se pagan. [...] es decir se ha cumplido el ciclo, pero, por suerte, cada generación tiene que aprender por sí misma (Wichmann 2001: 134).

Aunque Chirbes pinta un retrato bastante pesimista de la sociedad española, su novela simboliza la larga marcha hacia el reconocimiento del pasado para entender el presente y heredar un futuro. La transición ejemplar a la democracia a finales de los años 70 exigió buenas dosis de amnesia funcional por parte de los españoles (cf. Reig Tapia 1999: 40). Para el escritor Rafael Chirbes no hay punto final en el curso de la Historia, pues cada momento histórico es producto y consecuencia de los anteriores. Así que su narrativa apunta contra la estrategia del *borrón y cuenta nueva* (cf. Wichmann 2001: 108):

> "Y esa necesidad se hace más imperiosa cuando veo la televisión, escucho la radio, leo los periódicos [...] y hasta la calle por la que camino y hasta la barra del bar en la que me apoyo llegan las risas de los programas de televisión y los aplausos de los concursos y los gritos de quienes ven los partidos de fútbol y las palabras cínicas de los políticos [...] mintiendo, y veo la íntima desesperación de quienes se cruzan con-

migo por la calle. Entonces se apodera de mí la urgencia de levantar algo contra todo eso, aunque no sea más que un frágil dique de folios. Algo que me salve [...], pedazos de quienes se fueron sin posibilidad de contar su parte de la historia que compartieron conmigo, de quienes aún están pero ya han perdido toda esperanza [...]" (Wichmann 2001: 2).

Según Chirbes, lo fundamental es mantener vivo el recuerdo de los que tanto sufrieron por defender sus ideales y valores. Como "la mayor perdición del hombre siempre será el olvido" (Domínguez 2002: 6), con *La larga marcha* Chirbes ha escrito una novela como contrapeso a la Transición levantando la resistencia de la memoria contra el olvido funcional puesto que la armonía ilusoria de la Transición se compró a costa de mentiras, autoengaño y la pérdida de la identidad (cf. Traub 2000: 243). Su escepticismo que tanto se expresa en las vidas fracasadas de sus personajes le hace creer que "el poder siempre acaba en los [sic] manos de los peores. La filosofía está en un personaje de *La larga marcha* que dice: el mal gana siempre pero nosotros seguimos operando" (Wichmann 2001: 133).

"Si las victorias son efímeras, las derrotas, ya lo sabemos, son para siempre, implacables y definitivas, de modo que todo lo perdido bajo el franquismo no será ya nunca recuperado" (Jiménez Campo 1999: 131). En *La larga marcha*, Chirbes conecta el concepto de la indignidad del hombre con el peligro de la indecencia causada por el olvido colectivo, así que el autor no solamente describe el fracaso absoluto de dos generaciones durante la posguerra sino que también escribe contra su propio "miedo a no ser".

Bibliografía

Bloch, Ernst (1980): *Derecho natural y dignidad humana*. Madrid: Aguilar.

Chirbes, Rafael (1996): *La larga marcha*. Barcelona: Anagrama.

Chirbes, Rafael (2000): *La caída de Madrid*. Barcelona: Anagrama.

Chirbes, Rafael (2002): *La buena letra*. Barcelona: Anagrama.

Domínguez, Manuel (2002): "Dignidad y libertad". En: *Cambio 16*, 1.594, pp. 6-7.

Fernández Segado, Francisco (2003): "La dignidad de la persona como valor supremo del ordenamiento jurídico español y como fuente de todos los derechos". En: *Jus*, 50, 2, pp. 201-234.

Fietz, Stefan (2002): „Rezension. Oskar Negt: Arbeit und menschliche Würde". En: *Berliner Debatte Initial*, 13, 4, pp. 116-120.

Funk, Rainer (2002): „Erziehung zwischen Haben und Sein. Nachhaltige Erkenntnisse Erich Fromms". En: Claßen, Johannes (ed.): *Erich Fromm – Erziehung zwischen Haben und Sein*. Eitorf: Gata-Verlag, pp. 11-36.

Gómez Pin, Víctor (2002): "Un animal singular (La causa de la dignidad humana)". En: *Revista de Occidente*, 250, pp. 105-128.

Huston, Nancy (2000): "El declive de la identidad". En: *Revista de Occidente*, 234, pp. 60-76.

Jiménez Campo, Javier (1999): "Et in Arcadia ego". En: *Revista de Occidente*, 223, pp. 123-131.

Negt, Oskar (2001): *Arbeit und menschliche Würde*. Göttingen: Steidl.

Oates, Joyce Carol (1999): "Después de la amnesia". En: *Revista de Occidente*, 220, pp. 39-56.

Pérez-Reverte, Arturo (1990): *La tabla de Flandes*. Barcelona: Debolsillo.

Reig Tapia, Alberto (1999): "La ideología de la victoria: la justificación ideológica de la represión franquista". En: *Revista de Occidente*, 223, pp. 25-40.

Spengler, Tilman (1998): "Aufstand der Kinder". En: *Der Spiegel*, 18, pp. 234-235.

Traub, Rainer (2000): „Die Leichen werden an Land gespült". En: *Der Spiegel*, 50, pp. 241-243.

Wichmann, Julia (2001): *Von politischer Geschichte zu alltäglichen Geschichten: die Darstellung Franco-Spaniens in Rafael Chirbes' Roman La larga marcha.* Magisterarbeit an der Johann-Wolfgang Goethe Universität Frankfurt a. M.

SABINE SCHMITZ: *La caída de Madrid*, una novela histórica de
Rafael Chirbes o el arte nuevo de cometer un deicidio real(ista) en el
siglo XXI

> Le roman historique est ainsi, à tout moment,
> le témoin et le créateur de l'intelligibilité de
> l'histoire.
>
> (Molino, 1975)

Rafael Chirbes ha entregado el último tomo de una trilogía que abarca la historia española desde 1948 hasta los años ochenta, y cuyo compromiso histórico ya se anuncia en los títulos connotativos de las novelas: *La larga marcha* (1996), *La caída de Madrid* (2000) y -si bien de modo menos preciso- *Los viejos amigos* (2003), aviso previo que se confirma a la hora de su lectura. Por ende, un intento de valorar este tríptico o partes de él como contribución artística al diálogo socio-cultural contemporáneo conduce de manera casi ineludible a preguntarse sobre la construcción por la que optó el autor para realizar en su obra la conexión entre ficción e historia, y con ello referirse a un género que se caracteriza justamente por su empeño en fundir estos dos polos: la novela histórica, que puede ser valorada asimismo como compás que detecta las transformaciones que se producen tanto en el ámbito de crear y escribir historia como en las coordenadas culturales, estéticas e ideológicas que condicionan la sociedad que dibuja.[1]

Puesto que un análisis del ciclo completo no permitiría ir más allá de un nivel de observaciones muy generales, el siguiente estudio se centra en *La caída de Madrid*, por ser un texto que se puede considerar, por varias razones que se irán desglosando a lo largo del artículo, como el eje central de la trilogía en cuanto a reflexiones genéricas.[2] Chirbes pone allí de manera explícita sobre el tapete el concepto genérico de novela histórica y diseña al mismo tiempo una versión alternativa de la 'nueva novela histórica'. Para valorar mejor este intento, la obra

---

[1] Género que Fernández Prieto juzga acertadamente como "uno de los géneros novelescos más significativos de la postmodernidad" (Fernández Prieto 1998: 38), y que ha merecido también en el ámbito español en los últimos años bastante interés, cf. p. ej. Ree (2000), García Gual (2002).

[2] Se renuncia a un resumen de la novela remitiendo a la concisa presentación de ella por Sabine Witt (2004).

se analizará primero desde los presupuestos con los que la novela histórica ha sido caracterizada tradicionalmente, para ampliar luego la perspectiva por medio de recientes conceptos genéricos y examinar finalmente el despliegue del elemento supuestamente 'subversivo'.

1. *La caída de Madrid*, una novela histórica

Si comenzamos el análisis desde el punto de vista más palmario, que respecto a muchos criterios es congruente con la definición tradicional del género, la novela destaca enseguida como novela histórica: lleva un título que remite a la historia española, en concreto a un hecho que marcó el fin de la Guerra Civil, la entrada del ejército 'nacional' en Madrid en 1939.[3] Así Chirbes da por medio del título un primer indicio de la definición del tipo de novela.[4] Y es algo de lo que el autor, cuando se le preguntó en una entrevista por el título de su novela, se muestra consciente, si bien no sin remitir al mismo tiempo a la ironía con la que está jugando.[5] Esta carga irónica del título consiste en el hecho de que el lector que empieza la lectura del libro repara enseguida en que no se trata de una novela sobre la caída de Madrid en 1939, sino que se narra otra rendición de la capital de España marcada por el comienzo de la Transición española a la hora de la muerte de Franco. Como metáfora de estos sucesos funciona en la novela la destrucción -"caída"- de la célula "Vanguardia Revolucionaria", que acontece justo este día, 19 de noviembre de 1975, en Madrid, fecha y lugar que constituyen el cronotopo principal de la novela.[6] Este anacronismo acentúa por su carga irónica el valor del título como primera señal genérica, o sea que anuncia la voluntad del autor de narrar un 'hecho' histórico en clave ficticia.

Título aparte, Chirbes renuncia sin embargo a otras características patentes de la

---

[3] Para más información sobre acontecimientos históricos presentes en *La caída de Madrid*, cf. Luengo 2004: 207 ss.

[4] Cf. Grivel, que indica acertadamente que "le titre affiche la nature du texte donc le genre de lecture qui lui convient" (1973: 166 ss).

[5] „Ich nehme oft große Worte der Weltgeschichte, um individuelle Schicksale daran zu zeigen. Das ist auch ironisch gemeint. Der 'Fall von Madrid' war historisch der Einmarsch der Franco-Truppen im April 1939. Man spricht auch vom 'Fall' eines Freiheitskämpfers, einer revolutionären Zelle" (Nowak 2000: 29).

[6] También la trama de *Los viejos amigos* se centra en la celebración de una caída (2003: 49).

novela histórica que faciliten su clasificación, como por ejemplo la inclusión de un prólogo, un epílogo o notas a pie de página que sirvan para explicar o más bien situar desde una 'realidad positiva' la ficción. Esta función la asumen en *La caída de Madrid* otros signos endémicos como la creación de un mundo condicionado por coordenadas espacio-temporales que remiten a una realidad fáctica que se reconoce fácilmente y que hacen funcionar la historia como soporte de la novela. Estas incrustaciones históricas en el corpus narrativo están presentes en *La caída de Madrid* en primer lugar en forma de datación concreta, pues ya en la segunda página se advierte de que estamos a 19 de noviembre de 1975 (10),[7] el día anterior a la muerte de Franco, indicación que luego se repite varias veces. Aparte de esta fecha se aportan otras que aluden al pasado de España desde la Guerra Civil hasta el propio año 1975.[8] Estas indicaciones temporales se completan con otros datos que sirven para crear un espacio 'concreto', históricamente identificable, centrado sobre todo en la capital de España.[9] Una parte importante de esta serie de 'datos concretos' suele ser la aparición de conocidas figuras históricas, una característica que en la novela de Chirbes no se manifiesta de forma plena, pues el único personaje histórico 'presente' en la novela es el agonizante General Franco. Junto a estas coordenadas cronotópicas hallamos numerosas referencias nominales, en forma de nombres de partidos, de políticos, de intelectuales, de artistas y también referencias genéricas (a ideologías diversas como la comunista, la franquista, la anarquista, etc., y a la situación sociolaboral, etc.) y sobre todo referencias a la vida cotidiana de la época, de las que destacan sobremanera por su detalle -irónico- las relativas a la alimentación (cf. sobre todo el tercer capítulo de la novela).

La sistematización de estas 'informaciones', que con Nünning se pueden clasificar distinguiendo entre referencias específicas, es decir, referencias a individuos reales y fenómenos particulares (acontecimientos históricos y lugares concretos), y referencias generales, que aluden a dispositivos de la realidad empírica (como

---

[7] Las páginas que se indican en adelante entre paréntesis remiten a la siguiente edición: Rafael Chirbes (2000) *La caída de Madrid*. Barcelona: Anagrama.

[8] Así se alude por ejemplo a las primeras huelgas de la era franquista que se produjeron en 1967 (17) o a las luchas en el frente de Vinaroz en 1935 (53).

[9] La geografía de Madrid es trazada en la novela de forma muy concreta por la mención de calles como Rubén Darío, Juan Bravo, Serrano o lugares conocidos como la Cafetería Bruselas, El Pardo, el Hospital de La Paz. El mapa de España es dibujado sin embargo con menos detalle, aunque se mencionan lugares como El Escorial, Jávea, San Sebastián.

por ejemplo objetos de uso corriente, modos de vida), descubren que la novela destaca por una paradójica heterorreferencialidad: se proporciona una gran cantidad de referencias de la segunda clase mientras que en comparación las referencias de la primera clase son limitadas. En consecuencia se produce un desequilibrio que remite a una poética que en esta etapa del análisis se podría definir como opción que prefiere como elemento integrante la historia socio-cultural a la tradicionalmente favorecida historia de los acontecimientos.

Para crear esta 'autenticidad' de la vida socio-cultural, Chirbes maneja toda una gama de módulos intertextuales cuyo análisis permitirá ahondar en la cuestión de la poética de esta novela histórica: ya a primera vista destaca que la gran mayoría de estos módulos se refieren a textos ficticios y no, como suele ser habitual en las novelas históricas actuales, a textos no-ficticios, como artículos de periódicos, cartas, material de archivos. Puesto que se trata de una novela histórica en que se destaca la información concerniente a la historia de la cultura, y con ello a la de las ideas, el modelo de intertextualidad propuesto por Broich y Pfister se perfila como muy a propósito para el análisis del texto. Estos autores distinguen, en efecto, entre referencias a un solo texto, es decir a un pre-texto individual -que destacan como punto esencial de la intertextualidad- y referencias de sistemas, un sistema estructurador tras el cual se encuentra un sistema de significados.[10] En *La caída de Madrid* las referencias intertextuales más numerosas son referencias a un sistema, pues sirven para caracterizar las distintas ideologías de los grupos políticos de que forman parte los personajes de la novela. Veamos algunos ejemplos: se nos informa de que las lecturas de Lucio, miembro de la célula revolucionaria y trabajador en los talleres del metro, se componen de "libritos de papel amarillento, usados y pegajosos, y que hablaban de revolución, comunismo, fascismo, proletariado y lucha de clases [...]; leía papeles en los que aparecían puños cerrados, amenazadores, y banderas con la hoz y el martillo" (88). Lo que se describe es literatura anónima, de propaganda, que no se vincula con el nombre de un autor y que en su gran mayoría no se ha conservado para la posteridad.

En cambio, las bases de la ideología de la burguesía oponente, de los intelectuales izquierdistas, asoman en la novela precisamente por medio de un *name dropping* de autores del canon político de la izquierda y de algunas de sus obras más

---

[10] Cf. Pfister 1985: 10 ss. En un análisis más extenso del texto se debe sin duda recurrir también al modelo de Genette para poner al descubierto más detalladamente los niveles inter-, hiper- y metatextual que se han inscrito en el texto.

conocidas, publicadas en editoriales que gozaban del nimbo de formar parte de la oposición revolucionaria. Así, un lector 'con oficio' como el profesor de Historia Contemporánea Bartos es caracterizado como lector de "*El Capital*, de Marx, publicado por el Fondo de Cultura Económica; *La fenomenología del espíritu*, de Hegel; el pequeño volumen de Althusser titulado *Para leer 'El Capital'*, de la Editorial Siglo XXI" (90), y como prosélito de "Hegel, Marx, Benjamin, Marcuse y Adorno" (91) y de otros pensadores de izquierda, mientras que se le caracteriza al mismo tiempo como adversario de Ortega, Zubiri "y la ralea jesuita que lo rodeaba" (91).[11] Bartos imparte a sus estudiantes "todo un curso y parte del siguiente el lenguaje de las dictaduras fascistas" (93) y leyó con ellos para revelar "la cristalización y variedad de esos liderazgos dictatoriales [i.s. las dictaduras de Horthy, Franco, Salazar y Caetano] el libro de Nolte *El asalto a la razón*, Lukács y hasta el de Ramiro Ledesma Ramos, *Fascismo en España*" (94).[12] La lectura de Quini Ricart, nieto del industrial José Ricart y estudiante de Bartos, se determina de una manera todavía más precisa, pues incluye la cita siguiente de un intertexto concreto:

> Quini tenía amigos en la Escuela de Arquitectura que le pasaban los panfletos de la Internacional Situacionista y, por eso, conocía y compartía las palabras de Debord como una declaración de principios: "La revolución comienza como un deseo de ver-

---

[11] Las cursivas de los títulos se pueden considerar como una señal más, intensa, de intertextualidad (cf. Broich 1985: 41 s.).

[12] La distinción del último título como lectura sorprendente apunta a la historia del texto, por lo que se ofrecen dos interpretaciones al respecto: a primera vista se trata simplemente de subrayar cómo en este subversivo seminario se trabaja incluso un texto sobre el fascismo escrito por uno de los teóricos de la Falange, que murió fusilado por los republicanos junto con Ramiro de Maeztu y que fue galardonado póstumamente con la Palma de Plata del Movimiento. Junto a esta lectura se ofrece una segunda que rompe esquemas, pues Chirbes remite aquí justamente al libro menos falangista de Ledesma Ramos y con ello una inopinada variante en la obra del autor, pues fue escrito bajo el seudónimo de Roberto Lanza y revela la ruptura y la escisión con la Falange cuando termina el libro con la siguiente dedicatoria: "A Ramiro Ledesma y a sus camaradas les viene mejor la camisa roja de Garibaldi que la camisa negra de Mussolini." Ramiro Ledesma Ramos escribió el libro en un momento en que se había enemistado con los líderes de la Falange por diferencias de intereses políticos, una disputa que duró muy poco (cf. *Diccionario Biográfico Español Contemporáneo* 1970, vol. 2; 910-912). Se trata entonces de un libro escrito por un fascista -que en su juventud era uno de los discípulos más brillantes de Ortega- pero no desde una perspectiva falangista ortodoxa, por lo que se opone al maniqueísmo que domina algunas partes de la historiografía oficial.

dad, que es un deseo de justicia, que es un deseo de armonía, que es un deseo de belleza". El arte iba a nacer de la revolución como un fruto nace de un árbol, ya que, bajo el capitalismo tardío, ese arte había dejado de nacer de la verdad para convertirse nada más que en la repetición de una mentira. Por eso, su belleza era un pastiche, un engaño, falsa promesa de belleza. Quini citaba a Guy Debord casi tantas veces como el profesor Bartos citaba a Marx y a Hegel (92-93).

Guy Debord fue el fundador junto a otros artistas y teóricos en 1957 de la Internacional Situacionista (SI), organización revolucionaria que agitó toda Europa hasta 1972. Sus escritos y acciones tuvieron repercusión en ámbitos de la cultura como la arquitectura, el cine y la pintura. El interés por la SI de un público más amplio es reciente y se debe sobre todo a su concepción como última vanguardia de la Modernidad, que destacó por una crítica radical de la vida social moderna, su insistencia en la soberanía del individuo, su oposición más radical a cualquier forma de arte establecida y su ideario estético.[13]

El partidismo del estudiante de Historia Contemporánea Quini por las teorías de Debord, teorías que le legaron estudiantes de arquitectura, revela un cierto carácter híbrido: por un lado destaca la idea de que la anhelada revolución social podría tener su punto de partida, como parece apuntar la cita de Debord, en ideas estéticas –pensamiento que recalca la fuerza subversiva de la estética-; por otro no carece de cierta ironía, ante la inminente muerte de Franco y la situación de los obreros y los demás perdedores de la guerra, que un estudiante de historia opte en primer lugar por una ideología estetizante a la hora de meditar sobre el futuro del país.[14] Además, este entusiasmo por la SI, compartido también por Marga Durán (112), otro prototipo de estudiante burguesa, tiene la función de resaltar las diferencias ideológicas que existen dentro del grupo estudiantil entre estudiantes burgueses y estudiantes pertenecientes a la clase obrera, como Pedro Macías y Lucas Álvarez, que:

> [...], hacían más hincapié en el origen de la obra como fruto de trabajo –materialismo: mano y cerebro– y estaban de acuerdo con Iliá Ehrenburg cuando afirmaba que "el arte nuevo dejará de ser arte", expresado en el sentido de que un poema o un cuadro no eran nunca una aparición, sino una obra difícil, como el trabajo de un obrero, y que, como el trabajo de un obrero, habían de tener función (93).

---

[13] Para más información sobre Debord y la SI cf. Bourseiller 1999; Andreotti/Costa 1996.

[14] Aunque cita también autores consagrados de la izquierda anárquico-comunista como Lenin, Stalin, Marx, Trotski y Bakunin (cf. p.ej. 281).

Por medio de estos fragmentos intertextuales se abre por lo tanto al lector el universo complejo y al mismo tiempo fragmentario de las ideologías que se hallaban en juego por parte de la izquierda poco antes de la muerte de Franco, y con ello una de las razones más importantes por las que esta izquierda no tuvo el peso que hubiera podido tener durante la Transición en vista de su importancia histórica (Fusi/Palafox 1997: 369-388).[15]

El papel central que se concede en estas discusiones de los estudiantes de historia de los más diversos colores a la estética y al arte en un momento político clave está reforzado por la gran cantidad de obras literarias y los nombres de poetas -junto con nombres de pintores y músicos- que se mencionan a lo largo de la novela. Este panorama abarca por ejemplo: "Carpentier *El Siglo de las Luces*" (90), Shelling, Byron, Drieu y Céline (93), Gil de Biedma (109), "*La centena* de Octavio Paz" (112) y "Borges, John Ford, Pasolini" (282), es decir, una gama de autores que asimismo simbolizan posturas ideológicas y artísticas muy distintas.

Todo este andamiaje de referencias intertextuales sirve, como se ha visto, para dar consistencia a referencias de sistemas. En consecuencia parece lógico que las referencias intertextuales más intensas, por ser referencias largas a un solo texto -que por su modo de enunciación se cuentan además entre las más marcadas-[16] también sirvan para alcanzar esta misma meta. En *La caída de Madrid* se hallan dos ejemplos de esta clase de intertexto, los dos textos pertenecen, casualmente, al género literario más subjetivo y, lo que es por lo menos igual de significativo, no se presentan en el contexto de una 'lectura' privada sino como textos 'públicos', difundidos o cantados en la Universidad Complutense, centro de la resistencia estudiantil en aquel entonces. Pues un grupo de estudiantes del que forman parte Quini, Marga, Lucas y Pedro deciden, ante la eminente muerte de Franco:

> [...] convocar un encuentro literario sobre el tema de las relaciones entre líder y pueblo. Les había parecido que, en aquellos días en los que el dictador agonizaba, la re-

---

[15] Por lo tanto, Chirbes logra una meta central de su novela, tal y como lo describe en una entrevista cuando explica: "lo que he querido, centrándola en la víspera de la muerte de Franco, el 19 de noviembre de 1975, es hacer una especie de autopsia de todos los ideales de la transición española, de cierta beatería de la izquierda que ha acabado refugiándose en las palabras y apartándose de los hechos" (Licona 2000).

[16] Esta intensidad se produce según Broich cuando un personaje de un texto literario lee, discute, se identifica o distancia de otros textos (1985: 39).

flexión en público y la puesta en común de sus trabajos se convertía en ineludible. La convocatoria [...] había tomado como lema unos versos de Espriu, en los que el poeta implora que la lluvia caiga poco a poco sobre los sembrados de Sepharad y que el aire pase como una mano extendida sobre sus anchos campos, y reza para que esa tierra viva en el orden y en la paz, en el trabajo, en la difícil y merecida libertad.[17] Aunque el manifiesto recogía el poema íntegro en su versión catalana seguida de la traducción al castellano que había hecho Margarita Durán, el lema de la convocatoria se refería a los cinco primeros versos del poema, que dicen:

A veces es necesario y forzoso
que un hombre muera por un pueblo,
pero jamás ha de morir todo un pueblo
por un hombre solo:
recuerda esto, Sepharad (94-95).

El poema de Salvador Espriu del que se citan aquí las primeras líneas forma bajo el número XLVI parte del ciclo *La pell de brau* (1960). Espriu no era, a pesar de escribir su poesía en lengua catalana, un partidario ferviente del catalanismo, sino que siempre veía la temática catalana al margen de la península, a lo que remite también el nombre de este ciclo *La pell de brau*, metáfora consagrada que hace referencia a la imagen cartográfica de la península ibérica. En su conjunto la poesía de Espriu está llena al mismo tiempo de un ímpetu por denunciar la realidad marcado por el intimismo y el esteticismo.[18] Su obra obtuvo su más intensa popularidad cuando fue musicada por el cantautor Raimon. Los versos elegidos aquí como intertexto adquieren por la supresión de la segunda parte del poema un matiz polémico-ideológico y se convierten por ello en un *passepartout* para el ingreso de fines políticos de los más diversos colores.[19] Ello se ve

---

[17] "Haz que sean seguros los puentes del diálogo / y trata de comprender y de amar / las razones y las hablas diversas de tus hijos. / Que la lluvia caiga poco a poco en los sembrados / y el aire pase, como una mano extendida, / suave y muy benigna sobre los anchos campos. / Que Sepharad viva eternamente / en el orden y en la paz, en el trabajo, / en la difícil y merecida/ libertad" (Espriu 1983: 157).

[18] Cf. Maria Aurèlia Capmany, "El corazón de Sepharad". En: Salvador Espriu, *La piel de toro/La pell de brau* (1983: 7-25) y la introducción de J. M. Castellet a las *Obres completes* de Salvador Espriu (1968).

[19] La carga comprometida y político-social de los versos citados del poema es evidente: Sepharad, país mítico de exilio y así lugar de sufrimiento y esperanza de todo un pueblo, se puede fácilmente identificar con la España en espera de la muerte de Franco

corroborado por el hecho de que precisamente los versos citados forman parte de la 'memoria colectiva lírica' española, pues se encuentran hasta en colecciones del tipo "Frases y citas célebres". Este valor apelativo se subraya unas páginas más adelante cuando aparecen levemente transformados por segunda vez. Esta vez un grupo de estudiantes republicanos (96) ha diseñado unos panfletos, para la reunión convocada con el manifiesto antes citado, en los que se veían

> los fusilamientos de Goya pero invertidos: los descamisados ponían contra el paredón a los militares y, en el centro de la fila de los militares que iban a ser fusilados, aparecía nada menos que el propio Franco con los brazos en alto. Bajo la ilustración, habían escrito en mayúsculas y republicanas letras tricolores una consigna:
>
> ES NECESARIO
>
> QUE UN HOMBRE MUERA POR UN PUEBLO.
>
> EL DICTADOR AGONIZA,
>
> HA LLEGADO LA HORA,
>
> VIVA LA INSURRECCIÓN POPULAR
>
> ¡¡¡CONTRA EL FASCISMO; LUCHA ARMADA!!! (97)

Esta tipografía destacada es un modo usado frecuentemente para acentuar el carácter intertextual de un texto y remitir a su origen (cf. Broich 1985: 41 ss.). Pero la función del fragmento resaltado es otra, pues sirve para subrayar la referencia de sistema, el discurso anárquico-comunista de que forma parte. Así, las dos referencias al texto de Espriu se cuentan entre las más patentes, ya que cada una remite a una variedad histórico-específica de un discurso político concreto. Además los dos textos cumplen un papel metatextual ilustrando una técnica literaria antes ya mencionada por Quini: "*el pastiche*", que está calificado, casi de modo preventivo, como "un engaño, falsa promesa de belleza" (93), juicio que se ejemplifica aquí al poner al descubierto un mecanismo y la fuerza seductora del discurso político.

La segunda referencia intertextual extensa es el poema "Mola en los infiernos" de Pablo Neruda,[20] que se canta también en el mismo 'encuentro literario' por

---

para recobrar su vida democrática.

[20] Aunque la cita del poema empieza con puntos suspensivos se trata del texto entero; salvo el título ya mencionado algunas líneas antes: "...es arrastrado el turbio mulo Mola / de precipicio en precipicio eterno / y como va el naufragio de ola en ola / desbaratado por azufre y cuerno, / cocido en cal y hiel y disimulo, / de antemano esperado en el infierno, / va el infernal mulato / el Mola mulo definitivamente turbio y

dos tipos vestidos "con la cabeza cubierta por pasamontañas y envueltos en sábanas pintadas con vistosas hoces y martillos" y que dedicaron la canción poco antes de que el encuentro literario fuera interrumpido por fuerzas oficiales "a quien vosotros sabéis, y que muy pronto irá a hacerle compañía a Mola" (106). Tanto la aparición de los cantantes como el contenido del poema, puesto que el nombre de Mola y su accidente aéreo mortal todavía forma parte de la historiografía (hasta escolar) en España, subrayan que se trata de otra contribución más para la construcción de una referencia de sistema al discurso anárquico-comunista.[21]

Queda por mencionar un grupo de referencias intertextuales más generales que sirven también y sobre todo para caracterizar a los personajes por medio de sus lecturas. Comencemos por José Ricart, patriarca de la familia, asiduo lector del *ABC* (39),[22] que de sí mismo dice ser medio republicano medio fascista (24), y que quiere para su cumpleaños la *Historia de la Guerra Civil Española* de Ricardo de la Cierva (285), es decir una historia de la Guerra Civil escrita desde la perspectiva de los vencedores.[23] Las lecturas de su hijo Tomás consisten en "revistas de geografía y viajes" (165), mientras que su nieto mayor, Josemari, un prosélito fanático de la Falange, ayuda a publicar la revista *Salvar España* (167) y su madre, Olga Albizu Ricart, se forma su filosofía de vida según "un libro de educación para señoritas escrito por una inglesa, Shelding, Sheldom, o algo por

---

tierno / con llamas en la cola y en el culo" (106). El poema forma parte del ciclo *España en el Corazón*, primera edición de noviembre de 1937, en Santiago de Chile; ya en 1938 fue publicada por el Ejército del Este en una tirada muy pequeña para reeditarse el año siguiente, lo que indica ya la carga ideológica que tiene este ciclo entre la izquierda (cf. Neruda 1999: 38 s.).

[21] La discusión sobre el papel y la ideología que supuso Mola en la organización del Ejército Nacional data de los últimos años (cf. Preston 1998/1999 y Blanco Escolá 2002); quizás se pueda hallar aquí, pero sería una especulación sin sustancia, el interés que tiene este poema para el autor (cf. Luengo 2003: 219).

[22] Periódico que en aquel entonces, es decir noviembre de 1975, todavía estaba muy cerca no solamente del monarquismo dinástico sino también del franquismo, del que se había mostrado soporte durante más de tres décadas, actitud que cambió fundamentalmente después de la muerte de Franco.

[23] De la Cierva ha publicado hasta hoy día varias obras sobre la historia española contemporánea, como la *Historia Esencial de la Guerra Civil Española. Todos los problemas resueltos sesenta años después* (1996) o *Franco: la historia después de la venganza, la mentira, la calumnia y la incompetencia* (2000). De la Cierva figuró entre 1973 y 1974 como presidente del Instituto Nacional del Libro Español y fue en 1980 ministro de Cultura.

el estilo" (38) y suele leer revistas como la *Gaceta Ilustrada*, que apareció a mediados de los cincuenta y que se dedicó a reportajes fotográficos, siguiendo como modelo el *Paris Match* (39). Una amiga suya, Elvira Durán, madre de Marga, está sin embargo caracterizada como lectora de folletines (128), mientras que la mujer del profesor Bartos, la 'progresista' pintora Ada Dutruel, cita a Heidegger en el prólogo del catálogo (197) en que explica una serie de pinturas suyas que lleva el nombre de *Abecedario* -cuyo título exacto se indica por primera vez en forma de bonito caligrama (196)-.[24] El único personaje principal al que no se provee de un universo de lectura es el comisario Arroyo y es debido, sobre todo, a esta privación por lo que la ideología de este alto cargo franquista no adquiere una sustancia concreta.

Asimismo los propios personajes recurren constantemente a módulos intertextuales. Uno de los ejemplos más sugerentes se produce cuando el 'estudiante obrero' Lucas evoca para calificar lo inalcanzable e incomprensible que le parece Marga, meta de sus deseos, sus homónimos de la más selecta literatura: "Margarita de Goethe, Margarita de Mann, de Bulgákov, o de Gounod" (113). Abre así un panorama que va desde la "Gretchen" de Goethe, víctima por excelencia, pasando por la "Gretchen" de Heinrich Mann y Charles Gounod, hasta la mujer fuerte, sensible e independiente de Bulgákov, que ya no es una vencida sino una vencedora.[25]

Toda esta red de referencias intertextuales que se teje casi exclusivamente con textos ficticios remite tanto por su cantidad y frecuencia como por su calidad al carácter ficticio de esta novela histórica, intensificado por la escasa presencia de textos de historiografía, significativamente ausente en una novela cuyos protagonistas casi en su mayoría estudian o imparten clases de Historia Contemporánea. En consecuencia, un elemento importante para construir una novela histórica en el siglo XXI resulta ser para Chirbes el arte;[26] un razonamiento al que parece in-

---

[24] El *Abecedario* es originariamente un trabajo por encargo para un número especial del *Ruedo ibérico* (195), nombre de la editorial más importante de la resistencia exiliada en París durante el Franquismo.

[25] Para reforzar esta distancia e inaccesibilidad que siente frente a su idolatrada, Lucas contrapone poco más adelante las diferencias que se manifiestan entre sus cánones de lectura y de música: "[...] su desconocimiento de la literatura extranjera contemporánea (sabía [i. e. Lucas] de Quevedo, San Juan; pero nada de Joyce, Kafka, Fitzgerald o Pratolini) y de la gran música reciente (había oído a Mozart, Bach, nada de Messiaen, Berg, Hindemith, Bartók, Prokófiev o Shostakóvich)" (115).

[26] Sobre todo la pintura pero también en menor grado la música constituyen los otros

cluso aludir la enunciación de otro intertexto de la novela, pues al profesor de Historia Contemporánea, Bartos, a punto de visitar la fiesta familiar que se organiza por el 75 aniversario de José Ricart, cuando se informa sobre la (micro-) historia de esta familia, "no le hacía ninguna gracia aquella visita", ya que

> Se había acordado Bartos de Tolstói y su Ana Karenina: Todas las familias felices se parecen entre sí; las desgraciadas lo son cada una a su manera. [...] y le dio la impresión de que a lo mejor había algo en aquel ambiente que podría interesarle a un novelista, pero que a él, sin duda, iba a aburrirlo mortalmente (185).

2. La fatídica polivalencia de un tiempo designado como histórico

Puesto que ante el telón de fondo de los estudios hasta ahora realizados parece poco a propósito analizar *La caída de Madrid* bajo el enfoque de una poética mimética, no insistiremos más en detalles de la presencia de lo histórico en esta novela, cuyo breve análisis ha demostrado que cumple perfectamente algunas características que se asignan tradicionalmente a la novela histórica. Pero no es nuestra intención relegar a un segundo término el hecho de que parece existir un argumento de peso en contra de esta tesis genérica, que atañe al lapso de tiempo que Chirbes eligió como escenario de la novela, pues según la crítica tradicional: "La característica [i. e. de la novela histórica] más evidente es que todas las novelas mencionadas, tan diferentes entre sí, sitúan su acción (ficticia, inventada) en un pasado (real, histórico) más o menos lejano" (Mata 1995: 15-16).[27] Este vago criterio de la lejanía del pasado en que se tiene que situar la novela histórica se debe al concepto de la novela scottiana y su determinación cronológica es muy discutida; las indicaciones varían entre unos 30 (Harro Müller) y 60 años (el propio Walter Scott), y Spang insiste en que "Lo importante parece ser que el autor no haya vivido personalmente la época y los acontecimientos que evoca en la narración" (Spang 1995: 83). Para mostrar la problemática de un concepto que se basa en un criterio tan espinoso como el pretérito 'lejano', es decir un criterio que atañe exclusivamente al nivel del

---

dos campos intermedios de la novela.

[27] Cf. también Luengo, que constata que "La crítica coincide en considerar novela de este subgénero [i. e. de la novela histórica] aquélla cuya acción se desarrolla en una época anterior a la vivida por el autor" (Luengo 2004: 37), para aceptar con algunas reservas esta definición (42) y refutar por ello la clasificación de *La caída de Madrid* como novela histórica.

contenido -o sea basado en una poética mimética-, basta considerar tanto la trilogía de la que forma parte *La Caída de Madrid*[28] como las cinco series de los *Episodios nacionales* de Galdós o el *Ruedo ibérico* de Valle-Inclán y veremos que entonces no se pueden considerar, a pesar de la voluntad declarada de los autores, como un conjunto de novelas históricas.[29]

El problema central parece consistir en la definición del adjetivo 'histórico' -o mejor dicho la supuesta analogía entre 'histórico' y el criterio del pretérito-, hecho en que insiste Nünning (1995: II, 106-110) en su trabajo sobre la novela histórica contemporánea inglesa.[30] Nünning propone para romper con esta equivalencia sustituir el criterio del pretérito por dos aspectos: la relación de tensión entre distintos niveles de tiempo („Spannungsverhältnis zwischen verschiedenen Zeitebenen") y la constitución de sentido a través de la experiencia del paso del tiempo („Sinnbildung durch Zeiterfahrung") (1995: II, 107-109). Con el primer aspecto alude al hecho de que una de las características de la novela histórica es la exhibición de una relación de tensión entre distintos niveles de tiempo, lo que sin embargo no implica necesariamente que uno de estos niveles tenga que estar situado en el pasado (remoto), sino que se puede producir también en una discusión sobre desarrollos diacrónicos; pero lo que sí implica es que haya una oscilación entre -por lo menos- dos niveles de tiempo.

El segundo criterio de Nünning se refiere al hecho de que el adjetivo histórico indica que habría tenido lugar de antemano una constitución de sentido a través de la percepción del tiempo, y como medio de ella se destacan sin duda las formas de conciencia o memoria históricas. Rüsen insiste en este contexto en que siempre es la calidad temporal la que hace de una cadena de acontecimientos objetos históricos y en que un hecho recibe solamente una significación histórica por su significación en el paso de tiempo. Este último se constituye por las relaciones entre pasado, presente y futuro, y recibe su forma especial por el modo narrativo de que se sirve la historiografía. (Rüsen 1986: 80; 1983: 56/ Nünning,

---

[28] Así parece deliberada ironía que la trilogía de Chirbes empiece un año antes de su nacimiento, 1948; es decir parte de la primera obra o quizás con buena voluntad el primer tomo del tríptico se puede considerar por lo tanto como novela histórica, pero los dos siguientes ya deben ser tomados como textos a los que son inherentes otro interés de enunciación, otra pragmática.

[29] Para más detalles sobre la discusión en cuanto a la dimensión del lapso del tiempo cf. las observaciones de Spang (1995: 82-83) y de Luengo (2004: 37-40).

[30] Fernández Prieto considera también, brevemente, esta problemática (1998: 181-202; sobre todo 190-191).

1995: II, 108).

Tomando como base estas meditaciones, Rüsen concluye que la narración histórica se destaca por tres condiciones: está relacionada con los recuerdos, organiza acontecimientos por medio de visiones de continuidad -que resumen las tres dimensiones temporales a una totalidad- y, por último, se produce en relación con la formación de una identidad subjetiva (Rüsen 1983: 51 ss./ 1992: 45 s./ Nünning 1995: II, 108). Teniendo en cuenta estas reflexiones de Rüsen, Nünning propone caracterizar la novela histórica, un modo de narrar historia, como "Medium narrativer Sinnbildung über Zeiterfahrung", es decir como medio de establecer un sentido narrativo a través de la experiencia del paso del tiempo (1995: II, 108-109).

En *La caída de Madrid* se perciben varios factores que acusan una característica de tiempo y una conciencia histórica que condicionan el discurso narrativo a diversos niveles: el nivel discursivo más notable de la novela se sitúa en el 19 de noviembre de 1975, y a este nivel se narran -utilizando el tiempo de la novela histórica clásica, el pretérito épico- los preparativos y cautelas, las ilusiones y angustias que sienten los personajes ante la muerte del dictador. A este nivel del tiempo no se trata de una novela que ostente una trama muy tensa, fecunda en acontecimientos y sucesos, sino más bien de un texto en que se narran 'solamente' 14 horas de un solo día desde la perspectiva de diversos personajes. Pero estos episodios -narrados en veinte capítulos que son protagonizados por diferentes personajes- están además repletos de actos de memoria transmitidos por medio de narradores personales y que llevan al lector a otro tiempo, el del pasado, que muchas veces se centra en la Guerra Civil. La exclusiva formación de los *flashbacks* a nivel heterodiegético conduce a Luengo a negar a *La caída de Madrid* el estatus de novela histórica (Luengo 2004: 226-227). Pero ante el telón de fondo de la superación de la analogía entre historia y un pasado (remoto)[31] también la pauta de que la representación de Historia en la novela se valora exclusivamente al nivel diegético de las figuras pierde su trascendencia, pues aparte de este nivel se hallan otros que son importantes para la presentación de la Historia y que por ello han de ser tomados en cuenta a la hora de analizar la organización del tiempo en una novela histórica.

La caída de Madrid se caracteriza tanto por los sucesos del presente de la novela como por los *flashbacks* de los vencedores de antaño y también de sus hijos y

---

[31] Actores principales de este debate son naturalmente P. Burke, G. Genette, L. Hutcheon, R. Koselleck, P. Ricoeur, J. Rüsen, H. White y muchos otros.

nietos, que se han acomodado en la sociedad; y por los de los vencidos, que en la novela son más bien sus hijos y nietos, y que siguen siendo los derrotados. Estas coordenadas remiten igualmente a otro nivel del tiempo, el futuro, o más precisamente al tiempo en que vive el autor a la hora de publicar la novela, el año 2000, la fecha del 25 aniversario de la muerte de Franco y del comienzo de la Transición que se festejó oficialmente con elogios. La novela, sin embargo, enuncia una voz crítica que señala el desencanto sobre los sucesos, en cuyo proceso se compró por medio de la amnistía general y del olvido la paz interior, y con ello también el consentimiento para que muchos franquistas permanecieran en puestos importantes.[32] Este 'negocio' tuvo un fatídico impacto para la juventud contemporánea, que Chirbes denuncia cuando la caracteriza como generación sin conocimientos de su propia historia.[33] Así el tema central de la novela no hace referencia solamente a las raíces, sino también a las consecuencias hasta el presente de esta conciencia histórica colectiva creada desde lo negativo, es decir el olvido. Entonces, cuando Chirbes ejemplifica en una obra narrativa -publicada en 2000- la condición humana en el día anterior del comienzo de la Transición, se trata de un proceso de formar un sentido sobre la experiencia relativa al tiempo en forma narrativa que apunta tanto al pasado como al presente y al futuro.[34] Así *La caída de Madrid* cumple perfectamente con las características que en estudios recientes se han indicado para la novela histórica, por lo que ahora sería el momento de preguntarse por sus particularidades, por su tipología.

3. Metadiscursos: Reflexiones sobre la creación y el enlace de historia y ficción

Aparte de la intertextualidad y la disposición del tiempo hay otro punto central

---

[32] Un interesante estudio sobre la cultura de la transición lo ofrece Vilarós (1998).

[33] A ello alude Chirbes en una entrevista cuando se le sugiere que los jóvenes preguntarán un día a sus padres y abuelos por el pasado: „Hoffentlich ja. Aber ich weiß derzeit nicht auf welcher Grundlage eine neue Linke entstehen sollte. [...]. Die heutige Jugend ist mit der Philosophie politischer Abstinenz groß geworden. [...]. Das Schweigegebot, das die ersten Jahre der *Transición* begleitet hat, bezahlen wir mit einer Generation, die keine Kenntnis von der eigenen Geschichte hat" (Nowak 2000: 29).

[34] Que es completado en 2003 por otra novela -existencialista-: *Los viejos amigos* (2003).

que subraya el 'estatus' ficticio del texto: la presencia de un discurso metaficcional y de otro discurso sobre problemas esenciales de la historiografía y de la teoría de la historia, que en adelante se resume bajo la denominación 'discurso metahistoriográfico'; ambos se visualizan en lo formal por medio de una multiplicidad de perspectivas y por la fragmentación del tiempo.[35] El núcleo del discurso metahistoriográfico constituye una discusión sobre la construcción de la historia, su valor y su subjetividad, y la memoria. Este discurso comienza ya con el primer capítulo, que, por la intensidad con que se tematizan distintos enfoques de la Historia como la micro y macrohistoria, la historia de los acontecimientos, la historia de los grandes personajes y la historia cotidiana, puede ser considerado como un prólogo. Para captar esta complejidad se ejemplifican ahora algunas coordenadas de esta discusión: el protagonista del primer capítulo, José Ricart, cumple 75 años en este mismo día, cuya fecha se indica en la primera página "hoy, diecinueve de noviembre" (10), y se completa un poco más adelante con la indicación del año "este mil novecientos setenta y cinco", 75 años. Esta información temporal es ampliada por indicaciones cronológicas proporcionadas a lo largo del capítulo, empezando por la indicación de que "son las seis de la mañana" cuando se despertó el protagonista (10). Después de estos datos 'objetivos' sigue una reflexión, un monólogo interior, sobre la naturaleza del 'tiempo', que el protagonista del capítulo ve condicionado por algo que llama el "azar" y que desemboca en unas meditaciones sobre la capacidad humana de vivir un tiempo consciente o inconsciente siendo este último algo que es incomunicable y por ello imposible de narrar.[36] Directamente a continuación se insertan unos recuerdos de José Ricart de la Valencia de su niñez (10), hasta que este acto se interrumpe por la incapacidad del anciano de dotar de

---

[35] Para denominar este tipo de novela histórica posmoderna se ha establecido el término *historiographic metafiction*, creado por Linda Hutcheon (1984). Pero la aplicación de este marbete a *La caída de Madrid* se ve obstaculizada -como se apreciará más adelante- por la implicación realista de esta novela. Puesto que escapa a los límites de este trabajo -que pretende en primer lugar efectuar una clasificación genérica de la novela- ahondar más en un debate sobre modos y términos que posibiliten la diferenciación y denominación de los distintos tipos de la 'nueva novela histórica', optaremos por la simple denominación de 'novela histórica'.

[36] "Setenta y cinco años, ¿quería decir algo eso? No. Sólo que había durado un año más; que el azar lo había preservado un poco más de tiempo que a su hermano Tomás, muerto tres años antes; que a su primer hijo, [...]. El azar le había regalado tiempo, un poco más de tiempo; y también la capacidad para pensar acerca del tiempo, que su mujer, Amelia, ya no tenía. A Amelia ahora el azar le regalaba un tiempo inconsciente. A él, tiempo y conciencia. Eso era todo. Ni bueno, ni malo" (10).

significación el "vacío de un nombre" (11): el pasado deviene inhabitable y le acarrea el esfuerzo de volver al presente dominado por la probable muerte de Franco.[37] Pero es algo breve, pues unos minutos después vuelve de nuevo a "la Valencia que él conoció" y esta vez le sirve como escenario para un acontecimiento que todavía está por producirse: la muerte de Franco pero acaeciendo en la Valencia de su infancia (12); un anacronismo que subraya la relatividad del tiempo y con ello finalmente también la de la historiografía. Por fin Ricart llega a la conclusión de que durante muchos años tuvo "una sensación de serena continuidad" (15) organizada por un inalterable "orden" -concepto que invoca varias veces (15-19)-, pero que ahora se siente víctima de cataclismos que le producen una "sensación de quiebra" (16). La explicación para esta fatalidad no radica en las desgracias privadas que ha sufrido, como la muerte de su segundo hijo, sino por la mezcla cada vez más fuerte de la micro- y macrohistoria, que desemboca en la pérdida del control sobre la vida privada, cada vez más pendiente de influencias y tendencias exteriores (15-19), que culminará a su juicio con la muerte de Franco (18-19). Su hijo, Tomás, miembro de la generación que creció bajo el franquismo, contesta a las alteraciones de su padre: "Dejemos que el tiempo diga por dónde van a ir las cosas" (22); él se ve como hijo de su tiempo y al tiempo acepta como guía. Todas estas reflexiones sobre el estado ontológico del tiempo y la incapacidad humana de contarlo se encuentran también en los siguientes diecinueve capítulos; y en el fondo esbozan el gran tema de muchas novelas de Chirbes.[38]

A este discurso sobre el tiempo corresponden en el nivel homodiegético varias reflexiones metahistoriográficas que se centran en una discusión sobre la legitimidad de la historiografía frente a la ficción, tema que se pone sobre el tapete de manera explícita en una discusión entre Lucio, militante del PC, y el jurista anár-

---

[37] El tema de la memoria se retoma un poco más adelante, cuando Ricart se pregunta varias veces "¿dónde?" está la gente con quien ha vivido durante mucho tiempo a su lado, y recuerda su muerte o su desaparición de su entorno. Cuando estas evocaciones le llevan a un punto que no apetece "Borró el recuerdo" (14), acto que ilustra la selectividad de la memoria humana.

[38] Para darles más intensidad estos temas se arropan muchas veces con imponentes metáforas, como la de un barco, representando a la familia Ricart, que navega sobre el mar de la vida socio-política (18, 19); o la del rompecabezas, metáfora para el cambio del tiempo y sus consecuencias, que en el fondo no son grandes puesto que la nueva imagen sigue siendo construida con las mismas piezas de antes. Esta última es utilizada por personajes de índole política muy distinta, como por ejemplo por el comisario Arroyo (50, 52, 55) y el profesor Bartos (92).

quico Taboada, quien intenta convencer -por fin con éxito- a Lucio para convertirse a una célula revolucionaria porque se trata de una manera de resistencia más eficaz y más a propósito para los obreros que la lucha del PC:

> Taboada: "No sois nada, no seréis nada. Seguirá habiendo clase obrera mientras viva Franco y les sirváis de excusa a esos intelectuales para hacerse su hueco. Luego, se disolverá la clase obrera. ¿Tú oyes hablar de clase obrera en Estados Unidos? Carrillo escribe libros, Semprún escribe. En el fondo, no son más que intelectuales. Y eso es lo que quedará de vuestra lucha si no ganáis. Lo que no quede escrito, no habrá existido, y lo que ha existido lo escribirán ellos. Así que ya sabes, dentro de unos años no habréis existido. Tu pasado me lo inventaré yo a la medida de mis necesidades. Tu lucha será una medalla que me pondré en mi solapa. Tu hambre, tus chuscos de pan, tus meses de cárcel, han sido apenas tres meses, ¿no?, poca cosa, formarán parte de mi biografía, porque esos años los escribiré yo, si sobrevivo y regreso a mi clase. Los escribirá gente como yo, y os los quitaremos, te los quitaré, y no podrás hacer nada contra eso. La historia es de los que saben que existe". Lucio se enfadaba con él, pero le respondía burlón: "No te preocupes, que nosotros traeremos ese gran incendio. Quemaremos vuestros libros y, en la misma hoguera, os quemaremos a vosotros". Y Taboada: "Eso es imposible. Vendrán otros que contarán cómo fueron ellos los que quemaron lo que vosotros quemasteis, o que rescataran de las cenizas y volverán a poner en pie lo que destruisteis. Nada. Tú y los de tu clase habéis trabajado para que tenga un pasado. Con el tiempo seréis un ejército de hormigas sobre la superficie de la luna. ¿Has visto esos cuadros de tu ex camarada Genovés? ¿Esas multitudes que son sólo puntos negros que parece que corren en determinada dirección o que se dispersan? Sois vosotros. Vosotros, esa desbandada de silenciosos microbios vistos desde una lente. Nosotros contaremos de qué escapabais y hacia dónde corríais" (155).

La extensión de la cita se justifica por su importancia, pues aquí no se alude solamente a una metáfora central para los olvidados de la Historia, los obreros, que son vistos como un ejército de hormigas, sino que esta imagen remite también a la cubierta de la primera novela del ciclo, *La larga marcha*, para cuya ilustración se ha tomado un cuadro de Juan Genovés, "Punto de Mira II, 1966", que muestra exactamente una masa humana vista desde muy alto, semejante a un hormiguero, y que es solamente una pieza de un puzzle 'internovelesco' del que forman parte las tres novelas.[39] Aparte de esta visualización salta a la vista la compleja carga

---

[39] También la cubierta de *Los viejos amigos* que exhibe el cuadro *El acorazado Potemkin* del Equipo Crónica de 1971 forma parte de este juego de enlaces, pues en *La caída de Madrid* se alude prolijamente a este grupo del que la ferviente coleccionista de arte contemporáneo Olga Albizu Ricart ha comprado *Torrijos y 52 más* (244).

filosófico-ideológica de este parráfo de la que interesa ahora el elemento que funciona como un dispositivo de la discusión sobre el desarrollo y futuro de la Historia y la historiografía de los últimos decenios. Empezando por la denuncia de que la historiografía no centra su interés en la capa social de los obreros ni en los individuos que la constituyen por ser una historia de acontecimientos y de grandes personalidades,[40] pasando a la discusión sobre el estado ontológico del tiempo y la incapacidad humana de contarlo, la disertación de Taboada culmina en la revelación de la relatividad, la subjetividad y la selectividad de la historiografía. Taboada critica entonces que la historiografía no es, ni mucho menos, como pretendían los historiadores de la tradición rankeana, el resultado de un proceso objetivo, un discurso de verdad que enseña conocimientos objetivos sobre el pasado -siguiendo la visión lineal y teleológica del devenir humano y social- sino que se trata de narraciones históricas condicionadas tanto por el tiempo en que vive el autor/historiador como por su propia personalidad.[41] Con ello se exponen aquí justamente las reflexiones que llevaron a la crisis de la historiografía en el curso del replanteamiento del concepto de "verdad" en la epistemología contemporánea. Como alternativa surgió la microhistoria, "estudio de un hecho concreto y singular extrayendo de él toda la gama de significados que iluminan la acción simbólica" (Fernández Prieto 1998: 46); un enfoque que ostenta concluyentes afinidades con la poética que exhibe Chirbes en muchas de sus novelas y concretamente en *La caída de Madrid*, donde narra las repercusiones de la eminente muerte de Franco para la vida, o mejor dicho, historia privada de algunos individuos.

---

[40] Un concepto de historia que Chirbes ve todavía como prevaleciente en la cabeza de la gente: "A pesar de que los historiadores ya han abandonado hace tiempo ese camino, aún tenemos tendencia de imaginar el pasado como sobresaltado por una serie de hitos, de convulsiones, salpicado de grandes nombres, lo cual no deja de ser ilusorio" (2002: 27). Para López de Abiada y López Bernasocchi (2004: 139-140), la filosofía de Historia de Chirbes está dominada por "su creencia en el materialismo histórico" y por "su fidelidad a [Walter] Benjamin" de quien Chirbes se declara en varias ocasiones adepto en *El novelista perplejo* (2002: 108, 159 y passim). Valdría sin duda la pena profundizar en esta observación de López de Abiada y López Bernasocchi en otra ocasión.

[41] A esta subjetividad de datos que caracteriza tanto a noticias de prensa como a informes oficiales y extraoficiales sobre sucesos que ha averiguado la policía -documentos que sirven asimismo de fuente a historiadores- alude Sole ya de manera más general al principio de la novela (36) y luego es Lucio, trabajador y miembro de una célula revolucionaria anarquista, quien se burla de otro concepto clave de la historiografía tradicional, "la razón histórica" (159).

Además de ello Taboada critica para descalificar al PC el hecho de que ni Santiago Carrillo, durante mucho tiempo secretario general del partido, ni Jorge Semprún, hasta su exclusión por su crítica al estalinismo en 1964, miembro del comité central del PC, escribieran una historia de España desde la perspectiva de los obreros. Mientras que al menos Carrillo publicó, aparte de unas memorias, diversos escritos políticos, Semprún sin embargo se dedicó 'solamente' a la literatura, hecho que conduce ya al otro gran metadiscurso de la novela, que se centra en la relación entre Historia y ficción, o sea historiografía y literatura. Esta temática se recoge al final de la novela de manera explícita y ofrece por lo tanto una importante clave para la lectura de *La caída de Madrid* como novela histórica. Portavoz de este discurso es uno de los más jóvenes protagonistas, Quini Ricart, nieto de José, del que se cuenta que

> se había matriculado en la facultad de Filosofía y Letras, con la idea de hacer Historia Contemporánea, a pesar de que lo que le gustaba de verdad era la literatura. Leer novelas, escribir. Ni su padre ni su abuelo habían entendido su decisión, [...]; aunque menos aún la hubieran entendido si les hubiese dicho que se matriculaba en Literatura; si les hubiera dicho que quería ser escritor, o a lo mejor sólo lector de novelas, pero él no se había matriculado en Literatura, no por no molestar a su padre, ni a su abuelo, sino porque estaba convencido de que la historia daba a los pensamientos, a las palabras, un cimiento que las dejaba clavadas al suelo, y del que carecía la literatura, que era levedad, ala, siempre en el aire, inestable, a punto de que un golpe de viento la derribe, ala en el aire, ala, pero también, y a la vez, pico de rapaz, uña de rapaz, porque era ave que caía sobre el corazón de uno, carroñera, y se entretenía un rato ahí, águila en el hígado, en el corazón de Prometeo, águila en el corazón, comiéndote las entrañas. Le había dado miedo la literatura, enfrentarse a la nada, a las palabras sin peso que te dejaban a solas y luego hundían pico y uñas en tu nada. El profesor Bartos citaba a un viejo maestro suyo, Chacón, un profesor de literatura que había vuelto recientemente del exilio, y que, a pesar de que su experiencia parecía demostrar más bien lo contrario, decía: "La historia acaba por meterte en la cárcel, la literatura en el manicomio". Combatir a la sociedad, luchar contra uno mismo. En cualquier caso, al viejo profesor la literatura no le había evitado los campos de concentración del sur de Francia y el exilio. La literatura para Quini era un laberinto sin salida, un laberinto oscuro envuelto en esa luz crepuscular que tienen los sueños, las pesadillas, luz que no es ni de día ni de noche, color de foto quemada, antigua, y él se había inclinado por lo que creía el luminoso territorio de la historia, su claridad de afirmaciones incontrovertibles, su ineluctabilidad de cifras económicas y tablas cronológicas. Había elegido la claridad de la historia frente a la penumbra de la literatura, a pesar de su pasión por escribir, pero, al poco tiempo, había descubierto que tampoco la historia poseía esa

luz cegadora, ni era refugio, Ormuz y Arriman [...] (279-280).

Este discurso de Quini retoma la denuncia de Taboada en cuanto a la relatividad y lo construido de la objetividad de la historiografía para descubrir además su relación con la literatura. Al contraponer los dos modos de enunciación se hace patente que el hecho de que ambos se construyan por medio de la narración y de herramientas narratológicas condiciona la subjetividad de la historiografía. Sin embargo las repercusiones de estas dos narraciones se juzgan bien distintas: mientras que la narración de la Historia lleva a la cárcel por ser algo que está visto como peligroso en el aspecto ideológico y político, la literatura repercute en lo psicológico del individuo con unos efectos que le pueden llevar al manicomio. Los peligros que tanto la literatura como la vigilancia "del curso de historia" (286) constituyen se simbolizan ambos en el mito de Prometeo, el eterno rebelde, el campeón de la humanidad contra los antiguos dioses y que está considerado incluso, por ejemplo por Aischylos, como el creador de los hombres, aquel que por fin es condenado además por Júpiter a ser atacado todos los días por el águila por haber traído el fuego a los hombres. En consecuencia el joven estudiante de Historia Contemporánea y aficionado a la literatura visitado regularmente por el águila voraz siente un inmenso vacío y es descrito como una criatura "que no era nada, que no quería ser nada, ni hacer nada, ni pensar en nada" (281; una sentencia que se repite con insistencia cf. 282, 285, 287, 288). Tanto estas reflexiones existencialistas como el discurso metaficticio de que forman parte llevan de manera inevitable al género que aúna ficción e historia: la novela histórica. Si el águila voraz simboliza al mismo tiempo el peligro de la ficción y el de recordar, el producto humano más peligroso es la novela histórica puesto que conduce sin remedio por su hibridismo a la vez a la cárcel y a la psiquiatría.

En este caso el novelista perplejo ante la realidad del mundo y su manera de construir una historia oficial es quizás el verdadero Prometeo del siglo XXI, pues se permite 'hablar' sobre la historia y su sociedad a un nivel inquietante. Al elegir una narración que no pretende copiar la realidad (pasada) la vuelve inteligible, en el sentido de que permite por su estructura y su pragmática comprender y aprehender el carácter subjetivo y temporal de la existencia humana, puesto que "le temps devient temps humain dans la mesure où il est articulé de manière narrative; en retour le récit est significatif dans la mesure où il dessine les traits de l'èxprience temporelle" (Ricoeur 1983: 17; cf. también

Molino 1975: 234)⁴² y permite por ello comprender las coordenadas que rigen la sociedad en que se vive. El aspecto subversivo de este modo de narrar tanto al nivel individual como social es obvio.⁴³

El deseo de hacer inteligible el tiempo humano, que concede a la teoría del conocimiento de causas una importancia primordial, se manifiesta también en la estructura de la novela. A primera vista en cada capítulo un narrador -a veces dosparece(n) garantizar una transmisión clara de los acontecimientos narrados, pero esta transparencia está rota no sólo por las discusiones metaficcionales y metahistoriográficas, sino también por la perspectiva múltiple que resulta de este procedimiento, pues Chirbes ha creado a lo largo de su novela casi una veintena de personajes que enfocan el mismo día desde sus distintos puntos de vista.⁴⁴ De este modo entran en juego las perspectivas de muchos personajes para transmitir un saber limitado, inseguro y sobre todo fragmentario cuyo conjunto forma un coro discordante que ofrece una focalización múltiple del pasado, dando diferentes perspectivas sobre este día histórico sin jerarquizarlas o narrarlas desde un punto de vista absoluto.⁴⁵ Fernández Prieto advierte acertadamente que "estas opciones modalizadoras personalizadas y emocionales resultan a la postre más verídicas, más creíbles, porque asumen la parcialidad de su versión de los he-

---

[42] Así el propio Chirbes contesta a la pregunta de Jacobs por la carga metaficticia de su obra: "Esa es otra de las cosas que hemos aprendido los novelistas: que cada novela es una reflexión acerca de la novela, una forma de entender la novela al mismo tiempo que una forma de entender el mundo" (Jacobs 1999b: 183).

[43] En la propia novela se ahonda en la discusión sobre este aspecto por medio de un personaje, el del profesor de literatura jubilado Chacón, quien vuelto recientemente a España del exilio decide por su desencanto de la realidad "mirar sólo hacia dentro, extraer de dentro de sí mismo y de su relación con los libros cuanto necesitaba. Se había dado cuenta que España y él habían viajado por caminos paralelos que nunca llegarían a encontrarse" (190). Esta figura está sin duda inspirada en Max Aub, pues Chirbes describe en *El novelista perplejo* la experiencia de Aub, uno de sus declarados antecesores literarios, en una visita a España de manera casi idéntica (Chirbes 2002: 118).

[44] A guisa de ejemplo de la subjetividad de la percepción individual de los hechos que se produce en consecuencia se remite aquí únicamente a la interpretación subjetiva de Enrique Roda, miembro de la célula revolucionaria que en la mañana de este 19 de noviembre de 1975 es asaltado por la policía, y que no imagina que alguien hubiera muerto en esta escaramuza aunque hubiese percibido una especie de relámpago (27); pero el lector ya está informado en el cuarto capítulo de que se trata de un error (47).

[45] Característica que ofrecen también las otras dos novelas del ciclo, *La larga marcha* (cf. Jacobs 1999a: 180) y *Los viejos amigos*.

chos" (207-208). Además estas presentaciones de conciencia y de memoria en diversas formas son categorías narratológicas que dan testimonio de los privilegios que posee la narración ficticia frente a la historiografía en cuanto a la representación de la Historia.

Esta pluralidad de perspectivas está completada por una compleja organización del eje del tiempo. Cada uno de los veinte capítulos de la novela -que no llevan numeración ni subtítulos, pero de los que los nueve primeros pertenecen a la parte que lleva el título "La mañana" y los restantes pertenecen a "La tarde"- contiene varias indicaciones de la hora del día; a veces son explícitas, como en el capítulo uno; a veces implícitas, cuando se indica el tiempo por medio de la posición del sol. Para ilustrar la múltiple superposición del tiempo que caracteriza a la novela basta leer los primeros capítulos. Como hemos visto, el primero abarca el tiempo desde el despertar de José Ricart a las seis de la mañana hasta pasadas las ocho, y tanto el siguiente como el cuarto capítulo empiezan también muy de mañana,[46] mientras que al principio del tercero se indica que "eran las nueve y cuarto pasadas" (33). La manera de medir el tiempo se distingue en varias ocasiones según el nivel social; así en los capítulos que son protagonizados por personajes de nivel inferior se dan repetidamente, en vez de una hora concreta, indicaciones sobre la luz del día, etc., que permiten deducir la hora. Otro factor lo constituye la información meteorológica, que está presente en cada capítulo y que proporciona información suplementaria sobre la superposición del tiempo narrado.

Debido a esta organización del tiempo, la novela adquiere su coherencia menos por la conexión de acontecimientos históricos -que salen sólo fragmentariamente a la luz por ser interrumpidos por saltos constantes y por el cambio entre distintos niveles de tiempo-, que por medio de la lucha de los personajes con la historia, que está constituida por su afán de entender o dar retrospectivamente un sentido al pasado para luego extrapolar sus cogniciones al futuro.

Como atestigua un reconocimiento internacional, la novela de Chirbes parece funcionar, es decir sabe cautivar al lector, a pesar de esta complejidad estructural y de sus múltiples metadiscursos, hecho que se debe a la presencia de otro dis-

---

[46] En el capítulo segundo se encuentra p. ej. la indicación de que "Dentro de un rato iba a amanecer, y de hecho ya se veía un reborde de claridad por encima de las edificaciones" (28). La 'naturaleza' funciona en este capítulo no solamente como indicador de la hora sino también como agüero de los acontecimientos (30, 31). La primera frase del cuarto capítulo informa de que "Despertaron al comisario Arroyo de buena mañana" (47), aunque queda claro que tiene que haber sucedido después de los acontecimientos del capítulo dos.

curso que a su vez está muy arraigado en el presente del lector y que potencia, al lado de la ficción, la inteligibilidad del tiempo: el discurso del y sobre el cuerpo.

4. Una novela (histórica) con peso real

Siguiendo el hilo de Ariadna de este análisis del texto de Chirbes, la primera ocasión de la presencia del cuerpo acarrea el hecho de que una de las características más comentadas de la novela histórica,[47] la presencia obligada de uno o diversos personajes históricos en la novela, está organizada de manera sugestiva: la única persona histórica, Francisco Franco, no aparece directamente en escena pero constituye a pesar de ello el centro, la fuerza motriz de la trama. La inminente muerte de éste, de cuya deteriorada constitución física y agonía del cuerpo se informa al lector detalladamente (cf. ej. 49-52), es el resorte para las memorias, las reacciones y los planes de los diversos protagonistas de la novela.[48] Estos personajes ficticios son representados como personajes con cuerpos cotidianos, con sus defectos y necesidades por medio de un registro narratológico complejo, pues Chirbes se sirve tanto del enfoque que potencialmente permite el acceso más ilimitado al lenguaje del cuerpo, la focalización externa, como, por medio de la multiplicidad de perspectivas, de la focalización interna lo que le permite al mismo tiempo subjetivizar el lenguaje corporal. Además, la presencia del cuerpo se construye mediante una semiótica que permite al autor narrar cuerpos en movimiento, es decir lograr la escenificación de la trama, por lo que la comunicación no verbal constituye un nivel de sentido importante del texto. Para ilustrar la forma de Chirbes de narrar los cuerpos[49] nos centraremos en el análisis de la presentación del comisario Arroyo. Se trata de la figura con la presencia más física en la novela y al mismo tiempo -cosa que no debería ser una casualidad- de la más funesta, por la violencia y la sangre fría con la que ejerce su trabajo. Esta presencia de Arroyo se debe primero a las detalladas descripciones de su cuerpo físico visto por un

---

[47] Cf. las observaciones de Lukács que conforman uno de los puntos de partida de este aspecto genérico (1965).

[48] A ello alude con más intensidad el comisario Arroyo (49-55).

[49] Un tema que ya se anuncia al principio de la novela, cuando José Ricart constata que Taboada, el portavoz de los trabajadores de su empresa, es el hombre del futuro, lo que deduce sobre todo de su físico y de su lenguaje corporal (25).

lado desde la perspectiva de la joven prostituta Lina[50] y por otro desde su propia perspectiva.[51] Este registro se completa con un complejo lenguaje no verbal, de lo cual uno de lo ejemplos más logrados es la descripción por Lucas, de casi media página, de cómo este alto cargo de la dictadura franquista fuma y esconde después la colilla para deducir de esta actuación un análisis de su carácter (313-314).[52] Estas indagaciones de Lucas corresponden al auto-análisis de Arroyo al principio de la novela, donde medita sobre las "sombrías zonas de desorden" en que vive -y que se manifiestan en su dependencia del cuerpo de su amante, la prostituta Lina- a pesar de su "deseo de orden en el corazón", por lo que empieza por preguntarse "qué era exactamente el orden; qué partes de animal había que esconder y cuáles no; a cuáles debía entregarse el hombre sin dejar de ser hombre y convertirse en bestia [...]; de qué partes del animal no podría liberarse [...]. Alma sí, pero también cuerpo, y hasta dónde debía mandar la una sobre el otro, o viceversa" (62); razonamientos que se complementan además con un extenso comentario.[53] Así, complementariamente a la semantización del cuerpo se produce también su tematización en el discurso de los personajes, que muchas veces apunta hacia la temática de la construcción de sexos,[54] y que impresiona tanto por su diferenciación de sexo como por la de edad. El conjunto de este dis-

---

[50] Lina afirma más adelante lo que Arroyo teme, que siente repugnancia frente a su cuerpo, que a su juicio ni siquiera merece este nombre: "Querría [i. e. Arroyo] que ella lo admirara con la boca abierta, como si tuviera cuerpo, que no, no lo tenía, qué coño de cuerpo, sesenta y tantos años, mal llevados" (179).

[51] Este autorretrato abarca casi media página (67).

[52] Otro ejemplo para la comunicación no verbal de Arrroyo y su interpretación por una figura se encuentra un poco antes (244). Al principio de la novela los personajes todavía encubren su entidad con *emotional displays* tradicionales que se completan incluso con interpretaciones propias, como por ejemplo en la escena en la que el comisario está arrodillado en un reclinatorio cubriéndose los ojos con las manos (57). Más adelante el propio Arroyo tematiza la subjetividad que condiciona tales interpretaciones, cuando medita sobre la significación del brillo en los ojos de su amante Lina (69). Una de las muestras más explícitas de esta técnica de encuadernar el lenguaje del cuerpo al discurso de los personajes constituye un diálogo entre la nuera de José Ricart, Olga Albizu Ricart y su amiga Sole (42-44).

[53] "[...]ésa era la debilidad del comisario Maximino Arroyo, su cuerpo que se levantaba contra su alma, su parte animal, de cerdo acuchillado que muestra hígado, pulmón, estómago; sus restos de campesino que se frota sobre las espaldas de la Mosca [i. e. la prostituta de su pueblo]" (63).

[54] Cf. sobre todo 44-46, 224-226, 232, 235.

curso sobre y del cuerpo caracteriza una novela que en consonancia con su índole finaliza ajustadamente con una metáfora carnal (318) y que ostenta por lo demás un modo discursivo que a otros niveles del texto está menos presente, el de ironía y humor.[55]

Este esbozo de una parte del múltiple 'discurso corporal' revela ya algunas de sus funciones claves, que consisten por un lado en la intensificación de la representación escénica de los acontecimientos ficticios en un margen histórico para hacerlos imaginables y darles vida, sustancia y energía; y por otro lado en la creación de autenticidad tanto de los personajes como del espacio y de la trama.[56] Estas funciones aseguran que la narración esté muy presente para el lector, pues los mundos ficticios ofrecen inmediatos elementos de referencia del mundo cotidiano y favorecen así la producción de un ímpetu afectivo y, quizás, incluso moral.[57] Son en su conjunto mecanismos que revisten extraordinaria importancia en una novela histórica, pues sirven de bisagra entre historia y ficción.

Que esta presencia del cuerpo en *La caída de Madrid* se distingue del '*anthropological turn*' que desde hace algún tiempo se manifiesta en el mundo occiden-

---

[55] Así Lucas se imagina el regazo de Marga como: "[...] un santuario cosmopolita, cuyas paredes debían de estar decoradas con imágenes del lago de Ginebra, de la cúpula del Panteón ('los italianos dicen Pááánteón, acentuando mucho la a', había dicho ella cierta vez en clase de arte), de las torres de Notre-Dame" (118).

[56] Un análisis del lenguaje del cuerpo y sus funciones en la narrativa lo ofrece Korte, 1993.

[57] Son justamente estas cualidades las que Chirbes más aprecia en la obra de su pintor favorito durante mucho tiempo, la de Bacon, que según él, el propio Bacon formuló de la manera siguiente "se necesitan imágenes concretas para despertar los sentimientos más profundos" (2002: 55) y que, a juicio de Chirbes, adquieren por este valor una dimensión moral (2002: 56).

En cuanto a la valoración de la novela histórica (posmoderna) y su implicación política, su distorsión de juego con datos históricos, así como la distinción entre Historia y ficción remitimos a la posición de Jameson, que ve en la novela histórica posmoderna un signo de la pérdida de los referentes históricos de la cultura posmoderna, en que el historicismo sustituye a la "historia real", por lo que el pasado "se ha convertido ya en una vasta colección de imágenes y en un simulacro fotográfico multitudinario" (Jameson 1991: 58). En consecuencia la novela histórica posmoderna representa en vez del pasado histórico las ideas y estereotipos que sobre él tiene la sociedad. Una posición opuesta defiende Wesseling cuando constata en las novelas históricas posmodernas varios aspectos comprometidos, lo que da muestra del poder de la historiografía (Wesseling 1991:118).

tal[58] se revela en un artículo que forma parte de *El novelista perplejo* (2002), tomo con ensayos sobre la literatura y el arte de Chirbes, que lleva el significativo titulo de "La resurrección de la carne" (45-63) y que se basa en una conferencia que dio Chirbes en el Museo Thyssen-Bornemisza, en Madrid, en junio de 2001.[59] Chirbes trata aquí de averiguar o más bien entender y explicar la atracción que ejerció la pintura de Bacon, que aprecia como "pintor realista", sobre él durante muchos años destacando su rebeldía por haberse atrevido a nadar contracorriente:

> Al pintar el cuerpo, Bacon cataloga y archiva a los informalismos, los arrincona como pintores de sensaciones, o de ideas, [...]; los rebaja a pintores de género, de un género. [...].Como "deicida" que dijo Vargas Llosa en cierta ocasión al hablar acerca de la aspiración narrativa de García Márquez.
>
> El abstracto ha expulsado de la pintura contemporánea el cuerpo humano, ha dimitido de la relación del pintor a través de su pintura con el cuerpo humano, y justamente el restablecimiento de ese diálogo es uno de los ejes centrales de la pintura de Bacon, como lo fue, por otro camino, de la de Lucien Freud. [...].
>
> [...] Para Bacon [...], la carne constituye el homónimo del ser, "la sustancia básica de la vida", [...]. [...]. Los seres humanos de Bacon parecen con frecuencia animales desollados y los animales eviscerados adquieren la categoría de víctimas, de mártires. Incluso los seres monstruosos, en sus rasgos más inquietantes, poseen rasgos crudamente humanos. Músculos, venas, piel, esfínteres, bocas, dientes, sangre; lo motor, lo circulatorio, lo digestivo y lo sexual confundidos. De esa visión pictórica de Bacon surgió uno de los personajes más siniestros de mi libro *La caída de Madrid*, un torturador asustado por los cambios que en su vida pueden producirse a la muerte de

---

[58] A su presencia en la España de la posmovida alude Weich cuando constata que „Romane des Körpers, [...] wahrscheinlich so ziemlich alle Romane der letzten 25 Jahre" (Weich 1999: 25) y también Febel cuando señala la importancia que adquiere el discurso sobre el cuerpo en la narrativa española del posfranquismo a la hora de reescribir las relaciones de los sexos y establecer como tema literario la sexualidad (femenina) (Febel 1999, 94-121).

[59] Una tendencia de la cual se distancia Chirbes: "Por cierto, que esa renuncia [i. e. al cuerpo humano] se nos aparece aún hoy como un vacío todavía irresuelto por las nuevas tendencias: las cada vez más frecuentes perfomances e intervenciones de los artistas de las dos últimas décadas sobre el propio cuerpo -mutilaciones, maquillajes, gestualidad- parecen expresar la melancolía de una memoria, la necesidad del arte de mantener de uno u otro modo el contacto con la carne, el diálogo artístico con el peso del hombre y no sólo con su levedad" (2002: 63).

Franco y que compara el cuerpo abierto de un cerdo, con sus vísceras al aire, con el de un ser humano en la sala de autopsias.[60] Cualquier guerra, cualquier acto de tortura ponen al día, renuevan el pacto de continuidad entre el hombre y la bestia.

Ahora, [...], creo intuir mejor por qué me ha atraído tanto Bacon. [...]; por qué hay referencias a él en *Los disparos del cazador* y *En la lucha final*; por qué, en *La caída de Madrid*, inventé ese personaje torturador que asociaba los cuerpos de los cerdos degollados con los de los cadáveres de la morgue, los apareamientos de los campesinos con los de los perros. He tenido la impresión de que, al contemplar a Bacon, mi diálogo con la pintura clásica se enriquecía; que había, en esa actitud de Bacon negándose a tirar por la borda la sabiduría de cierta tradición y negándose al mismo tiempo a ser su esclavo y repetirla, algo que, trasladado a la literatura, tenía que ver con lo que yo he intentado hacer en mis libros. Como tiene que ver con mi empeño literario su tozudez pictórica por seguir representando la totalidad del mundo, el peso del cuerpo del hombre y no sólo la ligereza de sus ideas. [...]. [...] cuando contemplo a Bacon, cuando pienso en su obra, [...], revive en mí el deseo de un arte que no renuncia a esa descabellada aspiración al deicidio (2002: 63).

La presencia del cuerpo en *La caída de Madrid* se puede juzgar por lo tanto, igual que la pintura de Bacon, como 'un deicidio', como la lucha de escribir contracorriente. Contra el arraigado posmodernismo el autor se declara realista, un realismo que en gran parte se debe a su escritura del cuerpo -lo que explica entre otras su declarada pasión por la obra de Galdós y que se pretende analizar en otra ocasión- y que funciona como anclaje eficaz de sus diversos metadiscur-

---

[60] Se trata naturalmente del comisario Arroyo que "De pequeño había vivido en el campo, en un pueblo de Lugo, y había visto cómo eran los animales por dentro, y eran igual que los seres humanos. 'Un cerdo es lo que más se parece a una persona', decía su padre cada vez que hacían la matanza y abría en canal aquellos animales que tenían -su padre se lo iba señalando con el dedo índice- corazón, hígado, pulmones, todo igual que las personas. Maximino, de pequeño, se turbaba al ver cómo su padre se arrodillaba en el suelo, con los muslos muy separados, y se ponía la cochina muerta entre las piernas y se la acercaba empujándola con las palmas de las manos colocadas en el lomo del animal, con gesto idéntico al que había visto hacer a los campesinos que se follaban a la Mosca [...]. [...] Lo mismo los hombres que los animales: porque había campesinos -eso turbaba aún más al niño- que asaltaban a la Mosca por la espalda y se movían sobre su lomo exactamente igual que si fueran perros. [...]. [...] había visto personas acuchilladas que sangraban y gritaban como cerdos en la agonía, personas tiroteadas, seres humanos desnudos y abiertos en canal sobre las mesas del Instituto Anatómico Forense, y esas personas tenían las tripas como cerdos, pulmones, estómago, corazón, y muchas veces se trataba de individuos que eran peores que los animales, [...]" (59-61).

sos. Debido a esta construcción se trata de una novela histórica 'con peso' que cumple con un proyecto -que también es digno de ser denominado realista- belicoso, que al mismo tiempo es destructivo y mediador, o mejor dicho creativo, pues denuncia la subjetividad y lo tendencioso de la historiografía sobre importantes partes de la historia reciente de España, pero no sin ofrecer en cambio "imaginarios desde los que la sociedad toma formas" y que por ello presentan la posibilidad de formar parte del "archivo de la sensibilidad" española.[61]

---

[61] Metas esenciales de la poética de Chirbes: "[...] el arte no sirve ni debe aspirar a servir para organizar nada sino para crear imaginarios desde los que la sociedad toma formas. Digamos que no actúa directamente, sino por ósmosis, por capilaridad, y que su peso se mide a largo plazo, en la medida en que forma o no parte de los materiales con los que se construye el archivo de la sensibilidad de una época [...]" (2002: 56).

Agradezco a Francisco Acero Yus sus sugerencias.

Bibliografía

Andreotti, Libero/Costa, Xavier (ed.) (1996): *Situationists: Art, Politics, Urbanism*. Barcelona: Actar.

Blanco Escolá, Carlos (2002): *General Mola. Elególatra que provocó la Guerra Civil*. Madrid: La esfera de los libros.

Bourseiller, Christophe (1999): *Vie et mort de Guy Debord: 1931-1994*. Paris: Plon.

Broich, Ulrich (1985): „Zur Einzeltextreferenz". En: Broich, Ulrich / Pfister, Max (eds.): *Intertextualität. Formen, Funktionen, anglistische Fallstudien*. Tübingen: Niemeyer, pp. 48-52.

Broich, Ulrich (1985): „Formen der Markierung von Intertextualität". En: Broich, Ulrich/Pfister, Max (eds.): *Intertextualität. Formen, Funktionen, anglistische Fallstudien*, Tübingen: Niemeyer, pp. 31-47.

Chirbes, Rafael (2000): *La caída de Madrid*. Barcelona: Anagrama.

Chirbes, Rafael (2002): *El novelista perplejo*. Barcelona: Anagrama.

Chirbes, Rafael (2003): *Los viejos amigos*. Barcelona: Anagrama.

Castellet, Josep M. (1968): "Introducción" a Salvador Espriu. En: Espirú, Salvador: *Obres completes*. Barcelona: Edición 62.

Diccionario Biográfico Español Contemporáneo (1970). Madrid: Círculo de Amigos de la Historia, vol. 2, pp. 910-912.

Espriu, Salvador (1983): *La piel de toro/La pell de brau*, edición bilingüe, trad. del catalán de José Agustín Goytisolo, nota crítica de María Aurèlia Capmany. Barcelona: Lumen.

Febel, Gisela (1999): „Mit Humor und Ironie: Beziehungen der Geschlechter und Sexualität im spanischen Roman nach 1975". En: *Iberoamericana*, 75-76, pp. 94-121.

Fernández Prieto, Celia (1998): *Historia y novela: poética de la novela histórica*. Pamplona: EUNSA.

Fusi, Juan Pablo/Palafox, Jordi (1997): *España: 1808-1996. El desafío de la modernidad*. Madrid: Espasa Calpe.

García Gual, Carlos (2002): *Apología de la novela histórica y otros ensayos*. Barcelona: Península.

Grivel, Charles (1973): *Production de l'intérêt romanesque: un état du texte (1870-1880), un essai de constitution de sa théorie.* Den Haag/Paris: Mouton.

Hutcheon, Linda (1984): *Narcissistic narrative: the metafictional paradox.* New York/London: Methuen.

Jacobs, Helmut C. (1999a): "Las novelas de Chirbes". En: *Iberoamericana*, 75-76, pp. 175-181.

Jacobs, Helmut C. (1999b): "Entrevista con Rafael Chirbes". En: *Iberoamericana*, 75-76, pp. 182-187.

Jameson, Frederic (1991): *El postmodernismo o la lógica cultural del capitalismo avanzado.* Barcelona: Paidós.

Korte, Barbara (1993): *Körpersprache in der Literatur. Theorie und Geschichte am Beispiel englischer Erzählprosa.* Tübingen: Francke.

Licona, Sandra (2000): "Rafael Chribes: En la literatura, nadie acierta al escoger el balcón desde el cual se aprecia la realidad". En : *La Crónica de Hoy* (México), 2.6.2000.

López de Abiada, José Manuel/López Bernasocchi, Augusta (2004): "Gramáticas de la memoria. Variaciones en torno a la transición española en cuatro novelas recientes (1985-2000): *Luna de lobos*, *Beatus ille*, *Corazón tan blanco* y *La caída de Madrid*". En: *Iberoamericana*, IV, 15, pp. 123-141.

Luengo, Ana (2004): *La encrucijada de la memoria. La memoria colectiva de la Guerra Civil en la novela contemporánea.* Berlin: Tranvía/Walter Frey.

Lukács, Georg (1965): *Der historische Roman.* Neuwied/Berlín: Luchterhand.

Mata, Carlos (1995): "Retrospectiva sobre la evolución de la novela histórica". En: Spang, Kurt /Arellano, Ignacio/ Mata, Carlos (eds.): *La novela histórica. Teoría y comentarios.* Pamplona: EUNSA, pp. 13-64.

Molino, Jean (1975) "Qu'est-ce que le roman historique?". En: *Revue d' Histoire Littéraire de la France*, 75, pp. 195-234.

Neruda, Pablo (1999): *Obras completas. De "Crepusculario" a "Las uvas y el viento", 1923-1954.* Barcelona: Galaxia Gutenberg/Círculo de Lectores.

Nowak, Nikolaus (2000): „Ich bin gegen große Diskussionen über die Vergangenheit'. Der spanische Romancier Rafael Chirbes über die Gegenwart seines Landes und den langen Schatten Francos, der vor 25 Jahren starb".

En: *Die Welt*, 18.11.2000, p. 29.

Nünning, Ansgar (1995): *Von historischer Fiktion zu historiographischer Metafunktion*, vol. II: *Erscheinungsformen und Entwicklungstendenzen des historischen Romans in England seit 1950*. Trier: Wissenschaftlicher Verlag Trier.

Pfister, Manfred (1985): „Konzepte der Intertextualität". En: Broich, Ulrich/ Pfister, Max (eds.): *Intertextualität. Formen, Funktionen, anglistische Fallstudien*. Tübingen: Niemeyer, pp. 1-30.

Pfister, Manfred (1985): „Zur Systemreferenz". En: Broich, Ulrich/Pfister, Max (eds.): *Intertextualität. Formen, Funktionen, anglistische Fallstudien*. Tübingen: Niemeyer, pp. 52-58.

Preston, Paul (1998/1999): *Las tres Españas del 36*. Barcelona: Plaza & Janés.

Ree, Heilette van (2000): "Bibliografía selecta sobre la novela histórica". En: *Ínsula*, 641, pp. 12-14.

Ricoeur, Paul (1983): *Temps et récit*, I. Paris: Seuil.

Rüsen, Jens (1983): *Historische Vernunft. Grundzüge einer Historik*, vol. I: *Die Grundlagen der Geschichtswissenschaft*. Göttingen: Vandenhoeck & Ruprecht.

Rüsen, Jens (1986): *Rekonstruktionen der Vergangenheit. Grundzüge einer Historik*, vol. III: *Die Prinzipien historischer Forschung*. Göttingen: Vandenhoeck & Ruprecht.

Spang, Kurt (1995): "Apuntes para una definición de la novela histórica". En: Spang, Kurt/Arellano, Ignacio/Mata, Carlos (eds.): *La novela histórica. Teoría y comentarios*. Pamplona: EUNSA, pp. 65-114.

Vilarós, Teresa M. (1998): *El mono del desencanto. Una crítica cultural de la transición española (1973-1993)*. Madrid: Siglo XXI.

Wesseling, Elisabeth (1991): *Writing of History as a Prophet: Postmodernist Innovations of the Historical Novel*. Amsterdam/Philadelphia: John Benjamins Publishing Company.

Weich, Horst (1999): „Vom 'Silbernen Zeitalter' zur postmovida. Spanische Literatur im 20. Jahrhundert". En: *Hispanorama*, 83, 1999, pp. 67-75.

Witt, Sabine (2004): "Rafael Chirbes: *La caída de Madrid*". En: Bodenmüller, Thomas /Scheerer, Thomas M /Schönberger, Axel (eds.): *Romane in Spanien*, vol. 1, 1975-2000. Frankfurt a. M.: Valentia, pp. 307-315.

ULRICH WINTER: Adivinación hermenéutica, historia de las mentalidades y autenticidad. Acerca del estilo historiográfico de Rafael Chirbes

I

A juzgar por algunas reseñas periodísticas, lo que parece provocar más ineludiblemente la lectura de Rafael Chirbes en el crítico es la necesidad de atestiguar en el autor, de una forma u otra, una especial preocupación por el estilo. Esto puede aplicarse particularmente a su obra más emblemática, *La larga marcha* (1996), novela en la cual me concentraré en adelante. La escritura de Chirbes se caracteriza por su alto grado de coherencia y su densidad poética, rasgos, en suma, que acercan en parte su escritura novelística a la de un poema en prosa. Estas características se encuentran en todos los niveles de composición, desde el "lenguaje preciso" y sin redundancias hasta la arquitectura general: la famosa "técnica de mosaico" cuya extraordinaria complejidad de figuras y tramas recuerda inmediatamente *La colmena* de C. J. Cela, y, más concretamente, parece una versión 'portátil', reducida a un solo tomo, de un ciclo novelístico burgués como *La comedia humana*, de Balzac, o *Los Rougon-Macquart*, de Zola.

Al igual que muchos otros autores, Chirbes cultiva un historicismo estilístico. A través de la imbricación de procedimientos decimonónicos y contemporáneos realiza una variedad de lo que Joan Oleza (1996) ha llamado el "realismo postmoderno" de la nueva narrativa española. A pesar de que la coherencia y cierto tipo de historicismo estilísticos de por sí pueden ser considerados como criterio de calidad literaria (siempre que no caigan en el manierismo), estos rasgos todavía no explican por qué un determinado autor se impone en la escena literaria, es decir, conquista su lugar en el campo literario -objetivos que el mismo Chirbes, como todo autor, persiguió y obviamente logró con *La larga marcha* respecto al campo de la novela histórica actual-. Al margen de factores socio-literarios que influyen en la lucha por cuotas del mercado literario -el gusto literario, los hábitos de compra, los mecanismos de mercantilización y la susceptibilidad del lector para aceptar, en un momento dado, un nuevo tratamiento de temas espinosos como lo son el franquismo y la Guerra Civil-[1] al margen de estas conside-

---

[1] Para el concepto del campo literario en general, véase Bourdieu (1998). Sobre el mercado literario en la España de los años 90 ver particularmente López de Abiada/Neusschäfer/López-Bernasocchi (2001) y Eggeling/Segler-Messner (2003).

raciones vale la pena profundizar en el estilo de Chirbes desde un punto de vista literario para revelar el "secreto de su éxito".

II

La originalidad de la escritura de Chirbes estriba en algunas opciones estilísticas, discursivas e ideológicas -en detrimento de otras, por supuesto- cuyo denominador común más general es, como ya queda dicho, un realismo anacrónico arraigado en la hibridación de procedimientos tradicionales y (pos-) modernos -lo que *es* precisamente historicismo o eclecticismo posmoderno, aunque en el caso de Chirbes, como veremos, una variante no lúdica sino seria y ética-. Este reciclaje estilístico lleva a Chirbes a reunir elementos a primera vista contradictorios. Lo que narratológicamente salta más a la vista es la superposición de dos tensiones: narrador omnisciente vs. pluralidad de perspectivas, y narrador personal-autobiográfico (aunque no personalizado o identificable personalmente) vs. focalización interna en los personajes.

La novela empieza en perspectiva omnisciente, típica de la ficción realista: "Eran las cuatro de la mañana de un día de febrero. A pesar de que los postigos de la ventana permanecían cerrados, se oía el ruido del torrente a espaldas".[2] Esta imagen de entrada parece calcada del realismo-naturalismo francés tradicional. Sin embargo, al llamarla "escena" o "grabado moral" (LM 9-10) el narrador introduce, a través de una metalepsis diegética, un segundo nivel de representación, de reflexión, un indicio de metaficcionalidad. Poco después el narrador relativiza su posición omnisciente y recae en el estilo conjetural -o más bien: hermeneútico-adivinatorio, como luego veremos- típico del historiador decimonónico: "Problablemente, en ninguna otra casa de Fiz había luces encendidas" (LM 11). A partir de este momento, la narración adopta con frecuencia la focalización interna, en algunas ocasiones perceptible ya de antemano, en otras el lector la percibe solamente después de haber escuchado las reflexiones, la identidad de su autor ("[...] Eloísa [...] interrumpió los pensamientos de Manuel", LM 21). Este deslizamiento de perspectivas va acompañado a menudo por el uso del estilo indirecto libre (los ejemplos son innumerables), entremezclado con pasajes en focalización externa (por ejemplo, "Nadie puede saber lo que sintió Pedro del Moral a la muerte de su mujer [...]", LM 37). Es entonces cuando toma cuerpo,

---

[2] Chirbes, Rafael: *La larga marcha*. Barcelona: Anagrama, (1996), 9ª edición, en adelante abreviada por LM.

al lado del narrador extradiegético, otro narrador testimonial que deja vislumbrar indirectamente su constitución de persona en la medida en que actúa de cronista-testigo. El estilo indirecto libre, sobre todo cuando aparece de autoría premeditadamente indecisa, es el punto de intersección entre personaje y narrador-cronista autobiográfico: "[...] eso no debía de haberlo experimentado aún Ramón" -y prosigue la frase entre paréntesis- "(¿cuál era su apellido? ¿Giner? Sí, Ramón Giner)" (LM 73).[3] Pero es en la segunda parte y sobre todo hacia el final de la novela, cuando con más claridad ese narrador-testigo se constituye como perspectiva identificable a través de prolepsis[4], juicios de gusto[5], interés obviamente personal en la historia[6], o explicaciones históricas destinadas a un público más joven.[7]

La novela se monta sobre una estructura narrativa bipolar. La tensión narrador omnisciente/narrador personal-autobiográfico refleja el problema constitutivo del género de la novela histórica, esto es, la tensión entre ficción (modo omnisciente) y realidad histórica (modo autobiográfico). La perspectiva narradora implica, pues, un implícito comentario metaficcional. Es más. Los dos narradores corresponden a dos modos discursivos distintos, el novelesco (narrador omnisciente), y la historiografía ficcionalizada (narrador-cronista-testigo) sin que el primer narrador desaparezca del todo (el lector lo encuentra todavía en la penúltima página, LM 390) y sin que el narrador-autobiográfico se ponga jamás de manifiesto como persona identificable, aunque, eso sí, se presenta en cuanto sujetividad comprometida en la comunicación de la memoria histórica. Los dos modos no son del todo separables, el uno contagia al otro. De modo que, en su conjunto, la posición del narrador corresponde a la de un testigo contemporáneo del (tardo-)franquismo que luego se hizo novelista para comunicar sus vivencias

---

[3] Véase también LM 362.

[4] "Se lo contó el propio Antonio Manchón a José Luis muchos años después, cuando coincidieron en un viaje en tren [...]" (LM 300); "[...] fue lo que dijo Gloria Giner cuando la entrevistaron para un programa televisivo acerca de la transición, más de veinticinco años después" (LM 221); véase también LM 254.

[5] "[Helena Tabarca era] de verdad muy guapa [...]" (248)

[6] Comienza el capítulo [40] en voz narradora: "Pero ¿por qué Gloria se había desinteresado de Roberto la tarde en que le llevaron el póster a Helena?" (LM 306).

[7] "Sin embargo, y a pesar de todo, los del partido (por ese nombre, 'el partido', se conocía al Partido Comunista de España) [...]" (LM 350); "Eran años en los que la ciudad crecía deprisa [...]" (LM 291) Véase también la explicación autorial del adjetivo "gris" (LM 247).

bajo la forma de una novela histórica, como el propio Chirbes y uno de los protagonistas de su novela posterior, *Los viejos amigos* (2003).

De no ser por el compromiso historiográfico, este tipo de perspectiva personalizada pero no individualizada recordaría *La jalousie* (1956) de Alain Robbe-Grillet. La coherencia estilística de la novela, por su parte, estriba en que la "motivación completa", reivindicada por R. Jakobson (1969) para el realismo literario incluye hasta la perspectiva narradora.[8] Lo que distingue al narrador novelista-testigo-cronista en Chirbes del realismo tradicional y del *nouveau roman* francés -y lo que explica tal vez su originalidad- es que el sistema narratorial forma parte de todo un dispositivo literario que tiene como objetivo la producción de un *efecto de autenticidad*. Este efecto resulta, en última instancia, del hecho de que se transmita al lector la impresión de que el complejo sistema narrativo no ha surgido de una voluntad lúdica (posmoderna) del autor, sino que en verdad narra la misma trayectoria intelectual de su autor, ejemplar para tantos otros intelectuales antifranquistas, que, una vez lograda la democracia, se mantiene "fiel a sí mismo", no en el sentido de volverse un "rojo" incorregible, sino de convertir el compromiso político de antaño en la transmisión de la memoria histórica desde la perspectiva del testigo contemporáneo; su pesimismo autocrítico se distingue de una posmoderna voluntad lúdica dispuesta a sacrificar todos los meta-relatos de la modernidad, como son, entre otros, la convicción política, la fe en la identidad personal y en un pasado susceptible de ser contado.[9] Este efecto de autenticidad es aún más fuerte cuanto más coherente es la estructura narrativa. Por esa misma razón, la narración de focalización variable de alta frecuencia no infringe la irrevocable ley poética de la verosimilitud psicológica; la prosa de Chirbes no deja de ser de un realismo 'convincente'.

---

[8] "Motivación" en el sentido de una funcionalidad narrativa de la totalidad de los elementos, tal como la describe primero Tomaševskij (1985). -La misma motivación se encuentra en la novela *Los viejos amigos*-. En una entrevista concecida a Javier Rodríguez Márquez (2003), Chirbes explica que, al contrario de sus dos novelas anteriores, optó ahí por una sucesión de monólogos "porque es una época de dispersión: esa gente vive sola y va a morir sola. No hay un super yo moral que organice todo eso. Ni siquiera me valían los diálogos, porque no hay un proyecto común".

[9] Para este concepto de autenticidad surgida de un "malestar frente a la modernidad" véase Taylor (1991: 25-29). El concepto (o sentimiento) moderno de autenticidad radica en el Romanticismo; Taylor lo define, siguiendo a Herder, por la fidelidad del sujeto hacia sí mismo, a su pasado, en suma, a su originalidad e individualidad única.

III

Contribuye a este *realismo de lo auténtico* la extraordinaria aptitud para la empatía del narrador (de Chirbes, si se quiere), que se abre paso a través de la focalización interna y el enfoque a las *mentalidades históricas* de la época. En cuanto al primer aspecto, se trata de una forma de "adivinación" en el sentido que por primera vez lo explicó el fundador romántico de la hermenéutica moderna, Friedrich J. Schleiermacher (1977). La adivinación, técnica primordial de la hermenéutica histórica, conoce reglas precisas: Se trata de "transformarse en la persona" que está por entender (en la novela: por describir), "tratando así de entender inmediatamente lo que el otro tiene de individual" (en la novela: hacer resaltar la individualidad de cada uno de los personajes). Chirbes emplea este arte adivinatorio en todos los personajes, siendo el ejemplo tal vez más logrado todo el capítulo en que se estrena el personaje de Gloria Giner (LM 58-75). Para Schleiermacher, el método adivinatorio está enlazado inseparablemente al método "comparativo", que trata de revelar dialécticamente, el lado universal de la individualidad única del otro. Luego los dos aspectos, individualidad y universalidad, tienen que interpenetrarse.[10] Chirbes emplea este arte adivinatorio a lo largo de todo este capítulo (y otros), muestra un personaje que a la vez tiene características individuales (la manera de salir de la casa, etc.) pero que al mismo tiempo son susceptibles de representar formas de actuar, de pensar, de sentir típicas de la posguerra. El estilo adivinatorio corrobora el efecto de autenticidad. Primero, porque, en vez de lúdico o experimental, sirve al conocimiento y representación de la época en cuestión; segundo porque, otra vez, el centro de interés es dar a conocer otro aspecto integral de lo auténtico: lo "individual", "único", lo "original" (Taylor 1991), el nudo de identidad de lo representado (en

---

[10] „Für das ganze Geschäft [des Verstehens] gibt es vom ersten Anfang an zwei Methoden, die divinatorische und die komparative, welche aber, weil sie aufeinander zurückverweisen, auch nicht dürfen voneinander getrennt werden. Die *divinatorische* ist die, welche, indem man sich selbst gleichsam in den anderen verwandelt, das Individuelle unmittelbar aufzufassen sucht. Die *komparative* setzt erst den zu Verstehenden als ein Allgemeines und findet dann das Eigentümliche, indem mit anderen unter demselben Allgemeinen Befassten verglichen wird. Jenes ist die weibliche Stärke in der Menschenkenntnis, dieses die männliche" (Schleiermacher 1977: 169; subrayado en el original).

Chirbes sobre todo del personaje). No parece exagerado decir que Chirbes se vale de talentos poéticos a la vez muy particulares y además poco frecuentes.[11]

Este talento adivinatorio explica en parte otro rasgo original y reconocible de su narrativa memorativa-histórica. En la representación de los personajes y de la época Chirbes pone énfasis en lo que la *nouvelle histoire* francesa, nacida de la escuela de la revista *Annales*, llama las "mentalidades colectivas"[12] y los estudios culturales "historia de la vida cotidiana": los dispositivos éticos, afectivos y mentales colectivos, esto es, el actuar, sentir, percibir y pensar y todos los *habitus* que comparte el individuo con su entorno dentro de un espacio cultural y una época determinados. Aquí también los ejemplos sobran.[13] Al presentar una crónica sentimental de la posguerra, Chirbes deja que el acontecimiento político y el héroe solitario de la historia pierdan relevancia en cuanto motores de la historia. Da la impresión de que en Chirbes este cambio de perspectiva en la línea de la *nouvelle histoire* -y no lo olvidemos, de la intrahistoria de la *generación del 98*-[14] con todo lo que conlleva de implicaciones ideológicas, es otra estratagema narrativa. Al recuperar la época histórica desde la economía sentimental de las mentalidades colectivas y al mismo tiempo excluir de la representación el mítico acontecimiento histórico-político, la Guerra Civil, que, no obstante, parece haber engendrado o formado las mentalidades colectivas de posguerra, Chirbes llega a una verdadera deconstrucción del acontecimiento histórico. Esta deconstrucción puede entenderse como equivalente literario de una de las metas más importantes de la

---

[11] Schleiermacher, en la cita anterior denomina al método adivinatorio "femenino", y "masculina" la comprensión por comparación.

[12] Véanse los artículos programáticos en Le Goff (1988). No es casualidad que Chirbes, en su libro de ensayos de viaje, *Mediterráneos*, recurra precisamente a *La méditerranée* de F. Braudel. En su estudio sobre Chirbes, Wichmann (2001) subraya igualmente el aspecto de la historia de la vida cotidiana y la de las mentalidades en Chirbes, pero no relaciona este aspecto a su escritura historiográfica.

[13] Respecto a las mentalidades y convicciones de las distintas capas sociales compárese por ejemplo el capítulo sobre Luis Coronado con el de Gloria Giner, para poner dos ejemplos muy distintos, o bien la imbricación de amor y política (LM 250 ss., 301ss.). En cuanto a la historia de la vida cotidiana véanse como ejemplos la asistencia a una representación de cine (LM 41) o los objetos de la vida diaria dentro de la cajita de Luis Coronado (LM 55).

[14] Véase López-Bernasocchi/López de Abiada (2002: 159).

nouvelle histoire. Las múltiples prolepsis del narrador omnisciente[15] corroboran el efecto deconstructivo con respecto al mito histórico. La narración es por un lado desmitificadora, ya que el acontecimiento político *no* se narra, solo el después (la posguerra en *La larga marcha*) -o, como en el caso de *La caída de Madrid*, su antes-[16], por el otro lado remitificador, ya que la prolepsis niega y contraria la linealidad de la historia haciendo resaltar la circularidad del mito. Ni que decir tiene que este dispositivo implica una autocrítica escéptica o pesimista -si no una rotunda negativa- de la izquierda respecto al modelo marxista de la Historia.

IV

La "motivación" realista de los recursos literarios incluye hasta procedimientos tan globales como la descripción. Es significativo en Chirbes el modo particular de *carecer* de cierto tipo de *descriptio*, de desistir de ella o, si la hay, de incorporarla en el nivel de la acción. En términos generales, la descripción en cuanto procedimiento novelesco, es susceptible de lo que podría llamarse una semiótica 'salvaje'. En principio, no se rige por ningún principio estructurador obligatorio, es decir, la lógica del objeto descrito, ni impone el comienzo ni la evolución ni el fin de su descripción. Ésta despliega un horizonte abierto de significación. Por el carácter incontrolado e incontrolable, salvaje, la *descriptio*, siempre que fuera algo más que el mero detalle significativo, sufrió ataques poetológicos en todas las épocas de la poética tradicional mimética.[17] Esquiva o viola virtual y prácticamente la predominancia de la narración y por lo tanto las metas legitimadoras de la mímesis (basada, como en el teatro, en la representación de la acción humana), el *prodesse* y el *delectare*. Los realistas decimonónicos fueron los que primero pudieron explotar esa susceptibilidad anarquista de la *descriptio* que en aquella época por primera vez triunfó sobre la narración. La técnica de la descripción hipertrófica balzaciana y flaubertiana puede considerarse como un intento novelesco de abarcar metonímicamente la totalidad de la realidad. Por eso Roland Barthes (1984), ante la imposibilidad de reducir todos y cada uno de los elementos descriptivos en estos autores a su funcionalidad narrativa,

---

[15] Véase arriba nota 5.

[16] En *La caída de Madrid*, la acción tiene lugar el 19 de noviembre de 1975, víspera de la muerte de Franco.

[17] Véase Buch (1972).

categorizó ese tipo de plusvalía semiótica como productora de un "effet de réel": Todos los elementos de la descripción que no integran una funcionalidad en el nivel de la acción y por lo tanto parecen superfluos, en verdad designan "lo real" mismo.

En Chirbes domina el detalle significativo en detrimento del detalle *effet de réel* barthiano. Este rasgo salta a la vista ya en el nivel de la caracterización de los personajes. En general, se describen o bien por su actuar, por su función actancial, o bien por todo lo que les relaciona con el aire y las mentalidades colectivas de la época. La predominancia del análisis psicológico (ético, de acción) acerca a Chirbes más bien al realismo psicológico tipo Madame de Lafayette y Stendhal y menos al de Balzac y Flaubert. La descripción en la mayoría de los casos se ve reducida al valor simbólico, alegórico, o sea, a lo que equivale el valor de "índice" (en la terminología de Barthes [1966]) y aspira al ideal realista de una "motivación completa" del texto. La reducción de la descripción al valor indicial, Chirbes la realiza habitualmente a través de comentarios autoriales. Valga como ejemplo la descripción de la ciudad de Madrid tal como la percibe Gregorio:

> Descampados sobre los que se levantaban andamios que el frío viento de la sierra batía, hombres hoscos cuyas pieles parecían haber sido privadas de sangre por algún parásito que se escondiera bajo ellas, trenes malolientes que circulaban bajo tierra atestados de hombres soñolientos o exhaustos, barrizales sobre los que se levantaban chabolas y un indefinido olor de goma quemada que no lo abandonó durante las primeras semanas (LM 291).

A primera vista, se trata de una descripción del tipo *effet de réel*, que por su carácter naturalista podría encontrarse en una novela de Zola. En Chirbes, en cambio, la *descriptio* se ve inmediatamente recuperada por la *narratio* o *argumentatio*, reducida al valor meramente ilustrativo, al detalle significativo, por medio de comentarios autoriales que la interpretan y la resumen. El primero de los comentarios precede la descripción ("la ciudad no se parecía en nada a la que había imaginado [Gregorio]", LM 291) y el segundo, y aún más explícito, va posteriormente:

> Al fin y al cabo, él [Gregorio] mismo se sentía preso en la ciudad que, sin embargo, le parecía inconmensurable, de límites confusos, y en la que a los descampados secundían nuevos barrios de casas baratas, chabolas o estructuras metálicas y postes electrónicos que formaban la línea quebrada del horizonte (LM 292).

Hasta se percibe en Chirbes una cierta desconfianza y menosprecio hacia la imagen misma (y por lo tanto hacia la descripción): la culpa de la ilusión que Gregorio se hizo respecto de la capital la tiene la televisión, y los "destellos que [...] le había enseñado" (LM 290).[18]

El cierre simbólico de la semiosis descriptiva, su subordinación a la narración, no es ideológicamente inocente. Parece que Chirbes suscribe el juicio de Georg Lukács, que en su importante ensayo de índole marxista "Erzählen oder Beschreiben" (1936), exigió la supresión de las descripciones en la novela por no contribuir al cambio activo de la sociedad.[19] En el realismo posmoderno de Chirbes, sin embargo, el desprecio por la descripción *no* lleva a la representación de la acción ya que ésta, como hemos visto, se ve reemplazada por el actuar cotidiano según la historiografía de las mentalidades.

V

Al contrario de otros autores de ficción historiográfica como el último Antonio Muñoz Molina, que revela posturas cada vez más conservadoras y hasta reaccio-

---

[18] Puede añadirse que también el cine, mencionado tantas veces en *La larga marcha*, proporciona, como se dan cuenta pronto o tarde los protagonistas, una imagen 'falsa' de realidad (LM 265), al igual que las fotos que guardaba José Luis de Raúl y luego rompió, "y no se arrepentía en absoluto de haberlo hecho" (LM 289). En este sentido, el fragmento siguiente parece una parábola poetológica sobre la relación entre descripción y narración: "A la vuelta del cine, [José Luis] espera nervioso al padre para contarle de arriba abajo la película. Resulta sorprendente cómo se fija en todos los detalles de lo que ha visto en la pantalla. Se los repite cuidadosamente al padre y a veces hasta añade alguno que el director de cine se olvidó de poner. El padre lo escucha primero complacido, y luego tiene prisa por que concluya el relato que se alarga innecesariamente, y acaba por dormirse sin enterarse del final. José Luis, entonces, se pregunta cómo puede alguien empezar a escuchar una historia y darle igual cómo termina" (LM 41-42).

[19] Véase para un buen resumen de la crítica de Lukács Buch (1972: 190-221). De hecho, la única descripción en una novela posterior, y aún más pesimista, si cabe, con respecto a la posibilidad de acción, *Los viejos amigos* (2003; abreviado por VA), cuenta sobre todo en el pórtico del libro con una descripción, la de la playa de Denia, que luego sirve como metáfora de lo no susceptible a la revolución (la playa y la descripción misma). La descripción emerge de los pensamientos de Carlos. En seguida, el narrador califica estos pensamientos como "ruido" que "tape el gemido de otros [pensamientos]" e inmediatamente después, en la frase siguiente, viene la "política" como tema de debate (VA 7-8). Aún más llamativa es la funcionalización de la descripción de Denia, cuya pobreza es "demasiado sencilla [...] para que engendrara una revolución" (así la interpretación de la descripción extraordinariamente larga en VA 14-15).

narias bajo la capa de una retórica poética progresista,[20] Chirbes se vale de una estilística anti-neomoderna como vehículo de una postura izquierdista y autocrítica. La "seriedad" de su escritura es seña de efectos de autenticidad y asertividad que vertebran su prosa estética y éticamente. Chirbes opone resistencia al desdibujamiento de la individualidad y del sujeto pos- o neomodernos, tanto a nivel del personaje como a nivel del narrador. Los personajes no carecen de individualidad, a pesar de que forman parte del mosaico de la primera y segunda generación de la posguerra, a pesar de que casi todas las propuestas de identidad son falsas (como p. ej. las películas extranjeras) y a pesar de que nunca logran ser el sujeto de la historia, sólo su juguete. La actitud adivinatoria del narrador les concede dignidad personal. El narrador, por su parte, cuenta como una personalidad definida aunque ésta nunca sea explícita: como hemos visto, la misma estructura de la voz narradora deja entrever una biografía intelectual *in nuce*, de la víctima-testigo del franquismo, sobre el intelectual antifranquista, hasta el escritor comprometido con la transmisión de la memoria histórica. En este sentido, el narrador, por su capacidad de mantenerse fiel a sí mismo, de buscar su camino (esto es, hacerse autor) es el único 'personaje' que logra sustraerse al papel de víctima de la historia al convertirse en su cronista y exégeta. Por esta misma razón, Chirbes tampoco está dispuesto a abandonar del todo la distancia ontológica que mide la realidad de la ficción; al contrario de las novelas de Muñoz Molina (sobre todo *Beatus ille* y *El jinete polaco*), el mundo histórico permanece reconocible, narrable. Chirbes convence con un izquierdismo autocrítico por convicción, pesimista, eso sí, pero sin recaer en el sarcasmo o cinismo. Si bien es cierto que estos rasgos pertenecen en parte al realismo decimonónico, o al menos están arraigados en aquella época, también es verdad que en Chirbes reciben su significado concreto gracias al contexto cultural actual. Cuando Charles Taylor, remitiéndose al romántico Herder, define el sentimiento de autenticidad como fidelidad a sí mismo, a su pasado y, en suma, a su individualidad única, entonces lo auténtico en cuanto expresión de un "malestar frente a la modernidad" contemporánea se opone al narcisismo, a la tentación de instrumentalizar la relación hacia sí mismo, al rendir los valores éticos a una razón económica e instrumental omnipotente (Taylor 1991). Como esta razón económica determina desde los años 90 también el mercado literario, el efecto de autenticidad puede servir de vehículo anticíclico para encontrar el sitio propio en el campo literario.

---

[20] Véase Cruz (2005: 215).

El 'anacronismo' de lo auténtico corresponde al anacronismo del historicismo estilístico. Ni que decir tiene que la autenticidad quedaría reducida a un mero efecto estilístico (y a una táctica mercantil) si no fuera cubierta por algún tipo de compromiso intelectual fuera del campo literario. Los artículos en *El novelista perplejo* (Chirbes 2002) señalan en esta dirección. Pero sea como fuere, he aquí posiblemente otra razón para el extraordinario éxito de Chirbes precisamente en Alemania,[21] cultura en la cual la autenticidad, la fidelidad a sí mismo, la autorrealización y la adivinación, todas arraigadas en el Romanticismo, tiene un alto valor de reconocibilidad y mucho peso debido a la ligazón -subcutánea, inconsciente, imprecisa, pero fuerte- de la cultura alemana actual a los valores románticos.

---

[21] Ver para la recepción de *La larga marcha* en la prensa alemana López Bernasocchi (2001).

Bibliografía

Barthes, Roland (1966): "Introduction à l'analyse structurale du récit". En: *Communications*, 8, 1-27.

Barthes, Roland (1984): "L'effet de réel (1968)". En: Barthes, Roland: *Le bruissement de la langue (Essais critiques IV)*. Paris: Seuil, pp.167-174.

Bourdieu, Pierre (1998): *Les règles de l'art. Genèse et structure du champ littéraire*, ed. revisada. Paris: Seuil.

Buch, Hans Christoph (1972): *Ut pictura poesis. Die Beschreibungsliteratur und ihre Kritiker von Lessing bis Lukács*. München: Hanser.

Chirbes, Rafael (1996): *La larga marcha*. Barcelona: Anagrama.

Chirbes, Rafael (1997): *Mediterráneos*. Barcelona: Anagrama.

Chirbes, Rafael (2000): *La caída de Madrid*. Barcelona: Anagrama.

Chirbes, Rafael (2002): *El novelista perplejo*. Barcelona: Anagrama.

Chirbes, Rafael (2003): *Los viejos amigos*. Barcelona: Anagrama.

Cruz, Jacqueline (2005): "Of Good Torturers and Evil Workers: Antonio Muñoz Molina's *Plenilunio*". En: Merino, Eloy E./Song, H. Rosi (eds.): *Traces of Contamination. Unearthing the Francoist Legacy in Contemporary Spanish Discourse*. Lewisburg: Bucknell University Press, pp. 199-219.

Eggeling, Giulia/Segler-Messner, Silke (eds.) (2003): *Europäische Verlage und romanische Gegenwartsliteraturen*. Tübingen: Narr.

Jakobson, Roman (1969): „Über den Realismus in der Kunst". En: Striedter, Jurij: *Texte der russischen Formalisten*. München: Fink, pp. 372-391.

Le Goff, Jacques (ed.) (1988): *La nouvelle histoire*. Paris: Ed. Complexe.

López Bernasocchi, Augusta (2001): "Un apunte sobre la recepción de *La larga marcha*, de Rafael Chirbes, en el ámbito lingüístico alemán". En: López de Abiada, José Manuel/Neuschäfer, Hans-Jörg/López Bernasocchi, Augusta (eds.): *Entre el ocio y el negocio: Industria editorial y literatura en la España de los 90*. Madrid: Verbum, pp. 119-123.

López Bernasocchi, Augusta/López de Abiada, José Manuel (2002): "Para una primera lectura de *La larga marcha*, de Rafael Chirbes". En: *Versants*, 41, pp. 159-204.

López de Abiada, José Manuel/Neuschäfer, Hans-Jörg/López Bernasocchi, Augusta (eds.) (2001): *Entre el ocio y el negocio: Industria editorial y literatura en la España de los 90*. Madrid: Verbum.

Muñoz Molina, Antonio (1996): "En folio y medio". En: *El País*, 9-10-1996.

Oleza, Joan (1996): "Un realismo postmoderno". En: *Ínsula* (589-590), 39-42.

Rodríguez, Emma (2003): "Chirbes culmina su retrato de una "generación derrotada"". En: *ABC*, 5-6-2003.

Rodríguez Marcos, Javier (2003): "Las novelas se escriben contra la literatura" [Entrevista con Rafael Chirbes]. En: *El País*, "Babelia", 21-6-2003.

Schleiermacher, Friedrich D. E. (1977): „Hermeneutik und Kritik" [1838]. En: *Hermeneutik und Kritik*, edición e introducción de Manfred Frank, Frankfurt a. M.: Suhrkamp, pp. 69-306.

Taylor, Charles (1991): *The Ethics of Authenticity*. Cambridge, Massachusetts: Harvard University Press.

Tomaševskij, Boris (1985): *Theorie der Literatur. Poetik*. Edición de H.G. Wiesbaden: Seemann.

Weich, Horst, (1999): „Vom 'Silbernen Zeitalter' zur postmovida. Spanische Literatur im 20. Jahrhundert". En: *Hispanorama*, 83, 1999, pp. 67-75.

Wichmann, Julia (2001): *Von politischer Geschichte zu alltäglichen Geschichten: Die Darstellung Franco-Spaniens in Rafael Chirbes Roman, La larga marcha*. Magisterarbeit an der Johann-Wolfgang Goethe Universität Frankfurt a. M.

Bibliografía sobre Rafael Chirbes

Del autor

- Ficción

(1988): *Mimoun*. Barcelona: Anagrama.
(1991): *En la lucha final*. Barcelona: Anagrama.
(1992): *La buena letra*. Madrid: Debate, 2002 Barcelona: Anagrama.
(1994): *Los disparos del cazador*. Barcelona: Anagrama.
(1996): *La larga marcha*. Barcelona: Anagrama
(2000): *La caída de Madrid*. Barcelona: Anagrama.
(2003): *Los viejos amigos*. Barcelona: Anagrama.

- No-ficción

(1997): *Mediterráneos*. Barcelona: Anagrama.
(2002): *El novelista perplejo*. Barcelona: Anagrama
(2005): *El viajero sedentario*. Barcelona. Anagrama.

Sobre Rafael Chirbes

Arce, Patricia (2000): "Entrevista a Rafael Chirbes". En: *Etcéter@*, n° 387, 29 de junio, 2000.

Febel, Gisela (1999): „Mit Humor und Ironie: Beziehungen der Geschlechter und Sexualität im spanischen Roman nach 1975". En: *Iberoamericana*, 75-76, pp. 94-121.

Fernández, Santiago (2002): "Los libros siempre saben más que su autor". En: *Babac*, 11-1-2002.

Guyot, Héctor M. (2004): "La literatura, ejercicio de la libertad" [Entrevista a Rafael Chirbes]. En: *La Nación*, suplemento cultural, (Buenos Aires) mayo 16. 3.

Jacobs, Helmut C. (1998): „Realität sind Träume, Gefühle und Innenleben. Rafael Chirbes". En: *Unsere Duisburger Hochschule.* Zeitschrift der Duisburger Universitätgessellschaf 50, pp. 12-13.

Jacobs, Helmut C. (2000): "Las novelas de Chirbes". En: *Iberoamericana*, 75/76, pp. 175-181.

Jacobs, Helmut C. (2000): "Entrevista con Rafael Chirbes". En: *Iberoamericana*, 75/76, pp. 182-187.

Jacobs, Helmut C. (2000): „Rafael Chirbes". En: ". En: Lange, Wolf-Dieter (ed.): *Kritisches Lexikon der romanischen Gegenwartsliteraturen*, Tubingen: Gunter Narr Verlag, fasc. 17, septiembre, pp. 1-6 y A-H, ed. W.D Lange et al.

Licona, Sandra (2000): "Rafael Chirbes: En la literatura, nadie acierta al escoger el balcón desde el cual se aprecia la realidad". En: *La Crónica de Hoy* (México), 2-6-2000.

López Bernasocchi, Augusta (2001): "Un apunte sobre la recepción de *La larga marcha*, de Rafael Chirbes, en el ámbito lingüístico alemán". En: López de Abiada, José Manuel/ Neuschäfer, Hans-Jörg/ López Bernasocchi, Augusta (eds.): *Entre el ocio y el negocio: Industria editorial y literatura en la España de los 90*. Madrid: Verbum, pp. 119-123.

López Bernasocchi, Augusta/ López de Abiada, José Manuel (2002): "Para una primera lectura de *La larga marcha*, de Rafael Chirbes". En: *Versants* 41, pp. 159-204.

López de Abiada, José Manuel/López Bernasocchi, Augusta (2004): "Gramáticas de la memoria. Variaciones en torno a la transición española en cuatro novelas recientes (1985-2000): *Luna de lobos*, *Beatus ille*, *Corazón tan blanco* y *La caída de Madrid*". En: *Iberoamericana*, IV, 15, pp. 123-141.

Luengo, Ana (2004): *La encrucijada de la memoria. La memoria colectiva de la Guerra Civil española en la novela contemporánea*. Berlín: Tranvía/ Walter Frey.

Muñoz Molina, Antonio (1996): "En folio y medio". En: *El País*, 9-10-1996.

Nowak, Nikolaus (2000): „ `Ich bin gegen große Diskussionen über die Vergangenheit´. Der spanische Romancier Rafael Chirbes über die Gegenwart seines Landes und den langen Schatten Francos, der vor 25 Jahren starb". En: *Die Welt*, 18.11.2000, p. 29.

Rien, Horst (2005): „Historie und Differenz. Zu einigen Erzähltexten des

Spaniers Rafael Chirbes". En: *Hispanorama*, 109, pp. 51-57.

Rodríguez Marcos, Javier (2003): "Las novelas se escriben contra la literatura [Entrevista con Rafael Chirbes]". En: *El País*, "Babelia", 21-6-2003.

Valls, Fernando (2001): *La narrativa española de ayer a hoy*. México, D. F. : Ministerio de Educación, Cultura y Deporte.

Wichmann, Julia (2001): *Von politischer Geschichte zu alltäglichen Geschichten: Die Darstellung Franco-Spaniens in Rafael Chirbes' Roman, La larga marcha*. Magisterarbeit an der Johann-Wolfgang Goethe Universität Frankfurt a. M.

Witt, Sabine (2004): „Rafael Chirbes: *La caída de Madrid*". En: Bodenmüller, Thomas/Scheerer, Thomas M./Schönberger, Axel (eds.): *Romane in Spanien, 1975-2000*, vol. I. Frankfurt a. M: Valentia.